ALS DE MAN VERLIEST

Tim Overdiek en Wim van Lent

Als de man verliest

Omgaan met tegenslag, verdriet en rouw

Uitgeverij Balans

Eerste druk, oktober 2019.
Tweede druk, oktober 2019.

Omslag bij Barbara
Omslagillustratie Shutterstock
Typografie, illustraties en zetwerk Aard Bakker, Amsterdam
Foto auteurs Tessa Posthuma de Boer
Druk Bariet Ten Brink, Meppel

ISBN 978 94 638 2062 2
NUR 740

www.uitgeverijbalans.nl

facebook.com/uitgeverijbalans
twitter.com/balansboeken
instagram.com/uitgeverijbalans
uitgeverijbalans.nl/nieuwsbrief

Voor mijn vader Paul en voor mijn zonen
Sander en Eamonn

– Tim

Voor mijn vader Piet en broer Wimke,
en voor mijn bonuszoon Finn

– Wim

Inhoud

Woord vooraf

In de krijgsmacht weet men dat iedereen in het leven met teleurstellingen te maken krijgt. Militairen zijn bekend met les één: omgaan met teleurstellingen. Wij leren elkaar dat je meer kunt dan je denkt en dat je door kunt gaan als anderen stoppen.

Deze les zat in mijn mentale rugzak. Ik had geleerd door te gaan en het goede voorbeeld te geven als het echt tegenzat. Juist dan moest ik op mijn mensen letten, even een duwtje in de rug of een schouderklopje geven. Door anderen te helpen, hielp ik mijzelf ook.

Ik wist al lang dat dat niet makkelijk was, want door ongelukken en geweld had ik mensen verloren voor wie ik me verantwoordelijk voelde. De gesprekken met nabestaanden maakten op mij diepe indruk. Ieder verlies was uniek en bijzonder. Er was geen 'menukaart', 'recept' of 'protocol' waar je uit kon kiezen hoe om te gaan met het verlies en verdriet.

In 2008 worden wijzelf van de ene op de andere dag nabestaanden. Mijn zoon Dennis sneuvelt tijdens een missie in Afghanistan. Mijn gezin en ik worden lotgenoten van die fijne mensen die ik onder zulke bizarre omstandigheden had gesproken. Het leven blijkt toch helemaal anders.

Anders, ondanks alle ervaring die al in mijn rugzak zat...

Anders, ondanks het warme nest dat mijn gezin voor mij was en nog steeds is...

Anders, ondanks de steun van Defensie en mijn naasten...

Maar ook, samen op zoek naar de weg vooruit.

De weg vooruit zou nooit meer zijn zoals wij ooit hadden bedacht, maar moest wel de moeite waard zijn om in te slaan. Dat waren we aan elkaar en aan Dennis verplicht.

Wij besloten elkaar de ruimte te geven om het op zijn of haar manier te doen, zonder elkaar los te laten omdat het verlies anders nog groter zou worden.

Als man en als commandant heb ik geleerd dat kwetsbaarheid tonen ook een manier is om je kracht te laten gelden. Je mag laten zien dat dingen je diep raken en dat ook jij het soms even niet meer weet. Dat jij dan openstaat voor kennis en ervaring van anderen, die jou een duwtje in de rug willen geven.

Wat had ik in die tijd graag dit boek gelezen. Wat had ik graag deze kennis en ervaring in mijn rugzak gehad. De verhalen kunnen niet alleen mannen helpen, maar ook hun naasten en anderen die iets willen doen.

Want het helpt als je samen weer de weg vooruit kunt vinden. De weg op die nooit meer dezelfde zal zijn…

Peter van Uhm

Bijna veertig jaar diende Peter van Uhm (1955) in de Nederlandse krijgsmacht. Daags na zijn installatie als Commandant der Strijdkrachten op 17 april 2008 overleed zijn 23-jarige zoon Dennis bij een aanslag in Afghanistan. Van Uhm is de auteur van Ik koos het wapen.

Inleiding

Beste man, dit boek gaat over jou. Het gaat over de man die weleens door tegenslag is geveld. Ben jij zo iemand en wist je je geen raad met je verdriet? Dat je eigenlijk geen idee had hoe te rouwen?

Beste vrouw, beste partner, dit boek gaat over de man naast je. Over de man die maar niet wil praten. De man die wel wil praten, maar het niet kan. Of die juist veel praat, maar weinig zegt. De man wiens lijf het uitschreeuwt. Wat gebeurt er achter de veelzeggende ogen van de man die zwijgt over wat hem werkelijk beroert?

Dit boek is een uitnodiging voor alle mannen, in de volle wetenschap dat dé man niet bestaat. Elke kerel gaat op eigen wijze met zijn verlies om. Wij zijn jullie professionele én persoonlijke gids in het land van mannenrouw. Als man hebben wij genoeg meegemaakt, in zowel werk als leven. We zijn opgezadeld met verlies op jonge leeftijd en nooit grootgebracht met het vermogen om dat vroege verlies te begrijpen en te doorleven.

Wim: 'Ik ben vernoemd naar Wimke, mijn oudere broertje, die kort na zijn geboorte overleed. Het was gebruikelijk in die tijd om de volgende zoon die naam te geven. Dat ik zijn naam al die jaren als een onzichtbare last bij me droeg heb ik lang niet doorgehad.'

Tim: 'Mijn vader Paul stierf toen ik dertien jaar was. Hij was manisch-depressief en kampte onder meer met een oorlogstrauma. Een moeilijke man die niet in staat was onbezorgde liefde te geven. Ik heb nooit om zijn dood kunnen huilen.'

Ons vroegere onvermogen zie je veel bij mannen, die op jeugdige leeftijd vooral zijn aangeleerd om sterk te zijn, stug door te buffelen, liever (of vooral) niet te huilen, moeilijke gevoelens weg te stoppen, wel aan oplossingen te werken en daarmee een zogenaamd 'echte man' te zijn. In dit boek leggen we je uit hoe onmacht na ingrijpend verlies kan leiden tot isolement, hoe mannen het niet kunnen verkroppen dat ze de controle verliezen en het niet kunnen opbrengen om (vaak anders dan vrouwen) hulp te vragen.

Wat drijft jou in het omgaan met je tegenslag, met je mannelijkheid? Wat doe jij als je lijdt, maar niet bij je gevoel kunt komen? Als je de machteloosheid ziet van de partner naast je? In dit boek onderzoeken we hoe jij van jongs af aan omgaat met verlies. En hoe het anders kan, hoe het beter kan, voor man én vrouw.

Voorbeelden genoeg, zoals de geïnterviewde mannen in dit boek openhartig laten zien. 'Van jongs af aan voelde ik me een wees. Geen moeder, want die is dood. En geen vader, want die is weg en onbereikbaar,' vertelt de Arnhemse burgemeester en geboren Marokkaan Ahmed Marcouch.

De dood van zijn zoon Tonio leverde behalve een indrukwekkend boek niets zinvols op, vindt schrijver A.F.Th. van der Heijden. 'Ons verlies is een niet te klaren karwei. Geen wild vlees, wij houden de wond open. De pijn mag blijven. Sterker, de pijn houdt Tonio aanwezig.'

Omgaan met tegenslag manifesteert zich op vele manieren. Menig man gaat er gezond mee om en vindt steun in zijn directe omgeving. Steun geven en krijgen hoort bij het (samen)leven. In het rouwen heb je mensen nodig, het liefst een veilige kring van mensen zonder oordeel. Je moet het zelf doen, maar het hoeft niet alleen. En laat dat nou precies zo lastig zijn voor sommige mannen. Zeg nou zelf, jij lost het toch liever zelf wel even op? Jij hebt toch niemand nodig? Herkenbaar?

Totdat een zoveelste reorganisatie op het werk voor een keiharde crash in je persoonlijke leven zorgt. Of je relatie zo moeizaam is geworden dat het weinig zin meer heeft om ermee door te gaan. Het kan ook zijn dat lichamelijke klachten je onzeker maken. Je blijkt onvruchtbaar. Trauma's hebben hun sporen achtergelaten. Je raakt in de knoop met jezelf. Toch ploeter je verder, want zo heb je het nu eenmaal geleerd. Tot het niet verder gaat en je hulp zoekt. Vaak te laat. Wat blijkt? Het nieuwe verlies heeft oud verlies losgewoeld. Je bent toen, lang geleden, niet met dat verlies aan de slag gegaan.

'Toen mijn vriendin was vertrokken, kwam alles in me los,' vertelt singer-songwriter Douwe Bob. 'Mijn jeugd, waarin ik mijn vader verloor aan de alcohol. Liefde die ik nooit heb leren ontvangen.' Wat een dreigend faillissement met je kan doen, weet oud-schaatser Falko Zandstra. 'Ik lag nachten wakker van de angst om niet voor mijn gezin te kunnen zorgen. Hoe dat voelde? Alsof ik had gefaald, als vader, als echtgenoot, als man.'

Wat is dat, je verlies nemen? Het doorgaans mannelijke antwoord: incasseren en weer de schouders eronder. Maar echt verlies nemen, betekent dat je werkelijk rouwt. De Amerikaanse rouwdeskundige William Worden kwam tot de volgende vier rouwtaken. Je hebt te accepteren dat het verlies echt heeft plaatsgevonden. Je moet eerst alle opborrelende gevoelens toelaten en dan doorléven. Je leert je aan te passen aan een leven waarin gemis en herinneringen aanwezig mogen zijn. Door het verlies een plek in je hart te geven, kun je je leven weer oppakken.

'Wie de dood ontkent, ontkent het leven,' vertelt organisatiedeskundige Roek Lips, wiens zoon Job in zee is verdronken. Therapeut en opleider Wibe Veenbaas ervoer levende rouw toen zijn vader tot aan diens dood met een oorlogstrauma kampte. Hij weet: 'Rouw is de achterkant van liefde.' En toen Ruard Ganzevoort zijn partner door suïcide verloor, ontdekte hij: 'Rouw heeft iets dubbels. Aan de ene kant heb je de schoonheid dat het leven weer echt verdergaat, maar aan de andere kant moet je ook de donkere kant omarmen.'

Verlies van toen is het gemis van nu. Wij zien het voortdurend in onze praktijk en kennen het net zo goed uit ons dagelijks leven.

Wim: 'Mijn vader Piet was drie jaar oud toen zijn eigen vader door de Spaanse griep overleed. Hij stond er als enige jongen binnen zijn gezin altijd alleen voor en heeft geen voorbeeld gehad in het vaderschap. Daar heb ik last van gehad, maar ook profijt toen ik het doorhad. Ik leef al 25 jaar samen met een vrouw die haar man verloor. Als zorgvader heb ik twee jonge kinderen mogen opvoeden. Samen hebben we een dochter. Het gemis mag er in mijn samengestelde gezin tot op de dag van vandaag zijn.'

Tim: 'Ik ben op 44-jarige leeftijd weduwnaar geworden. Mijn vrouw Jennifer kwam door een verkeersongeluk om het leven. Ik bleef achter met twee zoontjes. Saillant gegeven: mijn vader verloor zijn eerste vrouw op jonge leeftijd aan kanker. Dat gemis werd in ons gezin amper benoemd. En toch was het voelbaar. Ik heb drie oudere halfbroers. We gedroegen ons als een hecht gezin, maar in werkelijkheid zaten we allemaal op ons eigen eiland van verdriet.'

Rouw is het stevige karwei dat je moet klaren om jezelf aan te passen aan het geleden verlies. Je hebt daarbij soms niet in de gaten dat oud verlies niet of onvoldoende is verwerkt. Waar vrouwen makkelijker bij hun gevoelens komen, willen mannen nog weleens blokkeren. Erover praten is een klus op zich. In onze praktijk spreken we daarom herkenbare mannentaal als het over emoties gaat.

Zo spelen mannen in onze ogen een uitwedstrijd omdat ze het lastig vinden om uit te komen voor hun emotionele pijn. Dat maakt ze doe-het-zelvers. De pijn van rouw kun je als man zien als een ingewikkeld project. Om de controle los te laten moet je weg uit je hoofdkantoor. En wie na een tijdje weer vastloopt in zijn oude patronen, is bij ons welkom voor een grote onderhoudsbeurt. Of voor een apk'tje, ook goed.

Zodra dit soort taal resoneert, dan komen vanzelf de betekenisvolle verhalen met bijbehorend inzicht. Herkenning geeft houvast op je grillige levenspad. ‘De dood van mijn twee broers heeft me geholpen om te accepteren dat je op sommige zaken in het leven gewoon geen invloed hebt,’ vertelt tv-presentator Humberto Tan. Dus wat je ook kunt doen: omhels na een rouwproces je verlies, zegt cabaretier Marc de Hond. ‘Ik ben heel gelukkig dankzij mijn dwarslaesie. Niet ondanks.’

Steeds weer gaat het over de (fysiek of mentaal) afwezige vader. De vaderlijke steun die je mist wanneer je als man (opnieuw) verlies lijdt. Het maakt niet uit of je zestig, veertig of twintig jaar oud bent. Dit boek is voor iedereen die niet heeft geleerd om zich te verbinden met zijn vader, en andersom. Jongens die alleen gelaten zijn op momenten dat ze het contact zo hard nodig hadden en die op momenten dat het lastig wordt in een isolement schieten.

Drie jaar zag schrijver Mano Bouzamour zijn ouders niet. Bij zijn literaire debuut keerden zij hun zoon de rug toe. ‘Op het belangrijkste moment van mijn leven lieten ze me in de steek. Het voelde als hoogverraad.’ Nog steeds verkeren vader en zoon in twee werelden, ondanks een verzoening na die pijnlijke periode.

Er gaat nogal wat aan vooraf voordat mannen bij ons in de praktijk komen. Vaak moeten ze allerlei weerstanden en twijfels overwinnen voordat ze een afspraak maken. Niet zelden zijn ze gestuurd door hun vrouw of vriendin. Over het algemeen zijn vrouwen veel beter in het ‘samenzijn’. Zij blijven veel makkelijker met elkaar in gesprek. Dat zijn ze gewend, dat hebben ze van hun moeders geleerd.

Bij mannen is er soms schaamte voor het simpele feit dat ze er niet uitkomen. Door hulp te vragen ben je een loser, denkt menig man. In de veilige omgeving van onze behandelruimte valt er vaak snel een loden last van de schouders. Dan durven mannen te praten over hun destructief gedrag, over het niet-weten, over hun seks-, drugs- of gokverslaving. De verhalen van deze cliënten vormen een leidraad in de hoofdstukken waarin we het gedrag van de worstelende man in tijden van verlies verklaren.

Voor dit boek hebben wij onze krachten gebundeld. Wim heeft meer dan dertig jaar ervaring als mannentherapeut en verliesbegeleider. Hij heeft een eigen praktijk en is mede-eigenaar van en opleider bij Opleidingen Land van Rouw. Oud-journalist Tim tekende in drie decennia talloze verhalen op als interviewer. Sinds oktober 2017 heeft hij een eigen praktijk voor mannen (en vrouwen) met tegenslag. Hiertoe volgde hij een post-hbo-opleiding bij Phoenix Opleidingen.

In dit boek begint en eindigt Tim elk thematisch hoofdstuk met persoonlijke anekdotes. In 2010 publiceerde hij zijn dagboek *Tranen van liefde*, over het eerste jaar na de dood van zijn vrouw Jennifer. Tim: 'Het dwong me om stil te staan bij mezelf. Wie was ik nou eigenlijk? Als partner, als vader en als zoon? Ik ontdekte zowaar zingeving. Jennifers overlijden was niet voor niets geweest. Het tragisch verlies heeft van mij een andere man gemaakt. Beter en completer.'

Als opleider hoort Wim vaak de vrouwelijke studenten verzuchten hoe zij 'die mannen' soms niet begrijpen. 'Het is fijn om informatie te geven en te kunnen vertellen hoe anders het bij mannen werkt. Met als gevolg meer begrip, verbinding en liefde voor de mannen in hun leven.' Waar nodig geeft Wim duiding aan de uiteenlopende situaties die zich in zijn en Tims praktijk hebben voorgedaan. We lassen af en toe 'time-outs' in om je stil te laten staan bij de vraag: wat betekent dit voor mij?

Bekend of anoniem, klein of groot verlies, alles komt voorbij in dit boek waarin we de man in al zijn kwetsbaarheid eren. Niets is onbespreekbaar. Het is een reis door de binnenwereld die je misschien nauwelijks kent, maar niet vaak genoeg kunt bezoeken. *Let's go.*

Tim Overdiek en Wim van Lent
Amsterdam/Nijmegen, 1 oktober 2019

‘Ik wil Tonio in heel zijn tragiek bij me houden, dicht tegen me aan’

A.F.Th. (Adri) van der Heijden (1951, schrijver)
Over de dood van zoon Tonio (1988-2010)

‘Ik had gezworen Tonio te beschermen. Dat ik door de overmacht van Toeval en Noodlot zijn vernietiging niet kon voorkomen, doet niets af aan mijn nederlaag.

Het moeilijkste aan vaderschap is dat ik gedwongen werd om mijn eigen zoon te overleven. Er bestaat niet eens een term voor een “kinderloze vader”. Zelfs in de taal is hij stiefmoederlijk bedeeld. We zouden het voorlopig kunnen houden op “wezenloze vader”: een voormalige vader die met zijn dood niet eens een wees meer voort kan brengen.

Aan verwerking doen we niet. Bij de term “rouwverwerking” zie ik altijd een gehaktmolen of papierversnipperaar voor me. De overlijdensakte moet uit de wereld weggemaakt worden, op z’n minst gerecycled. Mirjam en ik beschouwen het omgaan met ons verlies niet als een te klaren karwei. Geen wild vlees: wij houden de wond open. De pijn mag blijven – sterker, de pijn houdt Tonio aanwezig.

Als zingeving een van de taken in het rouwwerk is, wie legt ons zo'n activiteit dan op? Ik acht het niet mijn taak zin te geven aan Tonio's dood – ik verwacht zo'n taakstelling uit de zelfhulpboekjes. Door te schrijven geef ik mijn leven, bij gebrek aan beter, een schijn van zin. Ik houd mezelf bezig en dood zo de tijd. Ik kan geen enkele zin aan Tonio's dood ontdekken, en dan zou de goegemeente van mij verwachten dat ik er zin aan geef waar die zich niet vanzelf openbaart?

Jongens van deze wereld, bedenk: de enige echt geldige manier om je vader te evenaren is door zelf een kind te verwekken. Het is een constructieve manier om Freud in het gelijk te stellen en het oedipuscomplex een generatie te laten opschuiven.

Het nadeel: je staat nu zelf bloot aan vadermoord.'

'Als mijn vader Piet, van zijn werk komend, een kwartier te laat was voor het avondeten, wisten we: hij heeft ergens "aangelegd". Op een avond was hij er na drie kwartier nog niet en het gezin bereidde zich al voor op zijn agressieve thuiskomst, want kwaaie dronk. Mis, bijna een uur te laat kwam hij broodnuchter thuis. Hij had in het *Eindhovens Dagblad* gelezen over een setje reproducties naar schilderijen van Jeroen Bosch, voor abonnees gratis te bekomen op de redactie van de krant. Wetende dat ik me nogal met beeldende kunst afgaf, had hij zo'n serie voor mij opgehaald.

Bij thuiskomst, enigszins ongemakkelijk: "Adri, heb jij hier iets aan?"

"Zeker wel."

Mijn vader was geboren in Breugel, mijn moeder Toos

in Den Bosch. Heimelijk zag ik mezelf, qua artistieke inslag, als een synthese van de werelden van respectievelijk Breugel en Bosch – ik verhul niet dat op die leeftijd enige dweepzucht mij parten speelde. Bosch associeerde ik met helse taferelen, Breugel eerder met het boerse en kluchtige. Ergens daartussenin dwaalde mijn fantasie. Mijn vader had ik daarover nooit verteld. Het was net alsof hij het met zijn jacht op de Bosch-reproducties geraden had. Zo subtiel kon hij, bewust of onbewust, dus ook zijn. Ik was hem zo dankbaar voor zijn gebaar dat ik er iets tegenover moest stellen: ik maakte lijstjes om de repro's en bestreek het hout met goudverf. Ze hebben vele jaren op mijn achtereenvolgende kamers gehangen.

Helaas staan hier vele herinneringen tegenover die, inderdaad, de "voortdurende woede" over hem voeden. Meestal kwam hij niet broodnuchter thuis met een stapeltje reproducties in de hand.

Als het in mijn puberteit over opvoeding ging, stelde ik altijd arrogant: "Ik heb mezelf opgevoed." Dat was niet helemaal onwaar, want mijn ouders lieten het op veel gebieden (onder meer seksuele voorlichting) afweten. Ik merkte aan mijn vader dat zo'n uitspraak hem onwelkom was, maar hij protesteerde slechts door te zwijgen en aan zijn eeuwige sigaret te trekken, met een nadenkend, heel licht ironisch trekje op zijn gezicht.

Ik was eerder een moeders- dan een vaderskind. Ik vertrouwde mijn moeder veel toe, ook intiemere dingen tot aan een zekere grens. Ik gaf haar boeken te lezen en probeerde op mijn beurt haar op te voeden. Als ze iets niet meteen snapte, was haar standaardcommentaar, enigszins masochistisch: "Ik ben maar een stom mens, hè."

Tegenover mijn vader ben ik voornamelijk een afkeurende zoon geweest. Ik gedoogde hem. Ik gehoorzaamde hem voor de vorm, om de kwetsbare harmonie in het gezin niet te verstoren. Ik fantaseerde er als jongetje over om hem "met z'n zatte kloten", zoals een favoriete uitdrukking bij ons luidde, van de trap te duwen. Een neef van me had dat met zijn dronken vader gedaan, helaas niet met ernstig letsel tot gevolg. Ik hoopte dat mijn vader op een dag in zijn eigen mes zou vallen, eventueel geholpen door mij, maar dan zo dat het een ongeluk leek.

Ik vermoed dat ik voor hem niet de zoon was die hij zich wenste. Ik las boeken, ging naar de middelbare school in plaats van een geschoolde arbeider te worden, en schreef gedichten. Voor de rest was ik een dromer. Maar hád hij vooraf wel een beeld van de voor hem ideale zoon? Een man verwekte nageslacht en dat was dat; hoe het uitpakte, dat zag hij dan wel weer.'

'Toen mijn vader in Batavia diende als chauffeur voor Radio Hollandia stierven kort na elkaar zijn moeder en zijn vader. De telegrammen over die sterfgevallen bereikten hem te laat, zodat hij geen aanspraak kon maken op een vliegreis naar huis om de begrafenissen bij te wonen. Mijn moeder vertelde me veel later dat hij zo zeker wist dat de telegrammen moedwillig waren achtergehouden dat hij met gevelde karabijn tot het hoofdkwartier van zijn superieuren doordrong "om ze allemaal kapot te schieten".

Hij diende toen nog op Sumatra, waar hij eerder al had moeten meemaken hoe een bevriende inlandse familie door "revolutionairen" met kapmessen in mootjes werd gehakt. Over die slachtpartij en het kort na elkaar sterven van zijn ouders heeft hij nooit veel losgelaten. De rouw van mijn vader school ergens tussen zijn schouderbladen. Als hem gevraagd werd naar een groot verlies in zijn leven, schokschouderde hij, alsof hij het van zich afwierp – niet als een last, maar als iets lastigs.

Als jongetje begeleidde ik hem achter op zijn brommer met Allerzielen naar het graf van zijn ouders in de gemeente Son en Breugel. Ergens onderweg kochten we bij een bloemist een roodaarden pot met witte bloemen. Thuis had de man een paplepel uit de bestekbak bij zich gestoken om een ondiep kuiltje uit te spitten, zodat de pot niet om zou worden geblazen door de gure kerkhofwind. Nadat de pot geplaatst was, nam mijn vader zijn kleppenpet af en stond er een tijdje mee voor zijn gulp. Ik volgde zo veel mogelijk zijn voorbeeld, ook met mijn petje voor de gulp.

Na afloop van de ceremonie vervloekte de man zijn vele broers en zuster die niet de moeite hadden genomen een pot met bloemen op het graf te plaatsen. Hij zette zijn pet weer op en nam me mee naar het dichtstbijzijnde café. Daar begon hij aan een eindeloze hoeveelheid pilsjes, soms met een jenever ernaast, terwijl ik voorzien werd van chocomel tot ik moest overgeven.

Bij mijn vaders crematie voelde ik niet meer dan twee taaie tranen opwellen. Dat kwam omdat ik niet zo gauw huil, en al helemaal niet wanneer het van me verwacht wordt. Ik gooi het altijd op “gebrek aan traanvocht”, zijnde de woorden van de oogarts toen ik om lenzen vroeg. Ik associeer de “twee taaie tranen” met de slottranen van een stervende: getuigen van het sterfbed spreken vaak van twee biggelende tranen, niet meer, vlak voor het intreden van de dood. Misschien identificeerde ik me zo met de laatste momenten van mijn vader, die ik niet van nabij had mogen meemaken. Ik arriveerde te laat in het ziekenhuis.

Tonio, die zag dat het gezicht van zijn vader al bij het verlaten van het spreekgestoelte in de aula in een huilkramp schoot, kwam voor me staan nadat ik mijn plaats op de eerste rij weer ingenomen had. Hij was toen vijf jaar en volgde met een mengeling van ongemak en nieuwsgierigheid de emoties op mijn gezicht. Hij keek alsof hij met zijn eigen gezichtsuitdrukking mijn voor hem ongewone verdriet weer tot normale proporties terug wilde kneden. Het is niet zo dat ik hem per se mijn tranen niet wilde tonen, misschien schaamde ik me wel dat het er zo weinig waren. Meer tranen had ik op dat moment niet paraat en later evenmin.'

'In alle eerlijkheid: al een kwarteeuw denk ik op 15 juni nauwelijks aan mijn vader. Tonio heeft in mijn gedachten blijkbaar voorrang. Als mijn vader niet gestorven was op Tonio's vijfde verjaardag, zou dat ongetwijfeld anders zijn geweest. Anders dan bijvoorbeeld Mirjam ben ik een echte gedenkdagenman, maar wat de sterfdag van mijn vader betreft... nee. Aan mijn relatieve onbewogenheid wat die 15de juni 1993 betreft, kan ook veel onverwerkte rancune ten grondslag liggen.

Zeker sinds Tonio's dood op 23 mei 2010, eerste pinksterdag, gedenk ik op 15 juni uitsluitend Tonio. Mirjam en ik gaan naar zijn graf op begraafplaats Buitenveldert en nemen een slok wodka uit de fles die daar al jaren in de schaduw van de zerk staat. Soms komen we een groepje van zijn oude vrienden tegen, die rond het graf een biertje drinken.

En toch... de twee-, driejarige Tonio was gek op "opa Piet". Als Tonio bij mijn ouders logeerde, wilde hij zelfs geen middagdutje doen als zijn grootvader niet naast hem kwam liggen op de bank. Er was bijna sprake van een symbiose – en daar ben ik die ouwe van mij dan toch dankbaar voor. Tonio moet als peuter instinctief het goede aan mijn vader ontdekt hebben.

We gedenken Tonio jaarlijks op 23 mei. Met Pinksteren dringt zijn dood zich vanzelf wel op, daar hoeven we ons niet voor te forceren. Mirjam ervaart het gemis zelfs elke zondag, omdat elke zondag kennelijk een beetje Pinksteren reflecteert. Dus ja, we zitten ieder jaar, met bittere dank aan de christelijke kalender met z'n hele santenkraam, met twee verschillende sterfdagen, tenzij eerste pinksterdag ooit weer eens op 23 mei valt.

Die datum komt elk jaar weer met meedogenloze vanzelfsprekendheid op ons af. Het maakt ons rusteloos, ook dat zal niet meer veranderen. We tellen af: op 30 april vierde hij met vriend en vriendin voor het laatst Koninginnedag, de donderdag voor Pinksteren kwam hij voor het laatst bij ons op bezoek om op verschillende plaatsen in huis Fanny te fotograferen, met wie hij de zaterdag erna zou uitgaan... Ja, het heeft iets bizars, twee data die elkaar, meanderend over de kalender, lijken te zoeken in het dodenrijk. Als twee keer hetzelfde lichaam op een verschoven foto, met een halo eromheen.

Tonio is er voor ons het hele jaar door en dat verzacht de scherpe kantjes aan 23 mei. Mijn vaderschap zal ook nooit overgaan. Ik voel me nog steeds vader, meer in het bijzonder: Tonio's vader. Ik kan me voorstellen dat een gestorven zoon in de verbeelding van de vader blijft bestaan zoals de jongen was in de tijd van diens vroegtijdige dood. Zo'n vader zal ook zijn herinneringen koesteren aan de eerdere leeftijdsstadia van die zoon, maar hij zal zich de overledene zelden of nooit als beduidend ouder dan bij overlijden voorstellen. Daar loopt de verbeeldingskracht doorgaans op stuk.

Dat is dan weer het voordeel van de schrijver. Toen ik voor mijn roman over MH17 een oorlogsfotograaf nodig had die ten tijde van de ramp een midtwintiger was, deed automatisch een wat oudere versie van Tonio auditie. Ik laat hem nu, op papier, allerlei avonturen beleven en overtuigingen erop nahouden die nog steeds in de geest van de echte Tonio zijn – soms moet ik daarvoor op mijn intuïtie varen. Ook in die zin wordt het vaderschap geprolongeerd: ik verwek Tonio steeds opnieuw, aangepast aan vorderende leeftijd en veranderende omstandigheden. Een inspirerende metgezel.'

'Ik wil Tonio in heel z'n tragiek bij me houden, dicht tegen me aan, zodat zijn lijf nog wat warmte van me overneemt, en ik de illusie behoud dat zijn verstrakte gezicht nog wat tegen me glimlacht na zijn eeuwige vraag: "Zit je al aan de tien pagina's per dag, Adri?"

Ik wil niet beweren dat zijn laatste woorden tot mij gericht waren, maar doordat hij ze zo vaak herhaalde, hoor ik ze in mijn hoofd alsof ze gisteren werden uitgesproken. "Zit je al aan de tien pagina's per dag, Adri?"

Toen Tonio nog leefde, was ik ook meestal aan het werk, maar toch onregelmatiger, afhankelijk van de eisen die mijn kleine gezin stelde. Al de dinsdag na Pinksteren 2010 zat ik aantekeningen te maken over het voorbije droevige weekend, gewoon om te proberen de verbijsterende gebeurtenissen vast te houden. Zo ontdekte ik al spoedig dat ik aan een requiem voor Tonio bezig was. En dat terwijl ik op tweede pinksterdag nog had uitgeroepen: "Dat was het dan... ik schrijf nooit meer."

De requiemroman is de redding van mijn schrijverij geweest. Als ik Tonio niet als onderwerp had gekozen, wat was er dan in godsnaam nog boeiend geweest om over te schrijven? Ik joeg achter Tonio aan en werkte in hoog tempo, om me niets van wat ik nodig had te laten ontsnappen. Precies een jaar na zijn dood kwam het boek uit, wat betekent dat ik het in negen maanden voor elkaar had. Ik heb het werktempo daarna niet laten schieten. Ik vermoed dat ik sindsdien, zonder mezelf te forceren, aan Tonio's vraag tegemoet probeer te komen: "Zit je al aan de tien pagina's?" Alsof ik hem niet teleur wil stellen bij de inwilliging van een eis die hij, als kleine zwijgende dictator, niet kan herhalen. Het zijn er vaker acht dan tien, en een enkele keer twaalf, maar ik tel ze altijd. De houthakker laat zijn gestorven zoon de blaren in zijn hand zien.

We betrokken onze huidige woning in juli 1992 toen Tonio net vier was geworden. Hij verliet het op zijn negentiende, dus bijna zijn hele jeugd heeft hij doorgebracht in een grote, geheel verbouwde kamer waar hij op den duur alle toebehoren had. Als we hier, in dit grote pand van vijf woonlagen, met z'n tweeën zijn blijven wonen, dan toch in de eerste plaats ter ere van Tonio. Het is een onverdraaglijke gedachte dat zijn kamer onherkenbaar door onbekenden zou worden verbouwd. Op de sloten van mijn archiefkasten zitten nog de rode plakkertjes die hij er in 1997, na de verbouwing van mijn werkruimte, aan hechtte, en die correspondeerden met de etiketjes op de sleutels.

Hij blijft zeer aanwezig in het hele huis. Mirjam, die

zijn jongenskamer betrok, heeft de hele inrichting ongewijzigd gelaten en die vliegt haar bepaald niet aan: ze voelt zich er prettig en voelt eerder Tonio's aan- dan afwezigheid. Kortom, het is uitgesloten dat we zijn naam van het belpaneel zouden laten verwijderen.

Alle eerdere verliezen in ons leven verbleekten bij dat van Tonio. Een jeugdvriendin van mijn moeder zei: "Ik ben blij dat Toos dit niet hoeft mee te maken... ze zou er niet overheen komen." Inderdaad, mijn ouders hoefden dit niet meer mee te maken. De ouders van Mirjam wel, rijkelijk gezegend met verliezen tijdens de Tweede Wereldoorlog als ze al waren. Ze zijn inmiddels ook allebei dood. Mijn schoonvader stierf toen hij 101 was.

Een jaar na Tonio stierf mijn jongere zus. Ik neem het mezelf nog steeds kwalijk, maar kon het niet helpen dat ik haar dood en begrafenis als een ontheiliging van ons verlies ervoer. Ik kon haar wegvallen er niet ook nog eens bij hebben. Als het hard en gevoelloos klinkt, is dat omdat ik niets wil verhullen.'

'Als je afscheid neemt, zwaai je iemand uit. Dan zwaai je letterlijk iemand van je af, van je weg. Met onze boeken wilden Mirjam en ik eerder onze zoon naar ons toe halen, terughalen, een welkom thuis bereiden. Wenken in plaats van zwaaien.

"Hoehoe, hierheen, jongen."

Aan die pogingen om hem via het schrijven en via onderlinge gesprekken terug te halen komt inderdaad nooit een einde. Tonio's dood heeft onze verhouding in zoverre beïnvloed dat die hechter is geworden. Honderden mensen hebben ons destijds, in 2010 en daarna, geschreven over hun eigen verlies. Vaak kreeg ik te horen dat het wegvallen van een kind een huwelijk kon vernielen. Man en vrouw gaan elkaar de grootste verwijten maken, geven elkaar de schuld van het sterfgeval.

Iets dergelijks heeft bij ons nooit gespeeld. De schuldige in onze ogen is het Noodlot – en wie of wat is het Noodlot nou helemaal? Een afwisselend onderschatte en overschatte, achterbakse figuur, die veel schade en verdriet aanricht zonder er zelf van te kunnen genieten, want hij is zowel sadist als masochist. Een niet eens vleesgeworden Overbodigheid, een Niets, een Nono.

Mirjam en ik zijn vanzelfsprekend bij elkaar gebleven. Zo kan Tonio zich, als hij langskomt, bij ons voegen... tussen ons in, of pal voor of achter ons. Mirjam voelt mijn pijn haarfijn aan, en ik de hare. Verder is er geen omgeving om, direct of indirect, uiting te geven aan mijn pijn. Er wordt dus ook niet op gereageerd. Het is Mirjam en mij sowieso opgevallen dat na het slijten van het nieuws over Tonio, na de eerste golven rouwpost, er spoedig niet meer naar verlies, verdriet en gemis geïnformeerd werd. Het valt Mirjam meer op dan mij: zij komt vaker buiten dan ik, al was het alleen maar vanwege de boodschappen. Mensen gaan over tot de orde van de dag, wat meestal neerkomt op een narcistische stroom geweeklaag over de eigen trubbels.

Niet lang na Tonio's overlijden daagde Mirjam mij op een avond uit om het eindelijk "eens uit te schreeuwen". We hadden gedronken en de volgende dag kon ik het me niet herinneren, maar Mirjam beweerde dat ik wel degelijk, samen met haar, gegild had, heel overtuigend. Verder ben ik niet zo iemand die zich, in zijn hoofdkussen bijtend, in slaap jankt. Al kan ik opeens, door een onverwachte associatie, heel sentimenteel worden. Op een dag klonk er plotseling een nummer van Vera Lynn uit de radio: "My son". Door een enkel zinnetje, een intonatie greep het me bij de strot en de tranen vloeiden rijkelijk, voor de afwisseling. Het leek wel alsof ik het traanvocht ergens had gehamsterd, in een verborgen buisje of zo.

Als we samen zitten en over Tonio praten, is er regelmatig een moment dat het Mirjam te veel wordt, en ze begint te huilen: "Het is zo erg... zo erg." Ik bied haar dan aan van onderwerp te veranderen, maar dat hoeft nooit van haar: "Hoe pijnlijk ook, ik wil juist over hem praten. Ga door."

Op 23 november 2019 is het precies veertig jaar geleden dat ik Mirjam leerde kennen, op het feestje ter gelegenheid van haar twintigste verjaardag. Je zou dus verwachten dat ik haar in de loop van de decennia goed heb leren kennen – zo intiem dat ik haar opeenvolgende reacties op Tonio's dood zou kunnen voorspellen. Allerminst. We hebben er eindeloos over gepraat, maar ik krijg haar ziel niet volledig doorgelicht.

Van elkaar verwijderd geraakt zijn we geenszins. Integendeel, we relativeren beter dan vroeger kleine ongemakken, die zelden nog tot ergernis leiden. Dreigt er irritatie en woordenstrijd, dan kijken we elkaar aan en horen we de stem van de tienjarige Tonio, die bij zo'n ruziedreiging naar zijn vriendje twee huizen verderop liep, en bij terugkeer langs zijn neus weg vroeg: "Zijn jullie er een beetje uitgekomen?"

We zijn door zijn dood triester geworden, dat wel ja. We zijn triester geworden, al is dat niet altijd zichtbaar. De ziel is niet geamputeerd, maar er is wel een vitale plak afgesneden. Door het wegvallen van Tonio hebben we geleerd hoe sterk onze liefde was en is. “Goh, Tonio, om dat aan het licht te brengen had je er toch niet zo abrupt tussenuit hoeven knijpen.”’

1

Verlies

De vele vormen van tegenslag | Of je wilt of niet, rouwen moet | De prijs die je betaalt als je pijn negeert | Echte kerels huilen niet, en andere onzin | De verliescirkel als houvast

'Het was zo helder op dat moment. Ik wist wat me te doen stond. En ik wist ook dat het goed zou komen,' zegt Tim. 'Ik riep Sander en Eamonn bij me en verdween in een kamertje van het ziekenhuis. Eamonn kwam bij me op schoot, Sander bleef me aankijken terwijl hij naast me kwam zitten. Ik draaide er niet omheen. "Jongens, het spijt me geweldig," sprak ik, "mama wordt niet meer wakker. Ze is dood."

Mijn enige prioriteit op dat moment waren onze kinderen. Jennifer was niet meer ontwaakt uit haar coma. Hersendood, volgens de artsen. Ik moest een paar seconden schakelen om te begrijpen wat dat betekende. Toen haar definitieve dood tot me doordrong, kon ik alleen nog maar aan de kinderen denken. Die moest ik het vertellen. Maar hoe? Gewoon zoals het was, besloot ik.

Toen mijn vader aan zijn tweede hartaanval bezweek

terwijl hij in de huiskamer in zijn stoel zat, werden wij naar boven gestuurd. De pastoor kwam het ons vertellen. "Vader is naar de hemel gegaan," zei hij, waarna we van hem moesten gaan bidden. Ik vond dat als dertienjarige jongen een bespottelijk moment. Het was mijn eerste kennismaking met de dood. Omdat mijn jongens op twaalf- en negenjarige leeftijd hun moeder verloren, zo ontstellend jong, voelde ik me behalve hun vader ook weer even dat jongetje.

Dat heldere moment bestond eruit dat ik naar mezelf kon kijken en het verlies van mijn vader op een andere, helende manier kon inzetten voor Sander en Eamonn. Ik was nu oké, en zij zouden dat op termijn ook zijn. Hoe gek het misschien ook klinkt, ik beschouwde de dood van pa in 1978 als een geluk bij Jennifers ongeluk in 2009.'

De dood van een geliefde is een groot verlies, laten we daarmee beginnen. De liefde van je leven nooit meer te zullen zien is een duizelingwekkende klap in je gezicht. Het is een venijnige, soms letterlijke steek in het hart. Je krijgt er onherroepelijk mee te maken op een dag, vroeg of laat, je kunt er niet aan ontsnappen. De dood komt altijd plotseling, zelfs na een ziekbed waarbij je uitgebreid afscheid hebt kunnen nemen.

Toeleven naar de dood bereidt je immers niet voor op het leven als kersverse nabestaande. Rouw is een grillig pad, waarop je vaak verdwaalt en door de pijn en het gemis zelfs helemaal niet wilt zijn. En toch heb je het pad te lopen. Wie de dood ontkent, ontkent het leven. Logisch dat je op zoek gaat naar sluiproutes om die ellendige weg van rouw in te korten. Begrijpelijk dat je af en toe wat bochten wilt afsnijden, hier en daar iets sneller wilt gaan dan is toegestaan. Verlies is klote.

Toch, zeggen wij, heb je de rouw te nemen. Je hebt het verlies in alle intensiteit te erkennen voordat je het leven weer volledig kunt omhelzen. Dat doen vrouwen anders dan mannen en dat begint al op jonge leeftijd. Klinisch psycholoog Mariken Spuij schrijft in *Rouw bij kinderen en jongeren* dat het wel degelijk uitmaakt hoe je als jongen of meisje de dood van een dierbare verwerkt. 'Meisjes ontwikkelen vaker naar binnen gerichte problemen zoals een sombere of angstige stemming, die kan leiden tot een depressieve stoornis. Bij jongens zie je dat terug in ongewenst, naar buiten gericht gedrag.'

In haar onderzoek merkte Spuij dat niet alleen professionals, maar ook ouders grote verschillen zien tussen jongens en meisjes. 'Meisjes praten veel en kunnen gevoelens beter uiten, terwijl jongens weinig praten en meer moeite hebben om hun gevoelens te tonen. [...] Meisjes hebben veel vaker een steunende vriendin om een probleem mee te bespreken. Jongens hebben juist meer de neiging om negatieve gedachten te onderdrukken.'

Rouwen op jonge en latere leeftijd vraagt als man niet alleen de bereidheid om het van je af te praten. Het vergt ook tijd, energie, geduld en mildheid naar jezelf. Geen kwaliteiten waar de doorsnee man zich op kan beroepen. De man wil het meer dan de gemiddelde vrouw controleren en oplossen. De man wil de dood best accepteren, maar meer ook niet. Het liefst is hij de dood de baas. En wint de dood onverhoeds toch, dan wil de man zo snel mogelijk de controle in zijn leven weer terug. Laat dat nou juist het probleem zijn. Controle en de dood zijn twee onhebbelijke partners in het leven. De dood kun je niet controleren, hoe hard je het ook probeert.

Nu denk jij misschien: jullie hebben makkelijk praten. Ja, dat klopt en daarom ook dit boek. Om je te laten zien dat ook de dood van je geliefde overkomelijk is. Dat het zwaarste verlies je niet alleen ongenadig verdrietig, maar ook innerlijk sterker maakt in het verdere verloop van je leven. We maken geen onderscheid, de ene dood is niet erger dan de andere. Of het nou het wegvallen van je partner is of je ouder, je kind of je grootouder, je beste vriend, je lieve buur of je dierbare collega – het wordt beter.

Dit is onze belofte als je meedogenloos bent gevloerd door de dood. Het wordt beter. Nooit meer hetzelfde, altijd anders, maar het wordt beter.

Jacob (51) komt lichtjes zwetend de praktijk binnen. Hij maakt zich zorgen en windt er geen doekjes om. Zijn vrouw is stervende. Ze hebben twee kinderen, van 18 en 23 jaar. Hij wil weten wat hem te wachten staat. 'Hoelang gaat het duren voordat ik mijn leven weer gewoon kan vervolgen?'

De laatste levensfase van zijn vrouw blijkt grondig voorbereid. Ze heeft de crematie tot in de puntjes geregeld. Met vrienden is er onlangs een emotionele bijeenkomst in het buurthuis geweest. Daar hebben ze afscheidswoorden uitgesproken. De kinderen worden professioneel begeleid. 'Ik ben bang dat ik allerlei dingen in het huishouden vergeet, omdat mijn vrouw die altijd deed.' Hij spreekt al in de verleden tijd.

Zijn grootste angst? 'Dat ik er niet tegen kan. We zijn al sinds onze studie samen. Hoe is het straks om alleen naar bed te gaan? Mijn kinderen hebben een heel leven voor zich, maar ik dan?' Door die angst uit te spreken, valt er al een grote last van zijn schouders.

'Iemand die last heeft van anticiperende rouw,' zegt Wim, 'is bang en dat is begrijpelijk. Dat zie je bij Jacob. Het is als begeleider of als omgeving belangrijk om die angst te erkennen. Nodig hem uit om zo veel mogelijk over deze angst te vertellen.'

Hoe doe je dat? Volg je nieuwsgierigheid en stel hem oprechte vragen. Laat hem zijn verhaal vertellen. En bovenal, benadruk dat de gevoelens van angst en onzekerheid heel gewoon zijn. Dat die simpelweg horen bij zijn aanstaande, grote verlies. Je kunt van alles voorbereiden, tot in detail de laatste maanden, weken, dagen en zelfs uren en minuten uitstippelen. Als eenmaal je geliefde is gestorven en vervolgens een grote stilte intreedt bij jezelf en je gezin, dan dendert het verlies pas werkelijk je lichaam binnen.

De dood houd je niet buiten de deur. En als nabestaande ook niet uit je lichaam. Vandaar die angst, die twijfel, de vrees om het niet aan te kunnen. 'En toch moet hij het zelf doen,' zegt Wim, 'maar het hoeft niet in zijn eentje. Ga met hem na wat voor hulpbronnen hij heeft, bij wie of wat hij steun kan vinden. Je kunt niets beloven over de duur en intensiteit van de rouw. Dat is persoonlijk, voor man en vrouw.'

Verlies kent vele vormen. Verlies is ook niet het einde van de wereld. Zo voelt het misschien bij vlagen, maar altijd is er weer een moment van nieuwe hoop, een nieuwe dag met verlichtende ervaringen, een volgende week met voorzichtige voornemens en een nieuw jaar met misschien zelfs een prille liefde of een ander sprankje levenslust. Maar we gaan het niet mooier maken dan het is. Zeker niet. Soms ook lijkt je leven uitzichtloos en kan het jaren duren voordat je ontdekt dat aan het eind van die donkere tunnel een piepklein lichtje begint te flikkeren. En misschien duurt het zelfs langer. Ouders die een kind verliezen, rouwen niet zelden tot op het sterfbed.

Intens verlies schoffelt je onderuit, maar hoeft je niet definitief te vloeren. Het hoort erbij. Het kan je zelfs sterker maken. Je kunt reageren op verlies door het hoofd op te richten en stug door te gaan. Je kunt het ontkennen. Je kunt je verzetten en harder gaan werken om het verlies ongedaan te maken en er misschien wel winst uit te halen. Je kunt verdrietig zijn of erom lachen. Je kunt het relativeren of het zo groot maken dat je erin gaat zwelgen. Je kunt je erin verliezen.

Het hoort er allemaal bij. Je kunt het zo gek niet bedenken of verlies raakt je op een of andere manier.

Time-out: hoeveel vormen van verlies ken jij? Is je vader overleden? Je moeder? Beide ouders? Hoeveel van je opa's en oma's heb je nog? Is je partner gestorven? Leeft je broer of zus nog? Is je (stief)kind overleden?

Maar ook: had je graag een kind gewild? Heb je fysieke of mentale beperkingen? Is je huwelijk of relatie tegen je wil beëindigd? Ben je weleens voor jouw gevoel onterecht ontslagen? Heb je je vaderland moeten verlaten? Is je huis afgebrand, je geliefde motor gestolen of heb je een ander dierbaar bezit verloren? Heb je afscheid moeten nemen van een geliefd huisdier?

Ken jij een verlies dat hier niet is genoemd?

Het zou onmenselijk zijn wanneer je als hoogbejaarde man terugkijkt op je leven en vaststelt dat groot verdriet jou bespaard is gebleven. Onmenselijk, omdat ieder mens krassen op de ziel oploopt. Elk overlijden van een geliefde, elk verlies van betekenis laat een litteken achter dat regelmatig gaat jeuken van herinnerde pijn. Dat is menselijk, het hoort bij het leven. Niemand haalt ongeschonden de eindstreep, maar velen weten zich met het klimmen der jaren te verzoenen met die tragische tegenslag.

Wat als het niet lukt? Als de schade keer op keer het oude litteken openscheurt en het bloeden niet stopt? Wat als de stapeling van verlies zo hoog wordt dat je gaat wankelen, struikelen en zelfs vol op je gezicht valt?

De man geeft niet graag op. Hij laat zich door een of twee verliezen niet snel uit het veld slaan. Hij is sterk, dat wordt ook van hem verwacht (denkt hij), en hij laat zien dat er desnoods een tandje bij kan om de pijn weg te duwen. Wegduwen, ontkennen, vermijden, naar een zijkamertje in het hoofd verbannen en weer door. Doorbuffelen omdat hij niet anders heeft geleerd. De onmacht die dit verlies teweegbrengt, is dan moeilijk te verduren. (Hier komen we in hoofdstuk 2 uitgebreid op terug.)

John (40) oogt kort en gedrongen en komt binnen met een niets-aan-de-hand-blik in zijn ogen. Het tegendeel is waar, blijkt al snel. Op zijn zevende heeft John zijn vader bij een auto-ongeluk verloren. Daarna is de ellende begonnen. Een afwezige moeder omdat ze in rouw verkeerde, gepest worden en zelf pesten, stiefvader met wie hij niet door één deur kon, ontslagen na langdurig onderpresteren op zijn werk. Het houdt niet op.

De grootste klap kwam toen hij vorig jaar plotseling zijn beste vriend verloor aan een hartaanval. Terwijl John hierover praat, verandert zijn mimiek en zie ik hoe het hem raakt.

'Wat een ramp,' zeg ik, en nodig hem uit om over die vriendschap te vertellen. Ik vertel hem dat ik ook niet zo lang geleden mijn beste vriend heb verloren. Dat schept een band. John vertelt over de activiteiten die ze door de jaren heen samen ondernomen hebben en hoeveel hij van zijn vriend heeft gehouden.

Op mijn vraag of hij sinds het verlies van zijn vriend ook zijn eigen vader meer mist, knikt hij instemmend, waarbij tranen opwellen. Het is een poos stil... Dan zegt hij: 'Gek hè, het is al zo lang geleden.'

'Dat is helemaal niet gek,' zegt Wim. 'In onze praktijk zien we regelmatig mannen zoals John die het niet meer trekken. Vaak is er sprake van gestapeld verlies, de dood van een vader lang geleden, een zusje of broertje, een moeder die afwezig was door ziekte. Onderschat ook de impact van een faillissement of ontslag niet. Ook dat is verlies, zeker bij mannen die van oudsher op hun werk competitie voelen. Die doen zich niet graag minder voor. Je sterk houden, zeker als mannelijke collega's toekijken. Keer op keer verlies moeten dragen kan je opbreken.'

'Gestapeld verdriet' is de verzamelterm voor al die verschillende vormen van verdriet die een mens kan doen wankelen. Sabine Noten deed onderzoek naar 'het verlies van nu, dat het verlies van toen weer oproept'. In haar boek *Stapeltjesverdriet* beschrijft ze hoe belangrijk het is om naar die vroege gebeurtenissen terug te gaan. Goeie kans dat het verlies toen niet of onvoldoende is genomen. Wanneer een eerste verlies (trauma) om wat voor reden geen plek heeft gekregen, zullen latere verliezen zich hierop gaan stapelen.

Noten: 'Om met al het verlies om te kunnen gaan, hebben mensen een overlevingsstrategie ontwikkeld die hun veel heeft opgeleverd. In een nieuwe verliessituatie werkt de vertrouwde overlevingsstrategie als het ware tegen en blokkeert het huidige rouwen. Mensen ondervinden er last van, ook in hun relaties met hun partner, kinderen, familie, vrienden en werk. Ze komen er doodgewoon niet meer mee weg. Iedere steen van de stapel vertegenwoordigt een belangrijk verlies. De onderste steen staat symbool voor het allereerste verlies en soms is dat een verlies op (zeer) jonge leeftijd. Mijn overtuiging is dat juist deze steen van grote betekenis is voor de rest van de stapel. Letterlijk draagt deze steen de andere stenen.'

Onze aanpak als begeleiders is erop gericht te onderzoeken welke verliezen wanneer zijn geleden. De onderste steen is het beginpunt van herstel. Door dat vroege verlies te erkennen maak je alsnog een start met de rouw die toen niet is genomen en die de huidige behoefte aan rouw om het laatste verlies in de weg staat. Begin bij het begin. Bochtjes afsnijden werkt niet, hoe verleidelijk en begrijpelijk ook.

Wim ervoer aan den lijve hoe het verlies van John ook hem raakte. 'Ik voelde een pijnscheut in mijn eigen lichaam. Een tijdje terug stierf mijn beste vriend Lon aan een longembolie. Onze vriendschap was er eentje van aantrekken en afstoten, van liefde en strijd. Inmiddels heb ik ingezien dat ik in deze vriendschap op zoek ben geweest naar mijn eigen vader. Lon kwam uit een familie met veel geheimen, waardoor hechten en jezelf toevertrouwen aan een ander voor hem een grote klus was.'

Time-out: bestaat er in jouw familie een geheim? Een gebeurtenis waar nooit over gesproken wordt? Iets waar je niet over durft te beginnen? Zijn er onderwerpen die gevoelig liggen? Heb jij het vermoeden dat er iets speelt waar jij maar niet de vinger op kan leggen? Stellen andere mensen weleens vragen over jouw familie waar jij ongemakkelijk van wordt?

Het onzichtbare verlies van toen heeft niet zelden een grote impact op het gemis van nu. Stel jezelf de vraag of je 'die verboden vraag' op een of ander moment toch durft te stellen. Mogelijk dat er met een zucht van verlichting op gereageerd wordt.

Verlies vraagt om rouw. Je kunt ontkennen wat je wilt en jezelf en je omgeving met de hand op je hart bezweren dat het 'helemaal oké' is, dat 'het leven doorgaat' en dat 'de tijd alle wonden heelt'. Ja hoor, sterke vent. We geloven je.

Niet dus.

'Rouw is niet iets wat je overwint na een strijd, zoals een medisch genezingsproces,' schrijft rouwdeskundige Julia Samuel in haar boek *Rouwwerk*. 'Als mensen zijn we van nature geneigd om verdriet uit de weg te gaan, maar aan rouwpijn moeten we toegeven – tegen ons instinct in. We moeten manieren vinden om onszelf hierin te ondersteunen, want aan rouwpijn valt niet te ontsnappen.'

Ontkenning is een begrijpelijke beweging. Als je het wegstopt, is het er niet. Als je de andere kant op kijkt, zie je het niet. Makkelijk toch? Geen tijd, geen zin, geen probleem. Je wil jezelf, en vooral je kinderen, liever niet opzadelen met onnodige pijn. Rouwen is noodzakelijke pijn. Rouwen is werken aan je pijn, zodat die je later in het leven niet opnieuw opzoekt en je dan misschien wel harder dan ooit zal treffen. Angst voor pijn wint het vaak van het vertrouwen dat pijn ook helend kan werken.

'Wanneer heb jij voor het laatst gehuild? Echt gehuild, tranen met tuiten,' vraag ik aan Wolter (59). Hij moet diep en lang nadenken. Dan schiet hem een moment te binnen. 'Toen ik een jaar of 29 was. Een heel weekend lang. Het was vlak voor de geboorte van mijn eerste kind en plots realiseerde ik me dat mijn moeder geen oma zou worden. Daar was ik ontzettend verdrietig over. Maar op maandagochtend was het weer voorbij.'

Op zijn vijfde verloor Wolter zijn moeder aan kanker. Hij heeft weinig herinneringen aan haar. Zijn vader vertelde hem niet eens dat zijn moeder stervende was toen ze in het ziekenhuis afscheid van haar namen. Wolter weet nog dat hij buiten op de gang speelde en dat zijn moeder naar hem zwaaide. Met zijn zusje was hij niet bij de begrafenis. Ze gingen uit logeren. Er is nooit meer over haar gesproken. Zeven maanden later hertrouwde zijn vader. Het leven moest door.

Het leven gaat door. Zo ongelofelijk waar, maar ook zo'n geweldig cliché. Morgen is er weer een dag – nog zo eentje. Een dag niet gelachen, is een dag niet geleefd. Omkijken heeft niet veel zin, je kunt beter het vizier op de toekomst richten.

Bullshit.

Rouw is onvermijdelijk. Het veroorzaakt diep ongemak en het leidt tot onontkoombare pijn. Voorbereid op die gevoelens zijn we nooit, hoeveel verlies we wellicht al hebben geleden in ons leven. Rouw voelt vijandig en onbekend en wat is het vervelend om die gevoelens van onmacht, verdoving, schok, boosheid, verlating op ons pad te vinden. De eerste beweging is ervan wegrennen, zo hard mogelijk. Wie wil er nou een leven vol chaos, vol tegenstrijdige emoties die je niet de baas kunt? Want dat is rouw in de eerste, overrompelende periode. Je hebt werkelijk geen benul wat je met die onhoudbare razernij in je lichaam aan moet.

Wees sterk.
Jij hebt de kracht om verder te gaan.
Als iemand het kan, ben jij het.
Jij bent een geweldige vent.
Kom op, man. Schouders eronder.
Echte kerels huilen niet.

Zo leren wij het onze zonen van oudsher. Verman je! Als jongetjes al moeten we sterk zijn, ons kunnen verweren op het schoolplein en vooral niet te snel janken. Alsjeblieft, niet janken. Angst bestaat om overwonnen te worden. Hoezo hulp inroepen? Je moet het liever zelf oplossen. Emoties kun je beter bedwingen, want zwak willen 'wij van het sterke geslacht' niet zijn.

'Hier heb ik geen woorden voor.' Heb je het jezelf weleens horen zeggen? Dat klopt. Letterlijk. Val je halverwege een moeilijke zin over je zielsverdriet stil, vergeefs zoekend naar wat je nou werkelijk bedoelt? Wij mannen staan vaak met lege handen als we moeten uitspreken op welke wijze de dood van onze partner, onze ouder, ons kind of onze traumatische ervaring of het verlies van onze baan of relatie ons in het hart heeft getroffen. Hoe dat komt? Omdat we man zijn.

'Mannen missen de taal van rouw. Zij hebben geen

woorden, hebben geen zinnen klaar,' zegt rouwexpert Manu Keirse in zijn boek *Helpen bij verlies en verdriet.* 'Vrouwen weten dat er woorden zijn voor rouw en ze begrijpen niet waarom hun mannen die niet gebruiken. Het is ze niet altijd duidelijk dat hun mannen die taal niet kennen.

Mannen hanteren vaker een instrumentele stijl. Die bestaat vooral uit innerlijke reflectie en uiterlijke actie. Het is niet gericht op de emotionele pijn of op het delen van gevoelens. Daarnaast heb je de intuïtieve stijl, die meer op de gevoelens is gericht en op het praten over je verlies. Dat doen vrouwen makkelijker. De stijlen zijn beïnvloed door geslacht, maar zijn er niet door bepaald. Ze hebben vooral met opvoeding en culturele verschillen te maken. Er zijn ook mannen die meer overhellen naar een intuïtieve stijl en vrouwen die met hun reacties meer thuishoren in de instrumentele stijl.'

Time-out: herken je deze stijlen? Wat heeft jouw voorkeur, de instrumentele of intuïtieve stijl? Is het soms een beetje meer van dit en minder van dat? Praat je makkelijker met mannen over je emoties of met vrouwen? Of ga je liever iets doen?

Pieter (41) houdt zich in zijn mail een beetje op de vlakte. Of hij een gesprek kan aanvragen omdat een aantal zaken in zijn leven niet zo lekker lopen. Een echte mannenvraag. Als hij de trap op loopt naar mijn praktijk, is het hoofd licht gebogen. Zijn schouders hangen en hij heeft een uitdrukking op het gezicht waar weinig energie van uitgaat.

Dan begint hij te praten en is er geen stoppen meer aan. Als ik hem onderbreek en vraag wat nou werkelijk het probleem is, komt het hoge woord eruit. Zijn vrouw heeft een paar weken geleden gezegd dat de maat vol is. Ze denkt erover om te vertrekken. Voor Pieter kwam die dreiging als een donderslag bij heldere hemel. Terwijl hij over zijn echtgenote vertelt, voel ik geen verbinding met hem. Alsof Pieter ook het contact kwijt is met zichzelf. Je zou kunnen zeggen dat zijn lijf in het gesprek niet meedoet.

Ik onderbreek hem opnieuw en confronteer hem met zijn manier van communiceren. 'Wat je nu doet, lijkt op de manier waarop mijn vrouw reageert,' zegt hij. 'Zij wordt dan vervolgens boos, terwijl ik niet begrijp wat ze nou eigenlijk bedoelt.'

Een gevalletje 'hoofdkantoor', weet Wim. Dat hoort bij de meeste mannen. Pieter heeft het op extreme wijze. In zijn hoofd vertoeft hij het meest en het liefst, want daar kan hij rationaliseren, denken, verklaren en oplossingen zoeken. Dat is trouwens ook een bijzondere kwaliteit.

Maar zodra het in zijn 'hoofdkantoor' stokt, omdat zijn omgeving (en zijn vrouw in het bijzonder) afhaakt, wordt het spannend. Dan begint het dolen. Het lichaam blokkeert en ja, dan loopt het plots stukken minder in je leven. Als je geliefde aankondigt om te vertrekken, schiet je in paniek en is er in je hoofd geen redden meer aan. Herkenbaar? Zo ja, dan is het tijd om te zakken. Juist, in je lichaam.

Ik vraag Pieter om te gaan staan. Ik doe hetzelfde, soms is het namelijk onwennig om het lichaam te gebruiken. Alsof het onbekend terrein is. Leg je handen op je buik en laat langzaam je ademhaling zakken, vraag ik hem. Zeg maar niets, richt je alleen maar op het dieper in- en uitademen. Na een poosje begint zijn lichaam te trillen. In zijn mimiek en zijn lijf wordt verdriet zichtbaar.

Eenmaal weer in de stoel vertelt Pieter over de vechtscheiding die zijn ouders hebben doorgemaakt. Hij was toen drie jaar. De ruzies veroorzaakten ook op die jonge leeftijd een verliestrauma. Door die dreigende sfeer in zijn vroege jeugd heeft Pieter zijn lichaam afgesloten. De angst heeft hij in elke vezel van zijn lijf gevoeld en opgeslagen. Het was te groot om ermee om te gaan. Lijfwerk is voor hem de eerste stap op een langere weg met als doel om vaker vanuit het hoofd naar het lijf te gaan.

Van het hoofd naar het lichaam om vervolgens weer in het hoofd terug te keren is een manier om je verlies langzaam op verschillende manieren een stem te geven, ook al mis je misschien nu nog de woorden om de pijn te illustreren. Dat zal na verloop van dit boek beter gaan. Daar hoort ook theorie bij, zoals die van 'de verliescirkel'.

Rouw ontstaat als je iets of iemand verliest waaraan of aan wie je je hebt gehecht. Wij zeggen vaak dat rouw de achterkant van liefde is. Het is een persoonlijk proces. Elk mens rouwt op zijn of haar eigen manier en tempo. Er is geen goed en geen fout. De verliescirkel gebruiken we als instrument waarmee je de opeenvolgende stappen in het rouwproces kunt herkennen. Je rouwwerk is gericht op herstel (doorleven na verlies). Denk aan de manier waarop jij na verlies opnieuw contact aangaat, verbindingen legt, intimiteit en seksualiteit ervaart, of hoe je omgaat met je gevoelens en daarmee al dan niet betekenis aan je leven geeft. Soms lukt dat niet en zoiets noemen we dan een verstoring.

Verliescirkel

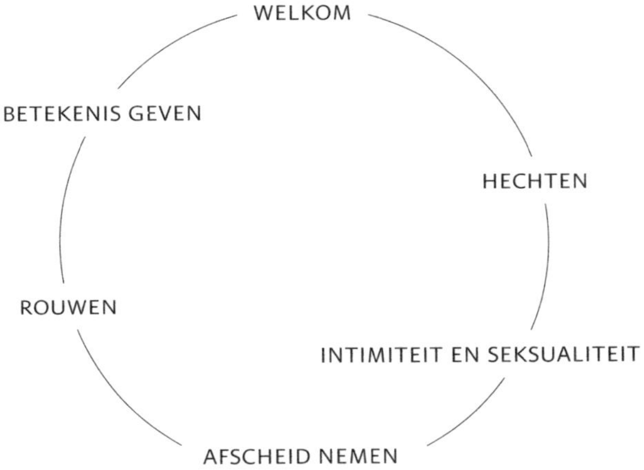

STAP 1. *Welkom*

Het is voor jou van levensbelang om welkom te worden geheten. Het grote welkom bij je geboorte, maar ook het kleine welkom als je bij iemand op bezoek gaat. Wie zich welkom weet, kan zich hechten. Als dat welkom niet plaatsvindt, kan er een blokkade optreden in het contact met andere mensen. Je gaat sociaal contact uit de weg, voelt jezelf alleen in gezelschap. Je hebt weinig vrienden, vermijdt oogcontact en trekt jezelf het liefst terug.

Mogelijk dat je al heel vroeg in je leven (onbewust) niet waarlijk welkom bent geheten. Je was niet gewenst, je moeder was ziek, je ouders lagen in scheiding, je vader was dronken, wat dan ook. Ieder heeft zijn eigen verhaal. Als je vervolgens te maken krijgt met verlies in je leven, dan begrijp je wellicht dat deze vroege verstoringen invloed hebben op jouw vermogen om te kunnen rouwen.

STAP 2. *Hechten*

Nadat je bent verwelkomd heb je de behoefte om je te hechten. Als baby ben je afhankelijk van de ouders. Zij zorgen met hun liefde voor stabiliteit en rust. Ook als volwassene blijf je verlangen naar hechting en nabijheid. Als het niet goed gaat op je werk of in je relatie zoek je vertrouwde mensen uit je omgeving op om je zorgen te delen. Ook een huisdier kan die functie vervullen.

Bij verstoringen in het welkom kan de hechting ook een lastige klus worden. Je eerste beweging is dan misschien juist onthechting. Je durft geen serieuze relaties meer aan te gaan. Blijft die ander wel? Verlies ik opnieuw iemand? Je bent mogelijk wantrouwig, vindt het lastig om liefde, steun en troost aan te nemen. Zodra het serieus wordt, weet jij de kortste weg naar de uitgang. Vele partners hebben is ook een veeg teken van niet kunnen hechten.

STAP 3. *Intimiteit en seksualiteit*

Als je je kunt hechten, dan is er ook het verlangen om dicht bij iemand te zijn, om aangeraakt te worden. Dat kan zowel fysiek als geestelijk. Dat vraagt om kwetsbaarheid, maar door het welkom en de hechting in de eerste twee stappen hebben we geleerd dat de ander te vertrouwen is. Hij of zij gaat zorgvuldig om met jouw grens.

Is er een verstoring opgetreden in de verwelkoming en in de hechting, dan zijn intimiteit en seksualiteit niet vanzelfsprekend. Dan kies je er wellicht voor om je kwetsbaarheid achter stoer en oppervlakkig gedrag te verstoppen. Dan vermijd je intiem contact en laat je de ander niet werkelijk in de buurt van je hart komen. Denk aan vrijen zonder intimiteit, het vermijden van emotioneel contact. Intimiteit maakt plaats voor onaanraakbaarheid.

STAP 4. *Afscheid nemen*

Afscheid nemen hoort bij het leven. Kinderen leren al vroeg dat dingen voorbijgaan, dat je daar best verdrietig over mag zijn. In de peuteropvang zwaai je naar je mama of papa. Je neemt met een musical afscheid van de basisschool. Behalve na een overlijden kun je ook na een scheiding een afscheidsceremonie bedenken. Wie als kind veilig is gehecht, kan met tijd, geduld en begripvolle mensen om zich heen het leven weer oppakken.

Als je slechte ervaringen hebt met welkom, hechting en intimiteit, dan wordt afscheid nemen een lastige klus. Liever sla je het over en laat je alles bij het oude. Je hebt moeite met afscheid nemen, ook het 'kleine' afscheid (denk aan het stiekem wegglippen op een feestje). Je bent voortdurend aan het controleren en hebt de neiging jezelf vast te klampen aan de ander. Je zoekt veel bevestiging en kunt niet loslaten. Eigenlijk vertrouw je er niet op dat de ander terugkomt.

STAP 5. *Rouwen*

Je weet inmiddels dat rouw een natuurlijke en normale reactie is op verlies. Je hebt je verbonden en moet nu weer loslaten. Dat doe je op je eigen manier. En ja, het is soms zoeken en je wilt graag weten hoelang het duurt. Het vraagt ook om de nabijheid van een groepje intimi (buren, familie, vrienden), die 'getuige van het rouwproces' zijn.

Als de voorgaande stappen in de verliescirkel problematisch zijn geweest, dan is ook rouwen een fikse opgave. Om te overleven bouw je liever een muur om je heen dan je verlies werkelijk te laten zien of zelf aan te kijken. Je zoekt afleiding in je werk, overmatig eten, seks of drugs. Je zet een masker op en maakt je ongevoelig aan de buitenkant. Je hoofdkantoor maakt overuren en uiteindelijk ga je op slot. In plaats van leven ga je overleven. Rouw is dan geen vloeibaar proces meer, maar raakt gestold. De pijn en het gemis verharden en raken opgesloten in je lijf. Dat kan op langere termijn verschillende problemen veroorzaken.

STAP 6. *Betekenis geven*

Een ingrijpend verlies heeft op den duur ook betekenis. Het geeft naast verdriet, pijn en gemis ook zin aan je leven. Wie ben ik zonder jou? Wat blijft er van mij over na dit verlies? Wat is de zin van al die tranen geweest? Je gaat vaak anders tegen het leven aankijken en richt je wereld opnieuw in, aangepast aan de nieuwe omstandigheden. Het is helemaal niet gek om te zeggen dat je leven na verlies ook rijker is geworden.

Als het niet lukt om betekenis te geven omdat het je maar niet lukt om werkelijk te rouwen, dan is deze stap de opmaat tot een gevoel van zinloosheid. Je ziet letterlijk de zin in het leven niet meer. Je stelt keer op keer de waaromvraag. Je wordt wrokkig, koestert wraakgevoelens. Je kunt nergens meer van genieten, hebt last van vermoeidheid en een gebrek aan energie. Slachtoffergedrag ligt voor de hand.

Verliescirkel verstoorde rouw

Time-out: ga eens bij jezelf na welk gedrag jij vertoont of hebt vertoond toen je een groot verlies hebt geleden. Beperk je daarbij niet tot het overlijden van een geliefde. Onderzoek ook of bijvoorbeeld een relatiebreuk, onterecht ontslag of ontwrichtende ziekte van invloed is geweest op de hierboven beschreven stappen in de verliescirkel.

'Ik ben toch in die valkuil getrapt,' concludeert Manfred (67) nog voordat hij zijn verhaal begint. Twee jaar geleden is zijn vrouw overleden na een kort en intens ziekbed. Ze hadden een geweldige relatie. Voor beiden was het hun tweede huwelijk. 'Liefde zoals liefde is bedoeld,' vertelt hij. Dat ze ziek werd en overleed, kon hij accepteren. Pure pech, hij ziet het vaker om zich heen. Manfred had nog een jaartje te gaan tot zijn pensioen, dus besloot hij zich op zijn werk te storten. Fijne afleiding, ook al waarschuwde de bedrijfsarts hem. 'Pas op dat je niet vergeet te rouwen,' was haar advies.

Nu zit hij tegenover me. De bedrijfsarts had gelijk, erkent Manfred grif. Het liefst komt hij het 'even inhalen' bij me. 'Jij weet wat het is, dus zeg het maar.' Ik houd hem voor dat iedereen op zijn eigen manier en op zijn eigen tempo rouwt, maar dat ik hem wel kan helpen om te beginnen bij het begin en een tijdje met hem mee te lopen. Zonder kant-en-klaar plan, Manfred bepaalt de koers.

Voor de buitenwereld houdt Manfred zich sterk. Eenmaal thuis in zijn stoel, in de huiskamer waar sinds de dood van zijn vrouw niets is veranderd, slaat de eenzaamheid toe. 'Dan kan ik uren achtereen huilen. Zij was het vaak die iets leuks voorstelde. Ik doe heus wel leuke dingen met mijn kinderen, met vrienden in de buurt. Maar man, je voelt je zo verdomd alleen als je dan weer in een leeg huis terugkeert.'

Bij Manfred is sprake van uitgestelde rouw. Hij heeft het verlies en het bijbehorend verdriet even geparkeerd in de veronderstelling dat de tijd zijn wonden zou helen. Mooi niet dus, het slaat dubbel zo hard terug in zijn gezicht. De pijn wordt verhevigd doordat zijn omgeving het na twee jaar een beetje vreemd vindt dat hij 'er nog niet overheen is'.

Het is niet uitzonderlijk dat mannen van boven de vijftig na partnerverlies in een sociaal isolement terechtkomen.

Het kan ook gebeuren na een scheiding. Het huiselijke ritme wordt danig verstoord. Vaak genoeg bepaalt de vrouw de sociale agenda. Mannen hebben hun vaste momenten in de week, inclusief ontmoetingen met hun vrienden door de week of in het weekend. Ze gaan wielrennen, voetballen of delen een hobby. Maar wie komt op het idee om naar de ouders, broers of zussen, of de kinderen te gaan? Er zijn uitzonderingen, maar meestal is dat de vrouw.

Manfred merkte dat hij niet uit zichzelf opstond uit zijn luie stoel. Hij vond eigenlijk alles wel best, want zijn vrouw kon van kleine uitstapjes de mooiste momenten maken. Zonder energie én zonder het dagelijkse ritme van zijn werk is hij stevig onderuitgegleden. Keihard met de neus op de feiten. Alsof hij gisteren zijn vrouw heeft begraven. De rouw voelt dubbel zo rauw.

Van enig herstel is geen sprake. Sterker, hij blijft hangen in het verlies en hoe langer dat duurt, zonder hulp van buitenaf, hoe groter zijn isolement wordt.

Voor de tweede sessie vraag ik Manfred een brief te schrijven aan zijn vrouw. Het is een lang, liefdevol schrijven. 'Ik merk vooral dat het nog niet klaar was en dat ik haar heel dicht bij me houd. Alsof ik nog niet kan geloven dat ze er niet meer is.' We beginnen met herinneringen, aan de hand van foto's. Daaruit destilleren we een mooi moment, als positief houvast op moeilijke momenten.

In een volgende sessie schetsen we samen de situatie waarin hij nu verkeert. Daarvoor gebruik ik vloermatjes die de gezinsleden vertegenwoordigen. Manfred in zijn eentje, omringd door de kinderen. Zijn overleden vrouw krijgt een plekje vlak voor hem. Als ik die laatste positie verschuif om het gemis zichtbaar te maken, protesteert Manfred. 'Het voelt alsof ik haar in de steek laat,' zegt hij geëmotioneerd.

'Nee hoor,' zeg ik. 'Ze ligt vlak achter je, net als jullie liefde en alle herinneringen.' Het begint hem te dagen. De dood hoeft geen obstakel zijn. Het werkelijke begin van de rouw is gemaakt.

Verlies komt zelden alleen. Het haalt je vroeg of laat in en de prijs die je betaalt kan hoog zijn. In Groot-Brittannië is onverwerkt verdriet de oorzaak is van 15 procent van de psychiatrische verwijzingen. Onderzoeker Jos de Keijser, bijzonder hoogleraar psychologie in Groningen, stelt zelfs dat een op de drie cliënten in de geestelijke gezondheidszorg een behandeling zou moeten krijgen voor gecompliceerde rouw.

Kunnen huilen helpt, maar huilen hoeft niet. Een cursus 'emotie kun je leren' is niet nodig, maar op zoek gaan naar je eigen gevoel kan jouw innerlijke wereld blootleggen. Weet je nog: rouwen doe je op je eigen manier en in je eigen tempo. Daarin verschilt de man niet van de vrouw. Wie het eenmaal heeft gedaan, weet zich gesterkt voor een volgend verlies. Wees niet bang voor de pijn. Hij is er toch wel, of je wilt of niet. Zie de pijn niet als een vijand die koste wat kost buiten het fort moet worden gehouden. Laat 'm maar binnen. Scheelt je een hoop gedoe.

'Tegen deze dag zagen we al jaren op,' vertelt Tim. 'Onze hond Elsa kwam drie dagen voordat Jennifer dodelijk verongelukte bij ons. Jennifer had geregeld dat ze vanuit Spanje werd geadopteerd. Ze was tweeënhalf jaar oud, dus geen puppy die we hoefden te trainen. Het leek Jennifer vooral een goed idee voor onze jongste zoon Eamonn, toen negen jaar oud. Sander was twaalf en de jongens speelden steeds minder met elkaar.

De hond is in dat eerste jaar een geweldige steun geweest. Ik moest er elke dag drie keer uit, waar ik liever thuis op de bank zat of in bed was gebleven. Elsa was altijd blij, vooral als je thuiskwam. Zij stelde geen vragen over ons verdriet, wilde altijd een poot geven en kwam bij je liggen met haar grote, warme, harige lijf. Maar goed, ook Elsa zou een keer doodgaan. Wat zou dat losmaken bij ons drietjes? We wilden er niet aan denken.

Eerst ging Bodhi, onze kat. Of beter gezegd, Jennifers kat, een luidruchtige Siamees die in zijn laatste twee jaar al chronisch ziek was. Het beest plaste regelmatig in huis en de dierenarts had al eens gesuggereerd dat hem laten inslapen misschien wel het overwegen waard was. We hebben het zo lang mogelijk uitgesteld, maar op een dag kon het niet anders. Het beestje leed te veel. We waren verdrietig, maar ook opgelucht. Het was goed zo, vonden we.

Met Elsa was het anders. Van de ene op de andere dag raakte ze verdwaasd en kon ze de trap niet meer op. Een hersentumor, bleek na overnachting in het dierenhospitaal. Dat overviel ons, het deed denken aan de wijze waarop Jennifer na een hersenbloeding in de nacht na haar ongeluk in een onomkeerbaar coma was geraakt. Ook nu was het onherstelbaar en we namen afscheid van Elsa die even lang bij ons is geweest als Jennifer dood was.

Bij thuiskomst ben ik het gesprek met de jongens aangegaan en heb ik gezegd dat het goed mogelijk was dat we behalve om Elsa ook weer om Jennifer zouden rouwen. Dat de tranen voor de hond ook tranen voor hun moeder zouden kunnen zijn. Ik vertelde over mijn eigen gevoelens en herinnerde de jongens aan het moment dat Jennifer en ik naar Schiphol gingen om Elsa op te halen. We hebben er nog een foto van. Elsa om zich heen kijkend, Jennifer die haar kop knuffelde. Ik voelde een glimlach.

"Dit verdriet om Elsa herken ik," zei Eamonn. "We hebben het al eens meegemaakt en het voelt daardoor niet zwaarder." Sander was het met hem eens. "Ik verwachtte dezelfde pijn. Maar erger dan toen kan het toch niet worden." We deelden grappige herinneringen aan Elsa. Ook al realiseerde ik me dat de rouw om onze hond nog wel een tijdje zou duren, dit konden we aan. Niet door het weg te moffelen, maar door het open en bloot onder ogen te zien.'

‘Ik schaam mij niet voor mijn tranen. Dat heb ik te danken aan mijn moeder’

Humberto Tan (1965, televisiepresentator)
Over de dood van zijn twee broers

‘Ik ben blij dat ik ouder word. Sommige mensen hebben het er moeilijk mee. Jeetje, weer een jaartje erbij. Heerlijk, zeg ik dan, weer een jaartje erbij. Denk maar eens aan het alternatief. Je kunt ook dood zijn. Ik realiseer me dat heel goed, ik ben nu al ouder dan mijn twee broers zijn geworden.

Hun dood heeft mij geholpen om te accepteren dat je op sommige dingen in het leven gewoon geen invloed hebt. Ik kan me voortdurend blijven afvragen waarom Patrice wel is gestorven en ik niet. Waarom Steve ook en ik niet. Ik krijg er geen antwoord op. Het is wat het is. Blijf niet hangen in onoverbrugbaar verdriet. Blijf zoeken hoe je naar de overkant kunt komen, met het verdriet dat je altijd bij je zult dragen.’

‘Mijn vader heet Otmar Tan-A-Kiam. Hij leeft nog steeds en woont in Suriname. Ik ben zonder vader opgegroeid. Mijn ouders gingen uit elkaar toen ik nog een baby was. Gemis om mijn vader heb ik nooit bewust zo ervaren. Dat heeft te maken met de manier waarop mijn moeder ermee om is gegaan. Zij was een alleenstaande, sterke vrouw met vier kinderen. Ze werkte en liet zich vooral door niemand iets vertellen. Nooit.

Ik kwam weleens verdrietig uit school omdat ze me plaagden dat ik alleen een moeder en geen vader had. Daar moest mijn moeder niets van weten. “Natuurlijk heb jij wel een vader,” sprak ze. “Zeg tegen die kinderen dat ze dom zijn. Gewoon dom. Alle kinderen hebben een vader en een moeder. Allemaal. Alleen woont jouw vader in Suriname, dus wat is het probleem? Hij en ik zijn gescheiden, maar dat betekent niet dat hij niet van je houdt.” En hup, werd ik weer naar school gestuurd.

Voor mijn vaders verjaardag stuurden we hem een kaart. Dat moest van mijn moeder, dus dat deden we dan ook. Gefeliciteerd, schreef ik. Meer niet. Op mijn twaalfde heb ik hem pas voor het eerst ontmoet. Ik dacht: o leuk, mijn vader. Wat lijkt hij op mijn oudere broer Patrice. Gingen we met elkaar naar Madame Tussauds. Ik was vooral nieuwsgierig. Wat voor man is het? Nou, hij is heel vriendelijk. Joviaal, aardig, slim. Hij was bankier in Paramaribo. Maar omdat ik hem niet kende en omdat hij nooit deel heeft uitgemaakt van mijn leven, voelde ik er niets bij.

Als je het in percentages zou moeten uitdrukken, dan heb je met twee ouders een fiftyfiftyrelatie. Dat is normaal. Bij mij is dat 95 tegen 5 procent. Mijn moeder heeft alles ingevuld. Er is geen ruimte meer voor iets anders. Ik heb op geen enkele manier een tekort aan ouderlijke liefde ervaren. Of een gemis. Ik heb wel even gedacht hoe de band met mijn vader zou zijn toen mijn kinderen werden geboren, vooral ook na de geboorte van onze derde, Benjamin, een jongen. Hoe het dan is als vader zonder vader. Nou, niets dus.

De levenslessen van mijn moeder breng ik over op mijn kinderen. Van haar heb ik alles geleerd. Hoe je eet, hoe je zit, hoe je over problemen nadenkt. Ik vind het wel belangrijk dat mijn kinderen hun opa leerden kennen. Alle drie zijn ze naar Suriname geweest, want ik vind het belangrijk dat ze zien waar ik geboren ben. En dus hebben ze opa ook ontmoet. Dat hoort er dan wel bij.

Ik vraag me weleens af, ga ik naar zijn begrafenis? Uiteindelijk denk ik van wel. Zoiets kan maar een keer, ook al is er geen emotionele band. Het is een gegeven dat hij mijn vader is en ik zal hem ook altijd met respect behandelen. Ik heb geen invloed meer op het verleden. *Let bygones be bygones.* Ik ben er niet ongelukkiger van geworden.'

'Mijn vader kwam naar Nederland toen het steeds slechter ging met Patrice. We hebben het over begin jaren negentig, toen nog onduidelijk was wat aids precies was, waar het vandaan kwam. Toen waren er nog geluiden dat je seropositief kon worden door te drinken uit andermans glas of het geven van een hand. Dat was best heftig in die periode. In Suriname was het helemaal een ding. Dus ik vond het knap van mijn vader dat hij er nul problemen mee had dat zijn zoon de ziekte had.

Ik haalde hem op bij Schiphol en hij begon meteen heel

erg te huilen. Mijn vader had allemaal vragen. "Hoe gaat het met mijn zoon? Hoe zit het precies? Kan hij nog genezen?" Nee, zei ik, hij gaat het niet redden. Hij heeft echt de hele weg gehuild, van het vliegveld naar het ziekenhuis. "Ik laat nu mijn tranen maar gaan in de auto," zei hij, "dan hoef ik straks bij Patrice niet te huilen."

Dat vond ik mooi van mijn vader. Hij wist, ik zie mijn zoon al zo weinig en dan kan ik niet bij binnenkomst gaan lopen gieren van verdriet. En zo gebeurde het ook. Vlak voordat hij de kamer binnenging, haalde hij even zijn handen over zijn ogen. Je zag dat hij honderd procent verdrietig was, maar hij wilde niet snikkend zijn stervende zoon onder ogen komen. Het was zeker niet zo dat een man niet mag huilen, want tijdens de gesprekken kwamen er heus wel tranen.

Dat eerste moment tussen mijn vader en Patrice was voor mij heel belangrijk. Gaat hij hem aanraken? Durft hij dat? Hij deed dat, hij gaf hem ook een kus. Daardoor ontstond er een rustige energie in de kamer. Het hielp Patrice enorm. Hij heeft hem tot zijn vijfde meegemaakt en had daardoor ook een betere band met onze vader. Het contact in die laatste fase van zijn leven was bijzonder. Ik zag dat het Patrice goed deed en daardoor werd het voor mij ook mooi.

Wat ik achteraf gezien niet goed heb gedaan in die periode, is dat ik mijn moeder heb verboden te huilen als ze bij Patrice op bezoek ging. "Wil je alsjeblieft zo weinig mogelijk huilen als je bij me bent," had Patrice aan onze moeder gevraagd. Dat is een onmogelijke opdracht van een zoon. Dat kan een moeder helemaal niet. Ik was vertegenwoordiger van mijn broer, ook naar mijn moeder. Niet huilen, mama, want dat wil Patrice niet, zei ik dan. Wat een flauwekul. Ik was toen een jaar of 26 en te jong om zoiets te snappen. Wij moeten sterk zijn voor hem, besloot ik. Zijn tijd is zo kort. Zijn resterende tijd moet allesbepalend zijn. Wij hebben daarna nog tijd. Volslagen onzin.'

'Ik zie je morgen, sprak ik tegen Patrice op de avond voor zijn overlijden en voegde eraan toe: ik houd van je. Ik zou alles met jou exact hetzelfde hebben gedaan. Daarmee namen we afscheid. Die nacht is hij weggegleden.

Zijn dood was verschrikkelijk. Voor het eerst in mijn leven verloor ik iemand die zo dicht bij me stond. Wat erg heeft geholpen, en dat wist ik tot dan toe niet, is onze Surinaamse rouwcultuur. Meteen komen er drommen mensen naar het huis. Zes dagen lang is er bezoek. Mensen brengen eten, want moeder en familie hoeven niet te koken. Ze komen om te ontzorgen. Om verhalen te vertellen. Om te huilen, om te lachen. En om te zingen. Prachtige rouwliederen.

Ik heb daar in het begin met verwondering naar gekeken. Wat gebeurt hier allemaal? Al die rituelen hielpen me met die eerste pijn, als de wond het meest open is. Vlak voor de uitvaart heb je het voorbereiden van het lijk. Daar heb je speciale mensen voor, die dat vrijwillig komen doen. Ze krijgen betaald met twee broden. Ze wassen het lichaam, vragen ons hoe je zijn haren gekamd wilt hebben en zo. En dan helpt de hele familie met afronden, geeft het koude lichaam nog een laatste kus.

Je wordt gedwongen om zes dagen lang, 24 uur per dag met dat afscheid bezig te zijn. Het effect van al die rituelen is dat je niet alleen met de omgeving, maar ook met elkaar bent. Daardoor ontstaan er geen eilandjes in die eerste fase. Als iedereen weer naar huis gaat, blijf je met elkaar over. We hebben zo goed met elkaar kunnen praten, waardoor ik op de uitvaart zelf ook in staat was om zonder tranen over mijn broer te vertellen. Het was goed zo.

Dertien jaar later, in 2005, stierf mijn broer Steve aan een hersentumor. Bij hem was het heel geleidelijk gegaan. Steve was duidelijk in wat hij wel en niet wilde. "Ik wil zeker niet aftakelen, maar wil ook geen euthanasie," zei hij. Dat vond hij voordringen in de hemel. Dat bleek in de laatste periode van zijn leven best moeilijk, want te veel lijden wilde hij ook niet. Ik kon goed met hem praten. Als het echt niet meer ging, dan toch maar wat hulp, besloten we samen. "Dat vergeeft God me wel," wist Steve.

Toen hij was uitbehandeld, wilde hij per se naar Suriname om een alternatieve geneeswijze te proberen bij de boslandcreolen. We zijn allemaal met hem meegegaan. Ik heb hem beloofd nooit te zullen zeggen wat ze daar precies hebben gedaan, maar het was bijzonder. Hij had uitval in zijn linkerarm en daar gingen ze iets mee doen. Plotseling was er opwinding in de groep. Steve kon zijn arm weer bewegen, vanuit het niets. "Zie je wel," zei Steve.

Het duurde niet lang. "Als dit al werkt, dan moet elke behandeling een tien zijn. En niet alles is een tien." Dit ging 'm niet worden, wisten we. Terug in Nederland werd zijn been geamputeerd. Hij had zoveel pijn. Ik heb toen de beslissing voor hem moeten nemen om de operatie te laten uitvoeren. Als dat niet was gebeurd, zou hij zijn gestorven aan bloedvergiftiging. We hadden geen keus. Drie maanden later was hij alsnog dood.'

'Een halfjaar voor Steves dood was onze moeder aan een hartaanval overleden. Ze is 69 jaar geworden. Haar dood voelt voor mij als het meest natuurlijk. Ze kon het niet aanzien dat ze nog een zoon zou verliezen. Dat zou ze niet hebben overleefd. Eigenlijk was haar dood voor mij een opluchting, zoals het ook troostend was dat Steve uit zijn immense lijden werd verlost.

In die tijd was ik niet meer alleen het broertje van, maar ook de Humberto Tan van televisie. Daardoor ben ik niet bij alle zes dagen rouw aanwezig geweest. Soms kwamen onbekenden naar me toe om over televisie te praten. Dat vond ik niet prettig. Wat kon mij dat nou schelen? Mijn broer is dood. Door mijn ervaring met Patrice had ik wel een formule voor mezelf bedacht. Het voelt pas weer goed om te gaan werken zodra ik de geblesseerde teen van Edgar Davids belangrijk begon te vinden. Als een heel klein detail uit de belangrijkste bijzaak van het leven je weer nieuwsgierig maakt, dan is het tijd om weer aan de slag te gaan.

Na de dood van Patrice duurde het een week of drie voordat ik weer ging werken. Dat was niet lang, het verdriet was nog lang niet klaar. Het is nooit klaar. Zelfs nu niet, nog steeds huil ik om hem. Zoals ik huil om Steve en om mijn moeder. Iedere maand komen de tranen. Dan huil ik onverwachts. Dat kan door een liedje zijn, door een zin die ik lees. Ik schaam me niet voor mijn tranen, dat komt ook door mijn moeder. Die vrouwelijke kwaliteit heb ik aan haar te danken. Ik heb heel veel roze. Niet voor niets dachten veel mensen op mijn eerste studiedag dat ik gay was. Nou, dan denk je dat toch lekker, jongen. Hahaha, helemaal prima hoor.

Na de begrafenis van zanger Thé Lau stond ik in een hoekje te huilen. Kwam er een vrouw bij me staan, ook in tranen. "Heftig, hè," zei ze. We kenden elkaar niet en toch was er een verbinding omdat we daar met zijn tweetjes stonden te huilen. Ik kende Thé niet heel goed, maar toch was ik verdrietig om zijn dood. Dat komt ook omdat je je eigen verdriet meeneemt. Je huilt er vooral ook om je eigen rouw. In de dood zit ook liefde. Iedereen zoekt zijn eigen weg. Dat ik op zo'n jonge leeftijd al twee gezinsleden verloor, is immens maar ook verrijkend.

Het zorgt er ook voor dat ik snel kon doorschakelen toen ik moest stoppen met RTL *Late Night*. Dat was natuurlijk niet leuk, dat heeft iedereen kunnen zien. Verlies van het materiële kan ik door al mijn persoonlijk verlies beter relativeren. Ik hoorde op 28 februari van RTL dat het voorbij was. Dat is de geboortedag van Patrice. Mijn laatste uitzending was dan weer op de geboortedag van mijn overleden schoonmoeder. Hoe symbolisch wil je het hebben? Inekes moeder zei altijd: "Alles wat je geeft, moet je maar snel vergeten. Maar alles wat je krijgt, moet je heel lang onthouden." *Late Night* heeft me heel veel gegeven. Daar kun je alleen maar dankbaar voor zijn.

Door al die ervaringen heb ik een goeie bullshit-radar ontwikkeld. Ik heb een kleine kring mensen met wie ik heel goed omga. Het mannenhart klopt voor die hechte groep en in sommige mensen in de kring eromheen heb ik soms geen zin. Dan kan ik wat afstandelijk zijn. Bij succes is die tweede kring heel groot en bij tegenvallend succes krimpt die buitenlaag. Er is altijd een kernkring, met je vrouw, kinderen en andere relaties die echt belangrijk zijn. Die zijn dichter bij je dan je soms denkt. Richt je op je kleinste kring. Daar gaat het werkelijk om in het leven.’

2

Onmacht en almacht

Verlies van controle is gekmakend | Bij tegenslag valt soms niets te fiksen | De mannelijke beweging binnen de machtsdriehoek | Het aloude ritueel: van jongen tot man | Leren verduren van boosheid en verdriet

'Natuurlijk was het bluf,' zegt Tim. 'Natuurlijk maakte ik mezelf wijs dat ik dit weleens eventjes zou oplossen. Dat het misschien zelfs wel een makkie zou zijn. Nog steeds houd ik mezelf een beetje voor de gek. De dood van mijn vader op mijn dertiende noemde ik dus een geluk bij een ongeluk. Het kon er alleen maar toe bijdragen dat alles met mijn jongens en mij weer helemaal goed zou komen.

Krankzinnig natuurlijk om het verlies van mijn vader als pleister op de wond te zien bij de dood van mijn vrouw, de moeder van mijn kinderen. En toch was het zo. Het gaat goed met mij en met hen zal het ook goed gaan. Fluitje van een cent. Wat een zelfoverschatting. Ik zag het weduwnaarschap en alleenstaand ouderschap aanvankelijk als een project. Een nieuwe opdracht met een startpunt, een proces en een eindpunt. Het doel was weer gelukkig worden. Eerst de kinderen en daarna ik.

Dat het zo niet werkt, deed niet ter zake. Het was een houvast, waar ik me niet eens zo van bewust was. Zo ging ik nu eenmaal aan de slag. Een nieuwe baan, een nieuwe omgeving, een nieuwe uitdaging, ik deed het zo al jaren met succes in binnen- en buitenland. Het is spannend omdat je iets gaat doen wat nog onbekend is, maar door hard te werken en alle bijzaken aan de kant te schuiven, leer je het kunstje beheersen en verfijnen. Missie geslaagd, toch?

Een jaar later kwam ik tot de gevoelsmatige slotsom dat ik had gefaald, als vader én als journalistiek manager. Ik had geprobeerd om op mijn werk weer vol mee te doen en er tegelijkertijd onvoorwaardelijk voor mijn jongens te zijn. Ik legde de lat veel te hoog. Niet 100 procent, maar 120 procent. Als leidinggevende bij de NOS eiste ik dat van mezelf. En als vader moest dat ook, vond ik. Niet te doen. Mijn omgeving zei dat ik wat milder voor mezelf mocht zijn. Maar ik vond mezelf waardeloos. De dood had niet alleen mijn Jennifer weggenomen, maar was ook nog eens een saboteur van mijn identiteit geworden.'

Tja, zo zijn wij. Mannen willen het fiksen. Van oudsher hebben wij geleerd om controle te hebben, de macht te hebben om dingen te regelen. Verlies brengt per definitie onmacht met zich mee. Je hebt er geen enkele controle over. Je staat erbij en je kijkt ernaar. Je kunt het niet veranderen. Het overkomt je en geeft je een onmachtig gevoel.

'Waar gestolde rouw woont, kan de liefde niet stromen,' vertelt opleider en therapeut Wibe Veenbaas die ook verderop aan het woord komt. Als je je verlies niet neemt, of als je van jongs af aan niet geleerd hebt om een verlies onder ogen te zien, dan krijg je het dubbel zo hard weer terug. Veenbaas: 'Je hebt niets te fiksen.'

Je kunt het proberen, toch doen, doordrammen en alles in het werk stellen om de controle terug te grijpen. Koste wat het kost. Met andere woorden, je schiet even stevig in de almacht. Goeie kans dat het je eventjes lukt. Per slot van rekening ben je een 'echte man'. Op enig moment moet je onder ogen zien dat je het toch niet krijgt klaargespeeld. En wat is dat klote. Het geeft onrust. Je voelt ongemak, het gaat spoken in je hoofd. Je krijgt een korter lontje, op je werk of thuis krijg je de volle laag. Misschien sluit je je af en zoek je buitenshuis uitlaatkleppen. Of je gaat harder werken en nog harder werken, en hoe harder je werkt, hoe groter de weerstand. Petje af voor de poging, alle respect.

Maar het lukt niet.

Macht, onmacht en almacht. Het is een duivels trio. Tim liet het zien zonder het zelf meteen in de gaten te hebben. Nog geen idee waar we het over hebben? Dat is goed mogelijk, juist omdat het zo'n verraderlijk, mannelijk patroon is. Misschien herken je je in het verhaal van Vincent.

Hij oogt vriendelijk, maar vermijdt mijn blik. Op zijn werk loopt het helemaal niet lekker. Als vertegenwoordiger voor een farmaceutisch bedrijf is de druk hoog. Werkweken van zestig uur zijn niet abnormaal. Wat Vincent (36) frustreert, is dat hij zijn verkoopcijfers niet haalt. Hij ervaart zijn leven op dit moment als chaotisch. Het overzicht is zoek. Hij verliest beetje bij beetje de controle over zijn leven.

Ook thuis zijn er spanningen. Zijn vrouw verwijt hem geen verantwoordelijkheid te nemen voor het huishouden en de zorg voor hun twee kinderen. Vincent slaapt er slecht van en zegt last te hebben van 'een gejaagd hart'. Er blijft amper tijd over om te ontspannen of te sporten. Zijn vrienden ziet hij ook steeds minder. Vincent zit er behoorlijk doorheen. Maar hoe komt het?

'Ik weet natuurlijk heus wel dat het allemaal te veel is,' zegt hij kortaf. 'Ik heb al zo vaak geprobeerd mezelf te veranderen, maar het lukt me gewoon niet. Dat is misschien wel de grootste last die ik ervaar. Ik weet niet hoe ik het moet aanpakken. Ik weet gewoon niet hoe ik verder moet.'

Als begeleider is Wim heel even in de verleiding om met tips en oplossingen te komen. Ook hij wordt immers geconfronteerd met zijn eigen gevoelens van onmacht. 'Wat ik dus niet moet doen voor Vincent, is het voor hem oplossen,' zegt Wim. Hij doet het tegendeel. Eerst erkent hij Vincent in de grote klus die hij probeert te klaren en geeft een compliment voor het feit dat hij hulp vraagt.

En dan: 'Hoe is het om het gewoon niet te weten?'

Het is in zo'n situatie van belang om niet te vluchten in het oplossen van problemen (almacht), maar het schijnbaar tegennatuurlijke te doen: stil te staan bij het ongemak van de situatie (onmacht). 'Ik laat hem dan in dat gevoel hangen. Even die onmacht ervaren. Dat is vaak een vruchtbaar moment,' zegt Wim. 'Het leert mannen om de gevoelens die bij de onmacht horen onder ogen te zien, te ervaren en te delen. Gevoelens van pijn, angst, schaamte en schuld. Als begeleider moet ik die gevoelens normaliseren. Ze horen bij het nemen van verlies.'

Als man kent Wim die gevoelens zelf natuurlijk ook. 'Het vraagt van mij als begeleider dat ik zicht heb op de werking van mijn eigen machtsdriehoek. Dat ik het ongemak en het onopgeloste van de ander kan verduren. Ik moet erop vertrouwen dat de cliënt zelf grotendeels het antwoord op zijn vraag al in huis heeft.'

De machtsdriehoek ziet er ongeveer als volgt uit:

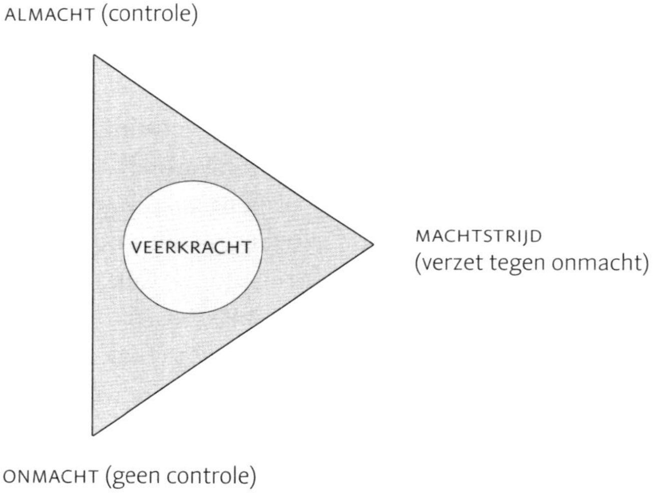

Je ziet drie posities. Onmacht is de plek waar geen enkel mens zich op zijn gemak voelt. Mannen hebben daar het meeste last van, omdat bijbehorende gevoelens als verdriet, angst, schaamte en slachtofferschap van oudsher niet passen bij de mannelijke identiteit van oplosser en beschermer. Je hebt er geen controle over. Het is een naar 'binnen' gerichte positie die gevoed wordt door angst.

Almacht is de plek die het ogenschijnlijke(!) gevoel geeft van invloed en controle. Je staat erboven. Boosheid, schuld en wraak zijn de gevoelens die bij deze positie horen. Ze passen van oudsher beter bij de mannelijke identiteit. Het is een naar 'buiten' gerichte positie die gevoed wordt door angst.

De machtsstrijd is vooral de voortdurende beweging tussen onmacht en almacht. Je beweegt van het een naar het ander, omdat je als man die gevoelens van onmacht liever kwijt dan rijk bent. Het is er niet uit te houden en daarmee een naar 'buiten' gerichte positie van verzet.

Als je leert om deze drie posities te herkennen en ermee om te gaan, dan zal dat leiden tot meer veerkracht bij het omgaan met jouw verlies. Het helpt om het soms simpelweg even niet te weten, om niet in die almacht te schieten en even die onmacht te verduren.

Hoe het is om het dus gewoon niet te weten? Vincent kijkt glazig en haalt zijn schouders wat op. Het almachtgedrag, zijn harde werken, maakt het onmogelijk om hier een simpel antwoord op te geven. Hij blijft in zijn hoofd zitten.

Vincent is opgevoed door ouders die de lat voor zichzelf en hun omgeving heel hoog hebben gelegd. Zijn vader was apotheker. Dat vak had hij ook voor zijn zoon in gedachten, maar dat bleek te hoog gegrepen. Door de drukke zaak is er weinig tijd en aandacht overgebleven voor de kinderen. Die hebben dan ook van huis uit meegekregen dat werken een manier is om te leven.

Nogmaals, wat als je jezelf nu eens toestaat om het even niet te weten. Wat voel je dan? 'Dan voel ik mij leeg. Een soort loser,' zegt Vincent. 'Dan word ik bang dat ik niet meer voor mijn gezin kan zorgen. Dan voel ik mij schuldig naar mijn vrouw en kinderen.' Het hoge woord is eruit. Angst.

Door zijn hand vast te pakken, hem aan te kijken en te zeggen dat hij de angst heus wel mag toelaten omdat die er toch al is, komt er een grote rust over Vincent. Het begin is gemaakt.

In den beginne was er de man. Die moest voldoen aan de 'geboden van mannelijkheid':

- hij moet seksueel zijn mannetje staan, voor nageslacht zorgen;
- hij beschermt degenen die van hem afhankelijk zijn;
- hij moet voor het eten zorgen, kostwinner zijn.

Anno 2019 geldt dit in zekere zin nog steeds. Gelijkwaardigheid en gedeelde verantwoordelijkheden zijn terecht bevochten, gereguleerd en organisch gegroeid, natuurlijk, maar de mannelijke kracht is er zeker niet minder om geworden. Met kracht bedoelen wij geen dominantie of superioriteit ten opzichte van de vrouw. Kracht is de innerlijke drijfveer om je volop te laten gelden als man. Niet boven of voor, maar naast én met de vrouw.

Het verhaal van Vincent maakt duidelijk hoe belangrijk hij het vindt om te zorgen voor zijn vrouw en kinderen. Werk is daarbij de leidraad. Hij is kostwinner en beschermt zijn geliefden. Uit onderzoeken blijkt elke keer weer hoeveel waarde mannen hechten aan een succesvolle carrière. Niet zelden is een goedbetaalde baan zelfs het belangrijkste in hun bestaan.

In *Mannen en intake* beschrijft onderzoeker Jack van der Loo dat jongens al vroeg in hun leven worden aangezet om actief te zijn. Het man-zijn is niet iets dat vanzelf komt, maar je kunt het zien als een 'status' die jongens moeten verwerven. Hij moet zich bewijzen, meer dan meisjes dat hoeven te doen. 'Een gezonde prestatiedrang motiveert jongens (en meisjes) om het beste te geven van zichzelf en ook om anderen daartoe uit te dagen,' zegt Van der Loo. 'Dit heeft positieve effecten op de ontwikkeling. Het bevordert een gezonde ondernemingszin, experimenteerlust en daadkracht.'

Wim herinnert zich nog goed hoe zijn vader strijd met zichzelf leverde en dat op de kinderen afreageerde. 'Ik heb mijn vader driftig zien worden, omdat wij hem het bloed onder zijn nagels vandaan haalden. Als mijn ouders na een dag hard werken doodmoe waren en niet veel energie voor ons overhadden, dan probeerden wij hun aandacht te trekken door met elkaar ruzie te maken. Dan kwam mijn vader met een kleerhanger naar boven en deelde zomaar een tik uit om ons te stoppen. Een poging uit almacht, hopen dat je het zo kunt oplossen.

Mijn vader kon ook weleens heel streng en kortaf zijn tegen me als ik in onze winkel moest meehelpen en daar duidelijk geen zin in had. Liever trok ik de natuur in. Achteraf realiseerde ik me dat hij misschien ook liever niet de winkel had overgenomen. Hij had geen keus toen zijn vader op jonge leeftijd overleed. Als enige zoon van een weduwe werd hem niet eens gevraagd of hij wilde meehelpen. Hij moest. Door extra hard te werken werd zijn almacht zichtbaar.'

'Mijn vader kon verschrikkelijk onredelijk zijn,' vertelt Tim, 'maar dat had ook te maken met zijn manisch-depressiviteit. Althans, zo heb ik al terugkijkend bedacht. Misschien is het ook wel een mantel om mijn angst voor hem met liefde te bedekken. Hij kon in woede ontsteken als er iets niet ging zoals het hoorde. Dan kreeg iedereen het voor de kiezen. En daarna trok hij zich terug. Vaak ging het nergens over, maar mijn vader was dan onbereikbaar, verkeerde in zijn eigen wereld van boosaardig stilzwijgen. Het gaf een heel onveilig gevoel.'

Time-out: ga eens bij jezelf na of je momenten herkent van almachtgedrag. Dat kan zijn in je werk, in je relatie of in het gezin waarin je bent opgegroeid. Schrijf ze maar eens op of vertel ze aan iemand, hoe je even volledig onmachtig was en op een manier reageerde die eigenlijk nergens op sloeg.

Van jongen naar man. Het is zoveel meer dan het eerste dons tussen neus en bovenlip. Je eerste zaadlozing is een geruststellende biologische indicatie dat het de goede kant op gaat. Maar wat maakt je een jonge man? Hoe voel je de macht en kracht die daarbij horen? In het ideale geval staat op een ochtend je vader voor je neus, kijkt je diep in de ogen en zonder veel te zeggen wordt het duidelijk. Zoon, je bent nu een man.

In het ideale geval inderdaad, want weet jij nog wat jouw vader deed? Of niet deed? Waar hij het liet liggen, uit onvermogen of omdat hij het zelf ook niet van zijn ouweheer had meegekregen. Moeders en dochters hebben het in dit opzicht wat makkelijker. Noem het 'de vrouwelijke beweging'. Zij zoeken elkaar sneller op, kunnen meer met elkaar delen, al is het alleen al omdat meisjes al heel vroeg geconfronteerd worden met hun lichaam, dat iedere maand ongesteld wordt. De eerste menstruatie is een zaak tussen moeder en dochter. Heb jij jouw pa verteld over je eerste zaadlozing? Heeft hij je toen op de schouders geslagen? Nee, toch?

Neem eens even rustig de tijd en denk terug aan de meest dierbare momenten die je als jongen met je vader (of met een vaderfiguur) hebt beleefd. Gebeurtenissen die je, nu je wat ouder bent, herkent als overgang van jochie tot grote jongen, van knaap tot man. Dat kunnen gesprekken zijn, maar goeie kans dat het een activiteit was. En vermoedelijk was het iets kleins, een gebaar of beweging.

Om je een handje op weg te helpen, gaan wij even '*down memory lane*'.

Tim: 'Een herinnering aan mijn vader heeft toch vooral te maken met "iets samendoen". Diepe gesprekken zijn uit mijn geheugen verdwenen. Misschien heb ik ze ook wel nooit gehad met hem. Maar iets doen, iets ondernemen, dat dan weer wel. Op een zondag gaan hij en ik een radiootje bouwen, heel klassiek in een jampotje. Pa heeft op een papiertje instructies en het lijkt alsof hij zelf nog meer plezier beleeft dan ik. Ik mag vooral toekijken, maar dat vind ik al meer dan geweldig. Ik heb vier broers en hij heeft mij uitgekozen.

Het is een hele klus en na het avondeten gaan we verder. Het begint mijn moeder te ergeren, ik moet op een gegeven moment naar bed. "Doe alvast je pyjama aan," zegt mijn vader, "en dan maken we het samen af." Het duurt maar en het duurt maar. Ma staat erop dat ik naar bed ga, maar pa wil van geen wijken weten. Eerst die zelfgebouwde radio aan de praat zien te krijgen. Mijn ouders krijgen het met elkaar aan de stok en ik houd me wijselijk stil. Als die twee ruzie hebben, kun je je maar beter onzichtbaar maken. Ik wil geen partij kiezen, uit loyaliteit. Het radiootje werkt, jawel, we horen een krakerige stem in onze woonkamer. Onuitwisbaar, deze herinnering.'

Wim: 'Als jongen vergezel ik mijn vader naar de veemarkt in Den Bosch. We moeten heel vroeg uit de veren, het voelt als een spannend avontuur. Vandaag verkopen we hoogdrachtige vaarzen, jonge koeien die voor het eerst een kalf krijgen. Mijn vader heeft een neus voor de beste koeien. "Kijk, jongen," zegt hij, en voelt aan de koe, "deze heeft een mooie ruglijn en een vierkante uier. Dit wordt een goeie prijs."

Ik ben trots op hem. Mijn vader is klein van stuk, maar heeft een stevige hand waarmee hij tijdens het handjeklappen keihard op de handpalm van een handelaar slaat. Zou het hem pijn doen? Ik geniet van het intense theaterstuk van bieden en weglopen. Mijn vader speelt zijn rol met verve in deze mannenwereld vol geschreeuw, loeiende koeien en stinkende stront. Als een handelaar een wegwerpgebaar maakt en verdwijnt, zegt mijn vader met afgeknepen stem en onbeweeglijk gezicht: "Niets laten merken, hij komt wel terug."

O, wat ben ik trots op hem. Hiermee maak ik voorgoed deel uit van deze mannenwereld. Ik hoor erbij.'

Time-out: en nu jij. Welke herinnering komt bovendrijven? Schrijf het op. Eerst de feiten, hoe je vader zich gedroeg en hoe jij daarop reageerde (of niet). Beschrijf stap voor stap de emoties die daarbij voelbaar waren en hoe je daar vandaag de dag nog gevoelens bij hebt.

Vanuit het spoor van je vader je eigen weg kiezen, het gaat niet vanzelf. Of je eigen zoon de weg wijzen door heel bewust ruimte te geven en hem daarmee welkom te heten in de mannenwereld.

In veel culturen zijn hier specifieke inwijdingsrituelen voor. Manieren om je te leren vermannen, om die onmacht en almacht lijfelijk te ervaren. In zijn vermakelijke boek *Waar is mijn speer* maakte Tim Samuels een rondje over de wereld. Wat te denken van de Braziliaanse Setere-Mawe-stam, waar je je hand in een handschoen met kogelmieren steekt en het tien minuten moet uithouden terwijl die beestjes je onophoudelijk bijten. Rondom de Nijlvallei ga je als jongen van de nomadische Niloot-stam mee naar het gebied van de ouderen, waar je een heilige honingwijn mag drinken. Op je twaalfde leef je als jonge Hopi-indiaan zes weken lang bij de oudere mannen en zie je daarna anderhalf jaar je moeder niet.

En Samuels zelf? Hij herinnert zich met Britse humor zijn bar mitswa. 'Eind jaren tachtig van de vorige eeuw bestond het ritueel binnen de geassimileerde Joodse gemeenschap in Manchester-Zuid eruit een dertienjarige jongeman te dwingen om een stukje onbegrijpelijke Hebreeuwse tekst uit zijn hoofd te leren en voor te dragen in een synagoge vol met grote hoeden dragende vrouwen en over zaken pratende mannen, gevolgd door een buffet met gerookte-visproducten. Het ritueel werd gewijd met een stortvloed aan Parker-vulpennen.'

De tijden zijn veranderd, zeker in de westerse wereld. De invloed van religie is afgenomen, de maatschappij individualiseert en jongens worden steeds meer aan hun lot overgelaten. Terwijl de behoefte aan rituelen er wel degelijk is.

‘Ik ben heel boos geweest op mijn vader,’ zegt Ard Luijmes. ‘De godvergeten lul. Dat hij gewoon doodging op mijn zestiende. Juist op het moment dat ik hem zo nodig had. Hij had kanker, ik heb hem zien weggaan uit het leven. Hij kon er niets aan doen en toch voelde ik boosheid. Hij liet me in de steek.’

Luijmes is jeugdhulpverlener. Samen met Loek van der Lans heeft hij Stichting Koningshart opgericht. Dit netwerk geeft jongens en hun vaders de steun en bedding om te groeien tot een man die iets te bieden heeft in zijn eigen leven en in dat van de mensen om zich heen. Stichting Koningshart organiseert behalve trainingen voor mannen ook weekenden waarin vader en zoon met soortgenoten mannendingen doen en mannendingen bespreken. Op het programma staan veel fysieke uitdagingen waar de letterlijke kracht wordt gevoeld, maar ook kwetsbare ontmoetingen waar tranen mogen vloeien. Onmacht en almacht komen uitvoerig aan de orde.

‘Ik ben zelf op zo’n weekend met mijn zoon gegaan, in Zweden,’ vertelt Ard. ‘Hij was toen zestien, de leeftijd waarop ik mijn vader verloor. Dat benoem je dan nadrukkelijk en dan ervaar je hoe mooi het is om met elkaar te delen. Ik heb me nog nooit zo gelijkwaardig gevoeld. Zo’n kerel naast je, zoveel dingen vallen dan weg. Als je dan terugkeert, komt er een andere jongen thuis dan dat er vertrok. Dat geldt ook voor mezelf. Ik blijf zijn vader, maar wel een andere vader. Mijn rol is anders.’

Maar wat als die natuurlijke overgang van jongen naar man niet plaatsvindt? Als je het als tiener helemaal zelf moet uitzoeken? Als de bedding ontbreekt door een afwezige, machteloze of te jong overleden vader? En wat als je dan uiteindelijk verstrikt raakt in pure onmacht omdat je geen rolmodel hebt? Wat dan?

Zijn hand voelt klam aan. De slungelachtige jongeman zegt vluchtig zijn naam: Stef (22). Gestuurd door zijn huisarts, nadat hij door een auto is geschept. Op zijn gezicht en handen zijn de schaafplekken nog zichtbaar. 'Ik heb veel geluk gehad,' zegt Stef.

Een understatement, want er is meer aan de hand. Veel meer, vooral thuis. Zijn ouders liggen in scheiding, bij vader is kanker geconstateerd. Stef woont nog thuis, maar is er zo weinig mogelijk. Hij slaapt afwisselend bij vrienden en kennissen. Tot een halfjaar geleden kon hij bij zijn vriendin terecht, maar die heeft het uitgemaakt. Daarmee is ook een veilige plek verdwenen om over de sores thuis te praten.

Met zijn vrienden doet Stef vooral leuke dingen en daar hoort drank bij. Veel drank. 'Ik ga door, waar mijn vrienden stoppen. Ik zoek de grenzen op,' vertelt hij met een ondeugende blik. 'Na het uitgaan bijvoorbeeld met gesloten ogen de weg oversteken. Dat geeft me een kick en veel energie. Spannend en lekker om te doen.' Zo is ook het ongeluk gebeurd. Zijn vrienden zijn ontzettend boos op hem geworden. En nu zit hij bij de therapeut. Zo kan het niet langer.

Stef vertoont klassiek almachtgedrag. In de onmacht van zijn persoonlijke situatie zoekt hij zijn grenzen op en overschrijdt die, met alle mogelijk ernstige gevolgen van dien. Hij verdooft zich met buitensporig alcoholgebruik en sluit zich daarmee af voor zijn gevoelens van angst, verdriet en pijn.

'Wat een klus voor deze jongen in deze heftige periode van zijn leven,' meent Wim. 'Jonge mannen van zijn leeftijd horen bezig te zijn met de toekomst en steeds losser te komen van hun ouders. Stef wordt in tijd en ontwikkeling gedwongen stil te staan alsof hij wordt teruggetrokken in zijn gezin van herkomst. Dat kan hem tegelijkertijd eenzaam maken. En als zijn vriendin dan de relatie verbreekt, verliest Stef ook een belangrijke hulpbron.'

Ziehier een stapeling van onmachtgevoelens die almachtgevoelens en -gedrag uitlokken. Het is namelijk te groot om te behappen. Stef heeft te weinig steun om er op een andere manier mee om te gaan.

Jack van der Loo verwoordt dit als volgt: 'De macht zoals we die ervaren, hoeft niet noodzakelijk overeen te stemmen met de feitelijke macht die we hebben. Zo kunnen we ons almachtig voelen en opstellen, maar in feite onmachtig zijn: net als we ons onmachtig kunnen voelen, maar van daaruit veel invloed kunnen uitoefenen. In die zin geldt: hoe we ons ook voelen en gedragen, we oefenen altijd invloed uit.

We gaan ervan uit dat het kunnen verdragen en doorlopen van alle drie posities uit de machtsdriehoek een voorwaarde is om op een constructieve wijze met agressie en conflicten om te kunnen gaan. [...] Mannen zijn ertoe geneigd om boven de dingen te gaan staan en de positie in te nemen van degene die bepaalt en verantwoordelijk is. Het maakt echter ook dat mannen situaties waarin ze onmachtig zijn of waarin ze zich onmachtig voelen, moeilijk kunnen verdragen.'

De man als beschermer, redder en oplosser zijn typische mannenrollen. Ook daderschap past in die zin beter bij mannen dan slachtofferschap (onmacht). Hierin ligt dan ook een van de redenen dat het voor mannen soms zo lastig is om met verlies om te gaan. Onze eerste beweging is om erboven te gaan staan en het te willen oplossen, te ontkennen, te vermijden of te bagatelliseren.

De Duitse psychotherapeut Franz Ruppert schrijft in zijn boek *Bevrijding van trauma, angst en onmacht*: ‘Uit slachtoffers ontstaan daders die noch hun slachtoffer-zijn noch hun dader-zijn willen erkennen.’ Het is belangrijk om te beseffen dat we het allebei kunnen zijn en dat we voor allebei verantwoordelijkheid dragen. In het voorbeeld van Stef zagen we dat hij erboven gaat staan door zich klem te zuipen. Hij zoekt en overschrijdt zijn grenzen. Hij is slachtoffer van zijn geleden verlies en ook dader door zijn levensgevaarlijke gedrag in het verkeer.

Time-out: stel jezelf deze vragen: wanneer ontstaan bij mij gevoelens van onmacht? Wat is dan mijn eerste reactie (ook wel voorkeursgedrag genoemd)? Wat levert die reactie mij op? Wat zou er gebeuren als ik deze reactie achterwege zou laten?

Stef kijkt naar de tekening van de machtsdriehoek. Heel langzaam valt het kwartje bij hem. ‘Door veel te drinken en me roekeloos te gedragen hoop ik onbewust de controle over mijn gevoelens van onmacht terug te krijgen, toch?’

Stef buigt het hoofd als ik hem voorhoud dat er op dit moment in zijn leven weinig te controleren valt. Zijn situatie roept veel onmacht op, en die heeft hij te verduren. Stef verdient een compliment voor het feit dat hij hulp heeft gezocht. Het is belangrijk voor hem om hulpbronnen in te schakelen. De eerste stap is een lijst maken met mensen in zijn omgeving met wie hij mogelijk zijn verhaal kan delen.

Daar horen ook zijn vrienden bij, meer dan drinkebroers alleen.

Andere hulpbronnen voor Stef blijken sport en Netflix-series. Hoe dan ook een gezonder alternatief voor de doordeweekse alcohol. Stef neemt zich voor deze stappen te zetten, maar maakt wel een vervolgafspraak. Zijn hand aan het eind van de sessie voelt stevig.

'Bij Stef was het belangrijk om hem niet te veroordelen om zijn gedrag,' vertelt Wim. 'Vaak zeg ik tegen mannen in mijn praktijk dat het bij mij nooit gaat over "goed of fout". Het draait bij mij puur om het verkrijgen van inzicht en om het maken van contact met gevoelens die vertellen wat er werkelijk aan de hand is. Mannen hebben vaak het gevoel dat ze het niet goed doen, zeker in de ogen van vrouwen. Dat is iets anders dan je verantwoordelijkheid nemen voor je gedrag.'

Omgaan met onmacht is voor mannen een hele klus, maar er is licht aan het eind van de tunnel. Het sleutelwoord is: verduren. We zeggen niet dat je alles kunt oplossen door te verduren (wat weer zo'n typisch mannelijke beweging is). Nee, wat wij mannen kunnen leren, is meer naar onszelf te kijken bij momenten van onmacht. Ervaar maar eens wat je ontdekt in je lijf. Wat je voelt als alles in je schreeuwt dat je wilt redden wat er te redden valt. Als je een bijna niet te verdragen ongemak, pijn of verdriet in je voelt.

Dan is het zaak om door te ademen en liever tot tien te tellen voordat je weer in actie komt. Dat heet: verduren.

Het woord verduren komt uit de duursport. Het duurt maar en het duurt maar en er lijkt geen eind aan te komen. Op het punt dat je eigenlijk weg wilt, dat het lichaam het niet langer uithoudt, vragen wij je te blijven. Precies op dat punt. Je zult merken dat jouw wereld dan niet vergaat. Integendeel, jij en je omgeving kunnen zich in dat verduren juist ontspannen. Wie weet ga je daar je boosheid en verdriet voelen. Dat is pas echt een machtig gevoel.

'Wat wilde ik graag dat mijn jongste zoon weer ging honkballen,' herinnert Tim zich uit het jaar na de dood van Jennifer. 'Eamonn is heel sportief en bloeit op het veld op. Maar omdat zijn moeder altijd met hem meeging naar het honkbal, was die sport na haar dood plotseling een no-goarea geworden. Hij was er met geen stok naartoe te slaan, hoe graag hij het diep vanbinnen misschien wel wilde. Maar hij blokkeerde.

Dat wilde ik natuurlijk voor hem fiksen. Ik zag hem worstelen en ik worstelde met hem mee. Van alles heb ik geprobeerd. Eerst voorzichtig weer gaan kijken bij een training, waar zijn vriendjes hem warm verwelkomden. Vervolgens door een balletje over te gooien op straat. Want wat zijn moeder kon, dan kon ik toch ook? Samen bij een wedstrijd gaan kijken, even proeven. Op een gegeven moment probeerde ik hem te dwingen. Waarom, papa? Omdat ik het zeg, zoon. Tot mislukken gedoemd natuurlijk.

Hoe meer ik probeerde, hoe meer Eamonn zich verzette. Op een zaterdagochtend, vlak voor de wedstrijd, kon ik niet meer. Alles had ik geprobeerd. Ik gaf me gewonnen. Het lukte me niet meer om van vooraf aan te beginnen. Om hem beet te pakken, zijn voorhoofd te kussen en op hem in te praten. Om hem te doen inzien dat hij… Ja, wat eigenlijk?

Hij keek me aan met die getroffen blik. Ik voelde de

pijn in zijn ogen. Ik zag zijn verkrampte lijf, de spanning in zijn hoofd, het bonken van zijn hart. Ik hoorde de radeloosheid in zijn stem, toen hij vroeg of hij echt naar honkbal moest. Wat wilde ik graag die pijn en wanhoop van hem afnemen. Ik voelde me niet alleen machteloos, maar vond ook dat ik niet genoeg mijn best deed. Toen ik me realiseerde dat ik het niet kon oplossen, dat het nu eenmaal was zoals het was, zag ik het licht. Eamonn hoefde niet meer. Genoeg. Ik gaf me gewonnen. Honkbal was niet langer de pleister op de wond, die in mijn drammerige optiek alles goed zou maken.

"Goed, Eamonn, we gaan niet naar honkbal. We moeten misschien maar eens met elkaar praten over de rest van het seizoen." Hij ontspande zichtbaar. Was dat winst of was dat een nederlaag? Ik wist het niet. Tegen mijn vriendin zei ik enigszins theatraal dat ik "me gewonnen had gegeven". Ik snakte naar een beetje begrip voor mijn onmacht, voor mijn almachtgedrag en voor de machtsstrijd die ik had opgegeven.

"Hoezo," reageerde ze, "is het leven dan een wedstrijd?"

Tja, zo had ik er natuurlijk nog niet over nagedacht.'

‘Na drie jaar geen contact met mijn familie moest het gif uit mijn systeem’

Mano Bouzamour (1991, schrijver)
Over de breuk met familie en jeugdvrienden

‘Als tiener was ik veel bezig met de grote levensvragen. Wat ben ik nou? Waar kom ik vandaan? Ik luisterde veel naar Marokkaanse muziek, had een sterke drang naar de wortels van mijn vader en moeder die in de jaren zeventig naar Nederland kwamen. We gingen om de twee, drie jaar terug naar mijn moeders geboortestad Tétouan. Als kind tekende ik altijd palmbomen in mijn schriftje. Maar Marokko is niet mijn thuis.

Ik ben in de eerste plaats Amsterdammer, geboren in de Lutmastraat in De Pijp. In mijn allereerste jeugdherinnering loop ik aan de hand van mijn moeder over de Albert Cuyp. Tussen de schreeuwende marktkoopmannen is ze op zoek naar stof om bruiloftsjurken te maken voor de trouwerijen in Marokko in de zomers. Mijn wortels liggen op het Henrick de Keijserplein waar ik met vriendjes en vriendinnetjes van alles uitspookte. De Amstel is de kransslagader van mijn *fucking* bestaan.

Toen ik in 2013 debuteerde met *De belofte van Pisa* werd ik het ouderlijk huis uitgezet. Ik zou met mijn boek de familie te schande hebben gemaakt. Mijn Marokkaanse vrienden vonden me een verrader, terwijl ik ze juist een stem in de overwegend witte literatuur had gegeven. Woedend was ik. Op die razernij heb ik lang kunnen teren. Dan maar geen contact meer. Ik leef mijn leven op mijn manier, daar heb ik hen niet voor nodig.'

'"Wees slim, Mano, wees slim," zei mijn vader altijd tegen mij als kind. "Werk met je hersenen zodat je niet je rug hoeft te breken met werk zoals ik dat al die jaren heb gedaan." Hij maakte trams en treinen schoon. In gebroken Nederlands zei hij dan dat ik het anders moest aanpakken. "Jij Mano, portemonnee dik, portemonnee dik."

Mijn ouders lezen en schrijven geen Nederlands, nog steeds niet. In het begin kon mijn vader niet eens tellen. Dan kwam de melkboer op zaterdag langs om af te rekenen en hield mijn vader een hand vol rijksdaalders en guldens op. Daar haalde de melkboer uit wat we hem verschuldigd waren. "Pap, vertrouwde je hem," vroeg ik hem later. "Misschien heeft hij meer gepakt." Dat was volgens mijn vader onmogelijk. "Nee nee, de mensen in Nederland zijn zo eerlijk, zo goed, zo mooi. We zijn goed verwelkomd. We zijn harde werkers, er wordt met respect naar ons gekeken."

Hij is een lieve, zachte verhalenverteller. De Koran kent hij van voor naar achter, dat is het enige boek waar ik hem ooit mee gezien heb. Als ik 's nachts wakker werd en naar beneden ging om te pissen of wat te eten, zat mijn vader gehurkt op het balkon de Koran te lezen. Dan ging ik bij hem zitten en vertelde hij me allemaal verhalen. Er kwam geen einde aan. Dat heb ik van hem, denk ik. Ook ik ben een verhalenverteller.

Ik heb drie oudere broers, een zus, dan kom ik, en daarna een meisjestweeling. Ik had als jongste zoon weinig in te brengen. Zo was de hiërarchie. Ik was letterlijk het boodschappenjongetje dat er voortdurend op uit werd gestuurd om iets te kopen of iets ergens af te geven, waarbij ik altijd wel een euro hier en daar voor mezelf kon houden. Bij het voetbal stond mijn vader altijd langs de lijn, maar veel andere dingen heb ik niet met hem gedaan. Toen ik opgroeide, was hij steeds meer de vermoeide man. Hij lag altijd te tukken op de bank.

De zomers in Marokko vond ik vreselijk. We hadden een Renault 21, zo'n verlengde auto met dubbele achterbank. Als mijn vader langs het pleintje reed, zeiden mijn vrienden: "Even een minuut stilte, jongens, er komt een lijkwagen voorbij." De reis duurde drie dagen, we reden meestal in een kolonne van drie auto's. Een oom uit Brussel haakte aan, een andere familie wachtte ons op. Dan gingen we, zwaarbeladen met wasmachine en andere apparaten op het dak. Af en toe droomde je weg en als je weer naar buiten keek, was het landschap weer veranderd.

Mijn vader wilde ons nooit mee naar het strand nemen. "Ja, na het ontbijt," beloofde hij. Maar dan ging hij even liggen. "Na de lunch." Ook dat gebeurde niet. De volgende dag? Ook vaak niet. In die anderhalve maand zwommen we hooguit vijf keer in de zee. Meestal zaten we te verpieteren op dat bloedhete, zonovergoten dakterras en staarden we naar de bergen aan de ene kant en de zee aan de andere kant. Vreselijk saai, die zomervakanties in het land van mijn ouders.'

'Op de middelbare school won ik duizend euro bij een schrijfwedstrijd. Oké, dus ik kan schrijven, realiseerde ik me. Ik kan er zelfs geld mee verdienen, laat ik dit talent water en liefde geven. Ik ging veel boeken lezen, films kijken, klassieke muziek luisteren. Na de havo besloot ik tot het schrijven van een roman. Vriendjes en vriendinnetjes van het Hervormd Lyceum in Amsterdam-Zuid gingen verder studeren of reizen door Laos, Vietnam en Cambodja. Overdag werkte ik in een sushirestaurant op de Zuidas, 's nachts sloot ik me op in mijn kamertje.

Drie jaar heb ik eraan gewerkt. Mijn ouders wisten wel dat ik ergens mee bezig was, maar hadden tegelijkertijd geen idee. Ze zagen me alleen maar achter de computer zitten. "Ga eens echt werk zoeken," zeiden ze. "Net als Mohammed bij de gemeente of Soufian bij PTT Post." Ik kreeg het ze niet uitgelegd, heb ook geen oom of tante die weleens iets heeft gepubliceerd, kende ook niemand die bij de krant werkte. Ik was de eerste in mijn familie die zoiets deed, het was een sprong in het diepe. Alsof je de eerste, krakende voetstappen in een maagdelijk sneeuwdek zet.

En toen kwam het boek uit. Mijn ouders waren niet op de boekpresentatie, omdat familie en kennissen erover hadden gelezen en het te heftig vonden. Te expliciete seksscènes, gespot met het geloof, met Allah. Ik vond het zelf allemaal heel geestig. Als Allah een beetje humor had, dan zou hij ook om mijn literaire grappen kunnen lachen. In mijn buurt vonden ze dat dus niet zo. Er werd aangebeld bij mijn ouders. Zij kregen te horen dat wat ik had gedaan echt niet kon.

Een van mijn broers las mijn boek en waarschuwde onze ouders dat zij zich maar schrap moesten zetten, want er stond iets verschrikkelijks te gebeuren. Mijn moeder zei letterlijk: "Als het boek verschijnt, en iedereen weet dit, dan zul jij nooit meer werk vinden. Niemand zal jou in dienst nemen." Jezus, schrijven wás mijn werk geworden. Ik kreeg maar niet uitgelegd dat het verhaal liefdevol was opgeschreven. Ja, het gaat over een opgroeiende puber die rebelleert en opmerkingen maakt tegen zijn moeder. Fictie, ze wisten niet wat fictie is. Er is in hun wereld maar één boek en dat is de enige waarheid.

Ik sliep na mijn boekpresentatie een paar nachten bij mijn vriendinnetje. Met zinderende krantenrecensies in de hand kwam ik naar huis met het nieuws dat ik 's avonds bij *Pauw & Witteman* zou zitten om mijn boek te promoten. "Dat ga je niet doen," zei mijn vader. Hij schaamde zich voor wat anderen zouden vinden. De mening van anderen telt veel zwaarder dan de mening van je eigen kinderen. Ik liep naar buiten om af te koelen. Een halfuur later kwam ik thuis en stonden er vier vuilniszakken met mijn spullen op de stoep. "Ga weg," zei mijn vader. "Je gaat eruit en je komt pas terug als je god hebt gevonden."

Een van mijn broers haalde me op met zijn piepkleine auto waar mijn spullen maar net in pasten. Ik moest zelf van mijn ouderlijk huis in De Pijp naar zijn appartement in Oost lopen. Begon het te miezeren. Dat was echt een sleutelmoment voor mij. Het voelde zo eenzaam, maar ook voelde het goed. Het doet pijn, het is kut, maar ik kan ermee omgaan. *Now you're on your own, brother.* Om 23.05 uur zat ik met een grote grijns bij *Pauw & Witteman* te vertellen waar ik drie jaar lang met alle toewijding aan had gewerkt.'

'Het duurde een tijdje voordat ik werkelijk kon voelen wat mij was overkomen. Vergeet niet, een van mijn broers zat in de bak vanwege een gewapende overval. Mijn ouders gingen hem wekelijks opzoeken. Ik schreef een boek en werd het huis uit geknikkerd. Op het moment dat ik ze het hardst nodig had, werd ik keihard afgewezen. Hoogverraad.

Na een halfjaar belde mijn moeder. "Alsjeblieft," zei ze, "we hebben spijt." Maar ik was heel erg boos. Flikker toch op, dacht ik. Hoe kun je me op zo'n cruciaal moment in de steek laten. Het had feest moeten zijn en jullie draaien me op het belangrijkste moment in mijn leven de rug toe. Ik hing op en blokkeerde alle nummers van mijn familie.

Niet alleen mijn ouders, mijn broers en zussen verloor ik. Ook de buurt kotste me uit. Jongens met wie ik mijn hele leven had opgetrokken, wilden niks meer met me te maken hebben. De een schold me uit, de ander bespuugde me, terwijl weer iemand anders het juist te gek vond wat ik had gedaan. Ik werd er schizofreen van. Wie vond het nou vet? Wie vond het kut? Ik voelde me plotseling heel onveilig in De Pijp, waar ik voorheen altijd van iedereen bescherming had gehad.

Een overbuurjongen spuugde op mijn schoenen toen ik hem tegenkwam. "Gap, waar ben je mee bezig?" vroeg ik. "Jij hebt ons beledigd," zei hij. Niks zelf gelezen. Had hij van horen zeggen. We keken elkaar heel lang in de ogen.

Hij is een beetje macho, maar ik ook. Ik was toen erg vurig. We bleven elkaar aanstaren, totdat hij me plotseling een klap in mijn gezicht gaf. Ja, toen ben ik als een *fucking* sneltrein door hem heen gegaan. We belandden tussen twee geparkeerde auto's. Omstanders trokken ons uit elkaar. Ik moest hem wel een stevig pak slaag geven. Hij stond voor iedereen die met me wilde matten. Ik moest een signaal afgeven. Als hij dit kon doen, zou de halve wereld achter me aan komen.

Ik schrok van de hysterie die over *De belofte van Pisa* was ontstaan. Stelletje *motherfuckers*, ik had dit ook voor hen gedaan. Ze zagen niet dat ik dezelfde grappen in mijn boek maakte die we op het pleintje nog veel harder over onszelf maakten. Ik schreef het op en ineens was ik een overloper. Ik had mijn ziel verkocht aan de Nederlanders. Ik begreep dat echt niet, misschien was ik te naïef. Pas veel later begreep ik hun woede. De boosheid van je onbegrepen voelen, ergens niet bij horen.

Lange tijd maakte het me niet uit. Ik kon mijn woede kwijt in lezingen op scholen en universiteiten. Ik gaf interviews, schreef columns, gaf lezingen in Duitsland, Zwitserland, Oostenrijk, Zuid-Amerika. Ik heb de boosheid kunnen ombuigen, maar de pijn en het verdriet bleven. Dan ging ik bij vrienden eten en zeiden hun ouders: "Wat zullen je vader en moeder trots op je zijn." Tja, wat moet je dan zeggen?

Ik mis die buurtjongens af en toe. Wanneer? Als ik erover schrijf, dan... dan herinner ik me... *Fuck*, dit is me nog nooit gebeurd. Ik mis die bandeloosheid, ja gewoon omdat... Shit, ja oké, ik huil nu... Maar weet je, genoeg. Dat leven moet je ook kunnen loslaten. Je moet doorgroeien. Je kunt niet van iedereen verwachten dat ze meegaan in je ontwikkeling.'

'Drie jaar heb ik mijn familie niet gezien. Toen wist ik dat het tijd werd om het gif uit mijn systeem te halen. Een van mijn broers voelde dat goed aan. "Kom op, Mano, het is klaar. Ze missen jou. Tijd om naar huis te gaan."

Voordat ik naar de Lutmastraat kon terugkeren, wilde ik mijn vader in mijn huis aan de Herengracht ontvangen. Het eerste contact tussen vader en zoon, op mijn grondgebied. En zo verscheen hij op een dag in zijn djelleba achter het glas in lood van mijn voordeur. Hij ging zitten op de bank en keek me een uur lang niet aan. Hij wees naar de open haard. "Mano, doet die het?" Ik knikte. Hij wees naar allerlei andere dingen in mijn huiskamer. "Ja, pap, alles doet het in dit huis."

Mijn vader was net teruggekeerd uit Mekka. Zijn hele leven lang had hij naar de hadj uitgezien. Op die pelgrimstocht zouden alle zonden worden weggewassen. Dan ben je schoon en rein en shit. Maar het was volgens hem verschrikkelijk geweest. Superlange rijen voor de tenten, smerige wc's. Het was op zich een mooie ervaring, maar ook viel het tegen. Het was zo maf om hem bij mij op de bank te hebben en hierover te praten. Zijn hemel bleek dus helemaal niet zo hemels te zijn.

Op een gegeven moment was ik het zat. "Pap, wat is er nou gebeurd? Waarom hebben jullie zo tegen mij gedaan?" Had mijn vader een heel verhaal over nevel en donker. Dat ze hadden gepraat met een imam die had uitgelegd dat er families waren geweest die ons uit elkaar hadden willen drijven. Dat was even gelukt. "Het was voodoo, mijn zoon," zei hij, "het was zwarte magie."

En ik denk: godverdomme nee, pap. Waar was nou jouw verantwoordelijkheid? Zeg nou gewoon sorry, in plaats van anderen de schuld te geven. Zo typerend voor de cultuur waarin ik ben opgegroeid. Nooit excuses na een ruzie. Alles werd verzwegen. Mijn vader veranderde van onderwerp. Hij liep naar het raam en draaide zich om. "Mijn zoon, ik ben blij dat het goed met je gaat. Maar ik zit al heel lang ergens mee." Nou, kom maar op, dacht ik. Weet je wat hij zei? "Wanneer koop je nou eens een huis voor ons in Marokko?" Wat een gek, dacht ik.

Een week later liep ik mijn ouderlijk huis binnen. Mijn moeder viel me huilend om de hals. Ik was ook ontroerd, maar hield me groot. Geen tranen. In de huiskamer schrokken mijn broers en zussen. Ze zaten naar kickboksen te kijken, Badr Hari tegen Rico Verhoeven, Marokko tegen Nederland. We hebben niet veel gesproken. Ik heb mijn oude kamertje opgezocht, dat opslag was geworden voor grote zakken meel en couscous. Die nacht heb ik vreselijk liggen huilen. De volgende ochtend begon ik aan mijn tweede boek, *Bestseller Boy*, waarin ik beschreef wat er sinds *Pisa* met mij is gebeurd. Een jaar lang heb ik als een idioot gewerkt. Pure therapie was het.

Beetje bij beetje kon ik het weer opbrengen om thuis te komen. Eerst tien minuten, dan een halfuur, een uur. Nu kan ik er langer blijven. Om de haverklap bellen ze. "Kom eten, Mano." Vorig jaar heb ik zelfs mijn ouders opgezocht in Al Hoceima, waar mijn vader is geboren. Ik ben me gaan realiseren dat de tijd te snel gaat. Mijn vader heeft drie jaar geleden een hartinfarct gekregen en heeft een broos lichaam. In Al Hoceima wilde ik uit zijn mond verhalen uit zijn jeugd horen. Ik wilde het met eigen ogen zien, ik wilde de aarde onder mijn voeten voelen.

Ik ontmoette zijn jeugdvrienden en luisterde naar verhalen die ik nooit eerder over hem had gehoord. Mijn opa was in dienst van het Spaanse leger. Hij schijnt zelfs lijfwacht te zijn geweest van de generaal en dictator Franco. Dat eliteclubje heette de Bruidegoms des Doods. Er waren foto's van, maar die is mijn vader kwijtgeraakt. Zoals hij ook niks meer heeft en weet van zijn moeder, die bij zijn geboorte is gestorven. Zes dagen ben ik er geweest. Ik ben met mijn vader mee geweest naar de plaatselijke moskee, waar hij als jongetje Koranles kreeg. Daar heb ik naast hem plaatsgenomen, biddend op mijn knieën. Niets religieus voor mij, wel iets cultureels. Als zoon van de vader. Mooi toch?'

3

Isolement

Hulp vragen is geen optie / Stilzwijgen in emotionele onwetendheid / Over en weer bewegen tussen verlies en herstel / De man beschermt, de vrouw verzorgt / Als je elkaars verdriet niet begrijpt

'Nog steeds vlieg ik uit de bocht,' vertelt Tim. 'Nog steeds denk ik: laat mij het maar alleen doen. Ik ben me er bewust van, dat is misschien de grootste winst. Maar dat solitaire leven, dat eenzame ploeteren omdat je nu eenmaal niet beter weet; het zit er verdomd diep in bij me. Ik ben het soms hartstikke beu. En toch, dat is de beweging die mij zo vertrouwd is. Ik doe het wel alleen.

Het kwam na de dood van Jennifer niet eens in me op om hulp te vragen. Zonder Jennifer kan ik het ook wel. Sterker, ik ga weleens even laten zien wat voor geweldige alleenstaande vader ik wel niet ben. Ik voelde een enorme bewijsdrang opkomen, heel bizar. En in die missie lag ook nog eens besloten dat ik medeweduwnaars kon laten zien dat je geen hulp nodig hebt. Onzin natuurlijk.

Mijn moeder wilde graag helpen en dat was best fijn in

de chaotische alledaagsheid. Maar er kwam vrij snel ook een dag dat ik haar aanwezigheid in huis niet langer kon verdragen. Ik stuurde haar weg, wat best lullig was. Het was pure onmacht en frustratie. Dat Jennifer er niet meer was, kon ik fysiek niet verkroppen. Dan maar niemand in mijn huis, behalve ikzelf en de kinderen. Laat me met rust, schreeuwde ik tegen de wereld, maar het was vooral tegen mezelf.

Na drie maanden stuurde ik een e-mail aan mijn vrienden en familieleden. Hierin was ik optimistisch. Een halfjaar na Jennifers dood vroeg ik mijn collega's op het werk om enige distantie te houden. Het viel me te zwaar om telkens te moeten vertellen hoe het met me ging. Ik wilde gewoon weer lekker aan de slag. Door collega's weg te duwen dreef ik zelf juist verder af van de mensen die me wilden en hadden kunnen helpen. Want het gevolg was dat ik er steeds meer alleen voor stond. Dat wilde ik toch? Het was een inschattingsfout, realiseerde ik me later.

Toen een bevriende collega zijn vrouw na een lang ziekbed verloor, stonden twee vriendinnen klaar met een compleet rooster. Wie zou er koken? Wie zou er oppassen? Wie zou er schoonmaken? Wie zou er met hem gaan wandelen? Er was zelfs al voorzichtig een route uitgestippeld om de arme weduwnaar te begeleiden als hij op enig moment weer aan de liefde begon te denken. Ik moest in eerste instantie lachen, maar voelde ook een beetje jaloezie. Goh, dat had hij goed voor elkaar. Niet dat hij er allemaal gebruik van maakte. Hij kon zijn boontjes, zeker op het pad der liefde, heel goed zelf doppen. Maar toch, hij stond open voor hulp.

En dat heb ik nog steeds te leren. Op momenten dat

het tegenzit, maak ik een achterwaartse beweging. Dan trek ik me terug op mijn eiland. Hoe harder ik om hulp wil roepen, hoe sneller ik in mijn schulp kruip. Zo heb ik het nu eenmaal geleerd, lang geleden in mijn gezin van herkomst. Mijn vader deed het op zijn manier, mijn moeder op de hare. De buitenwereld hoefde niet te weten wat er zich binnen het gezin allemaal afspeelde. "Wat moeten de buren er wel niet van denken," was een gevleugelde uitspraak van mijn moeder. Schaamte speelde een rol. Je hing de vuile was niet buiten, zo simpel was het.

Dat gedrag heb ik me aangemeten en het heeft me veel gebracht. Maar het heeft me ook gehinderd. Tim, Tim, Tim, waarom altijd in je eentje? De grote winst is dat ik nu mijn eigen patroon herken. Het is lange tijd dienend geweest, mijn manier van overleven. Ik herken het inmiddels en beetje bij beetje, keer op keer probeer ik het anders te doen. Want waarom ook? Waarom moet ik het altijd wel alleen doen? Bullshit. Maar ja.'

Herkenbaar, deze fase? Voelt het ook zo rot? Welkom, zeggen wij dan, op het eiland van verdriet. De plek waar je je kunt afsluiten van je directe omgeving, van je collega's en van de hele wereld. Je hebt er even geen zin meer in en het laatste waar je aan wilt denken is vertellen dat het 'gewoon ontzettend kut' gaat.

Je wilt alleen zijn. Met je eenzaamheid, met je verdriet, met je problemen die almaar zwaarder op je drukken, met je radeloosheid die niet meer tot behapbare proporties valt terug te dringen. Op het eiland van verdriet ziet niemand je. Want stel je voor dat iemand in de gaten krijgt dat je diep in de shit zit. Onder geen beding. Liever in totaal isolement voortploeteren dan je laten omgeven door goedbedoelende redders met hun zakdoekjes. Aan mijn gekwetste lijf geen polonaise.

Intussen houd je je masker op. En maar volhouden, tot het niet meer lukt. Dan ben je verder weg van huis.

In dit hoofdstuk laten we je kennismaken met het o zo mannelijke fenomeen isolement. In het hiernavolgende hoofdstuk leggen we je uit wat de potentiële risico's zijn, met suïcide als extreemste uitweg. Kort gezegd komt isolement neer op een vroeg aangeleerde neiging je terug te trekken zodra het ingewikkeld wordt. Om te verkeren in de overtuiging dat je het alleen moet doen. Het is typisch voorkeursgedrag, dat het (bij)product is van de socialisatie van jongen tot man. Bepaalde gevoelens horen niet bij de mannelijke identiteit. Die worden onderdrukt. Die hoor je te controleren, meestal onbewust, met alle mogelijke gevolgen van dien. Zeker bij opeenstapeling van verlies.

Het gaat al een paar jaar niet goed, maar onlangs is het hem opgebroken. Jens (36) zit in de ziektewet. Hij is bij de bedrijfsarts geweest, die het eigenlijk ook niet goed weet. Veel geduld is er niet bij zijn werkgever, wat alleen maar meer stress geeft. Wat is er toch aan de hand met mij, is de vraag die na binnenkomst meteen op tafel ligt.

Heel veel, zo blijkt. En met werk heeft het maar zijdelings te maken. Zijn verliesverhaal is er een van grote opeenstapeling. Jens verloor zijn vader op driejarige leeftijd, kreeg een stiefvader met wie hij niet overweg kon. Zijn moeder zat verstrikt in het verdriet om haar man en was niet in staat haar zoontje te beschermen tegen de losse handjes van haar nieuwe echtgenoot. Jens zelf is een paar jaar geleden gescheiden. De omgangsregeling met zijn kinderen gaat moeizaam.

'Wat een klus, man,' zeg ik. Zijn schouders beginnen een beetje te zakken. Van zijn omgeving heeft hij vaak het advies gekregen hulp te zoeken. Het is er nooit van gekomen. Tot nu. Hoe heeft hij het volgehouden? Zijn cynische blik onderstreept zijn woorden. 'Werken en niet moeilijk doen.'

Al vroeg in zijn leven heeft Jens leren overleven. Als kleine jongen was er geen ruimte om verdrietig te zijn over zijn vader. Zijn moeder was zelf 'emotioneel vertrokken', waardoor Jens zich terugtrok in zijn binnenwereld. Aan de 'buitenkant' bleef hij overeind door harder en nog harder te gaan werken.

Hulp vragen was geen optie. Doe het vooral in je eentje, is wat hij onbewust heeft geleerd en telkens even onnadenkend is blijven toepassen. Met zijn ex-vrouw sprak Jens weleens over zijn chronische maagpijn, maar er dieper op ingaan was er niet bij. Zodra het lastig werd in zijn huwelijk sloeg hij dicht. 'Dit is wat je vaker ziet bij mannen,' zegt Wim. 'Mannen die zichzelf als het ware naar de wereld van het isolement verbannen. Ook al was Jens zich bewust van de relationele problemen, hij was niet bij machte een brug te slaan tussen zijn innerlijke onrust en het uiten van die gevoelens naar de moeder van zijn kinderen. Tot het te laat was.'

Wat voelde Jens zich vaak alleen, zonder bij machte te zijn er iets aan te veranderen. Isolement is een zelfbeeld met als kern 'alleen zijn'. Dat zelfbeeld is in elke man min of meer aanwezig, schreef mannenhulpverlener Jack van der Loo eind jaren negentig al in *Mannen en intake*. In die periode was er toenemende aandacht voor manneneman-cipatie. Isolement is het besef bij mannen dat ze afgesneden raken van andere mensen en van de wereld. 'Mannen omschrijven dit als een gevoel er alleen voor te staan en in jezelf te zitten, in je hoofd te zitten, geblokkeerd op je eigen eiland, alsof er een muur om je heen staat. Het is een subjectieve, innerlijke ervaring of beleving.'

Time-out: zeg nou niet, beste man, dat jij dat nooit hebt gehad. Denk eens aan je tijd op het schoolplein. Of je eerste vakantiebaantje. Hoe was het in het voetbalteam, waar je misschien niet zeker was van een basisplaats? Ga bij jezelf na wanneer je het gevoel had echt, maar dan ook echt alleen te zijn. Kun jij dan woorden geven aan dat gevoel? (Misschien gaat dat lastig, het is niet onze sterkste kant. Vrouwen zijn daar wat beter in.)

'Ik kan mij nog herinneren dat ik als jongen bepaalde gevoelens niet kon uiten omdat ik dan gepest dreigde te worden,' vertelt Wim. 'Op den duur heb ik die gevoelens geblokkeerd zodat ze niet doordrongen tot mijn hart. Ik zorgde ervoor dat ik ze negeerde wanneer ze in me opkwamen en al helemaal als er andere mannen of jongens in de buurt waren. Want dat voelde levensgevaarlijk.'

In zijn praktijk ziet Wim dat terug bij sommige cliënten. Hij maakt op de flip-over een tekening van een diepe waterput. De emmer aan het touw hangt vlak boven de bodem. 'Dat is de situatie van de man. Hij kan heel diep en heel lang blijven hangen, maar het berooft hem ook van alles wat hem lief is, inclusief zijn gezondheid.' Als dat herkenbaar is, nodigt Wim zijn cliënt uit om dat laatste stukje denkbeeldig naar de bodem te gaan. Om je als het ware te laten vallen. Werkelijk de bodem te raken, het diepste punt te voelen, is een grote klus, maar het voelt ook als een overwinning omdat je grond onder je voeten voelt. Daar begint de weg terug naar boven.

Kortom, Wim, Tim, Jens, jij... Wij mannen zijn niet alleen in ons isolement.

Tijdens de vervolgsessies vertelt Jens beetje bij beetje zijn levensverhaal. Soms stokt het, maar door vragen te stellen komen er nieuwe, diep weggestoken herinneringen naar boven. Wat helpt, is de foto van zijn vader die bij elke sessie op een tafeltje naast hem staat.

In de behandeling gaat het om meer dan woorden. Ik vraag Jens voortdurend naar zijn gevoelens. Op welke plek in je lichaam ervaar je wat? Langzaam maar zeker is hij bij machte om meer gevoelens toe te laten. Het maakt hem zachter en hij knapt er zichtbaar van op. Als therapeut heb ik Jens, door mijn eigen ervaringen als kind, in mijn hart gesloten. Dat is heel behulpzaam bij het werken met mannen. Je kunt hem dan van man tot man voorhouden dat hij het misschien wel zelf moet doen, maar dat hij niet alleen is.

In het gedicht 'Sterfbed' legt Jean Pierre Rawie feilloos de vinger op de zere plek:

> Mijn vader sterft; als ik zijn hand vasthoud,
> Voel ik de botten door zijn huid heen steken.
> Ik zoek naar woorden, maar hij kan niet spreken
> En is bij elke ademtocht benauwd.
> (...)
> Straks is hij weg, en heeft hij nooit geweten
> Hoe machteloos ik hem heb liefgehad.

Isolement is in dat opzicht stilzwijgen in emotionele onwetendheid. Beter kunnen we het eigenlijk niet zeggen. Je stuit op gevoelens die je niet herkent, of waar je je geen raad mee weet, en besluit ervan weg te lopen. In plaats van bij die emoties te blijven, ze te verduren of te onderzoeken, klap je dicht en ga je wat anders doen. Je zet je verstand op nul en gaat bijvoorbeeld hard werken. Je zorgt ervoor dat je het druk krijgt zodat je niet op dat onbekende terrein hoef te vertoeven. In zekere zin maak je een vlucht naar voren en beland je in het isolement.

Je hebt het vast weleens meegemaakt. Een vrouw (je vriendin?) zegt tegen een man (jou): 'Wat vind jij er nou van?'

Bedenk zelf maar het schaapachtige gezicht dat de man (jij?) trekt, gevolgd door een verwijt. 'Jij zegt er nooit iets over. Wat voel jij vanbinnen?' Als de man (jij?) begint te hakkelen, is het hek van de dam. 'Hoe zit dat dan bij jou? Ben jij dan ook verdrietig? Of niet? Ik zie dan zo weinig aan je.'

Lastig, nietwaar? Wat moet je daar nou mee? Al dat gepraat. Al dat delen van gevoelens. Wanneer je als jongen bent opgevoed in een omgeving waar het tonen van emoties niet werd gestimuleerd, dan weet je al snel dat je je zo niet moet gedragen. Je moet je krachtig gedragen, stoer bij voorkeur. Wees niet te zacht, want dat is vrouwengedrag. Beetje bij beetje bouwen jongens dat op. Niet alleen onder invloed van hun (groot)ouders, maar ook op het schoolplein, bij de sportclub. Sociale media en reclame op televisie en internet bevestigen anno nu nog steeds de beelden van 'mannelijkheid'. Er is geen ontkomen aan. Hoe vaker het gebeurt, hoe dunner het contact met gevoelens en hoe sterker de beweging naar dat isolement.

'Veel jongens verkeren in een emotioneel isolement,' stelt Freerk Ykema, bedenker van Rots & Water, een training die kinderen en jongeren helpt om zich communicatiever en weerbaarder op te stellen. Daarbij worden veel lichamelijke oefeningen gebruikt. 'Jongens hebben weinig inzicht in hun emotionele leven en hebben moeite hun gevoelens met anderen te delen. Door ze bewuster te maken van hun eigen lichaam worden zij zich ook bewuster van eigen emoties en gevoel.'

'Het zijn niet de omstandigheden die het gevoel bewerkstelligen,' vindt Van der Loo. 'Het is iets wat vanbinnen gebeurt. We voelen ons niet geïsoleerd omdat we alleen zijn, maar omdat we vanbinnen iets doen met dat alleen zijn.'

Dat kan er naar de buitenwereld uitzien alsof je heel gesloten en teruggetrokken bent of juist heel druk. Je kunt voortdurend op de voorgrond willen staan en niet alleen willen zijn of juist stilletjes in een hoekje toekijken hoe de omgeving aan je voorbijtrekt. Beide vormen zijn een uiting van uit contact zijn met je eigen gevoelens en daarmee met die van anderen. Isolement is bijna een (onbewust) masochistische staat om in te verkeren.

Time-out: zelfkwelling door het per se zelf te willen doen. Als je binnenkort in zo'n situatie terechtkomt, doe dan deze twee dingen: 1) analyseer wat er om je heen gebeurt, en 2) voel wat er in je lichaam gebeurt. Dat is isolement op de vierkante centimeter.

Als je iets om over te rouwen hebt, dan is het handig als je dat een beetje evenwichtig weet te doen. Dus niet te veel niets doen in je isolement, maar ook niet te veel wél willen gaan doen vanuit dat isolement. Rouw is niet alleen gericht op verlies, maar ook op afleiding en verandering.

Vergelijk het met een motorjacht dat na een barre tocht door de sluizen gaat. Je hebt het als stuurman behoorlijk voor de kiezen gehad op zee. Voordat je je reis op de rivier vervolgt, spring je op de oever om even op adem te komen en vervolgens weer terug te keren naar je schip. Je kunt er ook voor kiezen om even aan de andere kant van boord te gaan en in de kroeg een nieuwe route uit te stippelen. Het verblijf in de sluis geeft je de tijd om meerdere keren over en weer te gaan. Je blikt dus terug op de voorbije reis (verlies), maar kijkt vooruit naar de volgende tocht (herstel).

De slingerbeweging tussen verlies en herstel heet ook wel het tweevoudige procesmodel, ontwikkeld door Margaret Stroebe en Henk Schut. Dat gaat over balans tussen het volle verlies ervaren en toch ook ontspanning en afleiding vinden en zinvol bezig zijn. Balans tussen verdrietig blijven en toch ook bij dat verdriet weg kunnen gaan. In die wisselwerking tussen beide gebieden ontstaat het pad waarover je door het verlies heen kunt lopen. Vreugde ervaren is daarin essentieel om ook de diepte van het verlies te kunnen dragen. Zo ontwikkelt de mens in rouw, dus man én vrouw, zijn of haar veerkracht.

Het dagelijks leven na een ingrijpend verlies wordt inzichtelijker met het duale procesmodel.

DUALE PROCESMODEL

Time-out: heb jij met verlies te maken? Kijk eens naar bovenstaand model en tel de keren op een dag dat je van je spreekwoordelijke boot in de sluis op de twee oevers springt. Doe dat gedurende een week.

Belangrijk om te weten: het is juist de bedoeling dat je van links naar rechts en weer terug springt. Te veel links kan betekenen dat je vast komt te zitten in je rouw. Te veel rechts kan erop wijzen dat je vergeet te rouwen. Een slingerbeweging is gezond.

Vrouwen zitten nog weleens vaker en langer aan de verlieszijde. Mannen zoeken juist de afleiding (herstelzijde) op om controle te houden over hun gevoelens van onmacht. Testosteron is een van de drijvende krachten hierin, waardoor mannen sneller de behoefte hebben om letterlijk in beweging te komen.

Niek (51) is op dringend advies van zijn vrouw gekomen. Zoek hulp, had ze gezegd, want zo gaat het helemaal fout. Ik begin met een compliment. Hulp zoeken is voor mannen niet de eerste beweging. Niek is zichtbaar geraakt door mijn compliment. Maar ja, waar te beginnen?

Met zijn werk dan maar, dat blijkt een goede opening. Voor de tweede keer heeft hij een negatief functioneringsgesprek achter de rug. Zijn baas heeft aangegeven dat het zo niet langer kan. Thuis heeft Niek steeds vaker ruzie met zijn vrouw. Het is zijn tweede huwelijk. Zijn eerste echtgenote is vijftien jaar geleden na een kort ziekbed overleden. Hij bleef met drie kinderen achter. Vrij snel werd hij verliefd op zijn huidige vrouw, met wie hij nog een kind kreeg.

Ergens onderweg in deze relatie heeft Niek zich steeds meer teruggetrokken. Zijn vrouw doet een toenemend beroep op hem, maar hij geeft niet thuis. Het kost hem moeite om zijn verantwoordelijkheid te nemen voor zijn gezin. De opvoeding laat hij vooral aan zijn vrouw over. Teruggetrokken op zijn werkkamer brengt hij veel tijd door achter zijn computer. Niet dat hem dat helpt. 'Ik voel me schuldig naar met name mijn jongste kind.'

Wat hij niet in woorden kan uitdrukken, vertellen zijn ogen. Niek vertoeft vooral op een eenzaam eiland. Hij wil eraf, maar weet niet hoe.

'Eigenlijk wist ik in die kennismakingssessie al dat de dood van Nieks eerste vrouw een belangrijke oorzaak was,' zegt Wim. 'Mogelijk was hier sprake van niet genomen rouw. Het was gewoon niet gebeurd. Dat kan voor ontwrichtende gevolgen zorgen. Omdat Niek al moeite had om over zijn situatie te praten, was het verstandiger hem eerst zijn verhaal te laten vertellen. In de begeleiding draait het primair om vertrouwen.

In de tweede sessie ging het wel over zijn overleden

echtgenote. Niek had het een verschrikkelijke tijd gevonden. Er waren zelfs momenten geweest dat hij er zelf ook niet meer wilde zijn. Wat hem vooral zo raakte, was het verdriet van zijn kinderen. Dat was bij vlagen niet te verduren. Er was niets om ze daarbij te helpen. Hij voelde zich zo onmachtig. Van de ene op de andere dag leek dat verdwenen toen hij verliefd werd. Het nieuwe leven zorgde voor afleiding van het verdriet. Beetje bij beetje voelde hij zich gelukkiger worden. Zijn sporadische gedachten aan zelfmoord verdwenen.'

'De nieuwe liefde was een godsgeschenk,' zegt Niek. Nog steeds vindt hij dat, maar het is niet meer voelbaar. Zo fijn was het dat hij niet meer verdrietig hoefde te zijn. Er was weer nieuw leven in huis gekomen en dat vonden zijn drie kinderen ook.

Hoe ben je met het verdriet omgegaan, vraag ik hem. Nou, Niek was best nog weleens verdrietig, maar het nieuwe leven maakte volgens hem alles goed. Tenminste, dat dacht hij. Niek zat niet voor niets bij mij in de stoel omdat alles in zijn persoonlijke en werkzame leven dreigde te ontsporen. Heel subtiel creëerde ik een opening. Zou het misschien kunnen zijn dat Niek zijn onmetelijke verdriet om zijn overleden vrouw ergens in zijn lijf had opgeborgen? Zou de liefde voor zijn tweede vrouw hem ervan weerhouden om dat verdriet op te zoeken? Zou dat verdriet nu alsnog op de deur kloppen? Zou het verdriet eindelijk eens gezien willen worden?

Het was even stil. 'Dat zou best kunnen,' zei Niek. Dat besef bleek de doorbraak.

Rouw en verlies kun je soms te lijf gaan met de houding van de drie aapjes. Hoort niet, ziet niet, praat niet. Ontkenning is een manier om jezelf te foppen. Ik denk er niet aan, dus het bestaat niet. Beter nog, ik ga snel op zoek naar afleiding om de ontkenning een handje te helpen. Dat is een strategie die heel lang naar tevredenheid kan werken. Misschien wel je hele leven lang. Wij zien in onze praktijk vaak mannen binnenlopen die ontdekken dat ze er doodmoe van zijn, zonder exact te weten hoe dat komt.

Tja, waar komt dat isolement nou vandaan? Laten we voor het gemak de mannelijke identiteit maar even de schuld geven. Hoe verschilt die van vrouwen als het op isolement aankomt? 'Voor veel vrouwen zijn het zorgen voor iemand en het relationele aspect van het zorgen van groot belang voor hun welbevinden,' schrijven Toine Lagro-Janssen en Petra Verdonk in *Seksespecifieke Huisartsgeneeskunde*. 'Dat komt omdat meisjes in het socialisatieproces hun identiteit ontwikkelen in relatie tot anderen, het is "een zijn in relatie". Dit stemt overeen met de praktijkervaring dat de eigen behoefte van vrouwen sterk verbonden kan zijn met het geven van zorg aan de ander.

Mannen ontwikkelen vaker een identiteit als waren ze autonoom, als "een zijn in zichzelf". Mannen zijn veel minder afhankelijk van omgevingsfactoren en twijfelen minder aan zichzelf dan vrouwen. Zo zoeken mannen bij psychische problemen veeleer de oorzaak bij externe, buiten de eigen invloedssfeer gelegen factoren, terwijl vrouwen eerder geneigd zijn de schuld bij zichzelf te zoeken.'

Dat betekent dat mannen die op zichzelf gericht zijn hun gevoelens van isolement alleen maar zullen versterken. Dat hebben ze immers met de paplepel binnengekregen. Trekken we die constatering door naar momenten van verlies, dan hebben deze mannen soms meer moeite om dat verlies onder ogen te zien. Dat vraagt namelijk om stilstaan bij hun innerlijke wereld. Dat kan een schier onmogelijke klus zijn en dan is het makkelijk om op zoek te gaan naar afleiding.

Bouwvakker Eric zit vlak voor zijn pensioen. Hij werkt nog altijd keihard. 'Nooit te lui om te werken,' is zijn mantra, om er trots aan toe te voegen dat hij 'nog nooit ziek is geweest'. Maar nu gaat het even niet meer. Eric begrijpt er niets van. Hij is kerngezond. En toch 'komt er nu niets meer uit mijn handen'. Of ik zijn moeheid even wil verklaren, want hij wil verder buffelen.

Daarvoor is meer informatie nodig. Beetje bij beetje komt die bovendrijven. Tussen neus en lippen vertelt Eric over wat lichamelijke klachten in de afgelopen jaren, 'maar ja, dat hoort bij de bouw. Dat is geen werk voor watjes.' Hardnekkig is de pijn in zijn schouder. Hij is vaker gevallen op die plek, soms ook van een steiger, maar een echte oorzaak kan hij niet bedenken.

Dan komt zijn thuissituatie ter sprake. Zijn vrouw heeft al haar hele leven last van depressieve klachten. 'Wel vervelend af en toe,' zegt Eric, maar hij heeft er naar eigen zeggen mee om kunnen gaan. Dat hij na zijn lange werkdagen vaak de boodschappen moest doen en ook koken, neemt hij op de koop toe. Mijn doorvragen over zijn echtgenote begint hem een beetje te irriteren. Het gaat toch over zijn vermoeidheid?

Het komt nogal eens voor dat een man simpelweg niet in de gaten heeft hoe zwaar zijn leven eigenlijk is, weet Wim. Onder het mom van 'niet lullen maar poetsen' doet hij zichzelf tekort. Het kan een traag proces zijn voordat hij in de gaten krijgt dat het niet meer lukt. Dat hij zich in een positie manoeuvreert waaruit geen ontsnappen meer mogelijk is. En hulp vragen? Ho maar. Als je wat ouder wordt en je fysiek zware arbeid verricht, is het een hindernis om te moeten accepteren dat het moeilijker wordt. Maar ook stress in kantoorbanen kan iemand fysiek onderuit schoffelen. Het tast je mannelijkheid aan als je merkt dat zowel geest als lijf achteruitgaat.

In een fysiek makkelijker baantje heeft Eric helemaal geen zin. Hij heeft lange tijd met opzet veel overuren gedraaid om een goed weekloon te kunnen verdienen. Dat betaalt zich straks terug in de hoogte van zijn pensioen. Vlak voor de eindstreep afhaken is voor hem geen optie. Die vervloekte vermoeidheid.

Hij zit ongeduldig te draaien in zijn stoel. Het liefst staat hij op en vertrekt. Ik gooi het over een andere boeg. 'Man, wat een enorme klus moet het zijn om zo hard te werken en ook nog eens met veel liefde voor je depressieve vrouw te zorgen,' zeg ik, en laat dan een lange stilte vallen. 'Wie zorgt er eigenlijk voor jou, Eric?'

Hij zwijgt. Ik zie tranen in zijn ogen, maar zeg er niets van. Het dringt eindelijk tot hem door dat hij zijn lijf en leden nooit serieus heeft genomen, en dat hem dat opbreekt nu hij ouder wordt.

'Het grote inzicht is dat Eric zichzelf vaker op de eerste plaats zet,' zegt Wim. 'Alleen dan kan hij voelen waar de vermoeidheid werkelijk vandaan komt. Dat gaat niet van de ene op de andere dag, zeker niet na zo'n lang, hard leven. Net als bij een tanker zal Eric heel langzaam van koers moeten veranderen.'

Hoogste tijd om hulpbronnen in te zetten. Mensen of dingen waar je energie van krijgt. Dat kan van alles zijn: het opzoeken van een vriend, bij een sportclub gaan of een hobby beginnen waarmee je in contact komt met andere liefhebbers.

Jarenlang isolement heeft hem, en soms ook andere mannen, min of meer ongevoelig gemaakt voor pijn, vermoeidheid en stress. Het kan de basis leggen voor een toestand van opgebrand zijn. Je belandt in de gevarenzone. Wim: 'De ziekte van zijn vrouw heeft hij gewoon meegedragen zonder zich te realiseren wat dit werkelijk voor hem betekende. Zijn manier van overleven had hem ook nog eens in een isolement vol ontkenning gebracht. In de tijd die hem resteert in de bouw zal hij de rekening moeten opmaken van de kosten en de baten. Beter laat dan nooit.'

Time-out: hoe zwaar heb jij het in je leven? Je werk en gezinsleven kunnen veel van je vergen, maar is er meer dat je lastig vindt om te torsen? Misschien heb je zelf niet eens in de gaten dat je te veel vraagt van je lichaam en geest. Als je één ding zou kunnen schrappen, wat zou dat dan zijn? En wat zou je meer willen doen? Welke hulpbronnen heb jij om bij te tanken en uit te rusten?

We gaan even te rade bij een vrouwelijke biopsycholoog om de verschillen tussen man en vrouw op een rijtje te kunnen zetten. In haar boek *De schoonheid van het verschil* hamert Martine Delfos niet alleen op de overeenkomsten, maar ook op de verschillen, die juist in tijden van crisis en verlies bepalend kunnen zijn voor ons gedrag.

'Als ergens de schoonheid van het verschil bestaat, dan is het wel daar waar mannen en vrouwen met elkaar leven en traumatische ervaringen het hoofd moeten bieden. Maar juist omdat ze zo verschillend zijn, hebben ze vaak niet in de gaten hoe aanvullend ze op elkaar zijn, en drijven de verschillen mannen en vrouwen nodeloos uit elkaar.'

Tegenwoordig zijn er ook veel gedragsmatige gelijkenissen tussen man en vrouw, zeker in onze westerse samenleving waarin mannen zich nadrukkelijker met de zorg van kinderen bezighouden en vrouwen zich manifesteren op plekken die vroeger vooral door mannen waren ingenomen.

Als we puur kijken naar de functies voor voortplanting, dan ziet Delfos een aantal belangrijke verschillen tussen man en vrouw. Natuurlijk verdient haar lijstje enige nuancering, omdat elke man of vrouw die dit leest ongetwijfeld iemand kent die minder van het een, meer van het ander heeft. Maar toch, dit zijn ze:

- De oorspronkelijke rol van de man is beschermen en jagen.
- De oorspronkelijke rol van de vrouw is baren en verzorgen.
- De sterke kant van de man ligt op het gebied van aanvoelen en signaleren van gevaar en agressie. Hij is gericht op het beschermen van het nest.
- De sterke kant van de vrouw ligt op het gebied van aanvoelen wat er in de ander omgaat, ze is aardiger en houdt meer rekening met anderen. Zij is gericht op zorg voor het nest.
- Bij gevaar kiezen mannen voor vluchten, vechten of werken voor het nest.
- Bij gevaar kiezen vrouwen voor nest en naasten.
- Mannen hebben de neiging tot handelen bij gevaar. Het testosterongehalte is hoog. In extreme vorm kan dit leiden tot agressie.
- Vrouwen hebben de neiging om niet te handelen bij

gevaar. Het testosterongehalte is laag. In extreme vorm kan dit leiden tot depressie.

- Mannen zijn rationeel ingesteld. De valkuil is dat emoties weinig kans krijgen.
- Vrouwen zijn emotioneel ingesteld. De valkuil is dat ze meegesleept worden door emoties, door een gebrek aan rationele relativering.
- Mannen minimaliseren emoties die te maken hebben met angst, pijn, kwetsbaarheid en schuld.
- Vrouwen ervaren een scala aan emoties, zowel intens als vluchtig.
- Mannen zijn meer geneigd om feiten te onthouden en niet zozeer de emoties.
- Vrouwen zijn meer geneigd om de emoties te onthouden en niet zozeer de feiten.
- Mannen zijn fysiek agressief. Ze zijn direct en spreken met het lijf.
- Vrouwen zijn verbaal agressief. Ze zijn indirect, taalvaardig en taalgevoelig.
- Bij mannen zit onder de boosheid het verdriet.
- Bij vrouwen zit onder het verdriet de boosheid.

In tijden van een grote, persoonlijke tragedie vraagt het extra veel van partners en geliefden om elkaar te blijven zien in die verschillen. Juist tijdens de rouw komen die verschillen aan de oppervlakte en kunnen ze een splijtende werking hebben. Onbegrip ontstaat vanuit het onvermogen om elkaars pijn te begrijpen. Mannen duiken onbewust hun isolement in als ze niet worden gezien in hun specifieke manier van omgaan met verdriet, boosheid, angst, pijn, schuld en kwetsbaarheid. Dus is het voor zowel de man als de vrouw zo cruciaal om bovenstaande verschillen te benoemen en te erkennen. Als dat mogelijk is, en een therapeut kan daar desgewenst een handje bij helpen, dan kunnen juist die verschillen een verbindende werking hebben. De verschillen herkennen vraagt heel veel van partners, omdat verdriet en pijn een heldere waarneming in de weg staan. Irritaties en eenzaamheid staan dan voor de deur.

Een man die zijn zoon aan leukemie heeft verloren, vertelt dat hij het lastig vindt om na zijn werk de omschakeling te maken naar zijn thuis, waar het grote verdriet zo zichtbaar en voelbaar is. Thuis komt hij zijn vrouw namelijk weer tegen. Haar verdriet confronteert hem weer volledig met haar pijn en zijn gemis. Op zijn werk doet de afleiding hem goed en kan hij zijn rol als werknemer weer oppakken. Dat geeft hem naar zijn overleden zoon weer een schuldgevoel. Eigenlijk wil hij ook zo graag met zijn verdriet bezig zijn. Maar om thuis bij zijn vrouw op de bank te blijven zitten, nee, daar past hij voor.

Voor partners is het soms hartverscheurend lastig om elkaar te blijven zien in de gezamenlijke pijn na dat soort rampen. Ieder rouwt op zijn eigen manier, maar soms wil en kun je daar helemaal geen oog voor hebben. Het kan dan voor partners lastig zijn om elkaar in die onmetelijke pijn te blijven vinden en de kans op vervreemding neemt toe.

Wanneer het niet lukt en het stel (professionele) hulp nodig heeft, dan doe je er als begeleider en als naaste vriend of familielid het beste aan om hoofdzakelijk te luisteren naar hun verhaal. Laat ze over hun verdriet praten, en laat ze elkaar vertellen wat er zo helend is aan thuisblijven of juist weer gaan werken. Maak ze bewust van de verschillen die er tussen mannen en vrouwen in rouw kunnen bestaan. Het heeft vaak een normaliserende werking. In het beste geval ontstaat er niet alleen begrip voor elkaar, maar kan de man werkelijk meegaan in de belevingswereld van zijn partner. En vice versa.

Ze zijn er kapot van. Hun zoon heeft zelfmoord gepleegd. De moeder wist niet waar ze het zoeken moest. In het begin wilde ze steeds mensen om zich heen om erover te kunnen praten. Steeds maar weer die vraag: waarom? De vader hield het niet uit bij zijn vrouw en wilde het liefst alleen zijn. In die moeilijke, eerste periode heeft hij het hele huis vanbinnen geschilderd. Zij begreep er helemaal niets van. Hoe kon hij dat toch doen? Het gaf extra spanning in die toch al zware tijd.

'Ik legde haar uit dat het niet om schilderen alleen ging,' vertelt Wim. 'Hij moest simpelweg iets omhanden hebben. Als de man in actie kan komen, dan lukt het hem om zijn gevoelens te controleren. Door iets te doen ontstaat er een balans met het overweldigende gevoel van verdriet en pijn in zijn lijf. Tegelijkertijd zorgt hij voor jullie huis. Jullie gaan allebei op een andere manier met deze ramp om. Jij hebt als vrouw andere behoeften dan je man. Jullie doen het allebei goed, maar wel anders.'

In wezen zijn deze man en vrouw afgezonderd op hun eigen eiland van verdriet. Het wordt steeds moeilijker om elkaar te bereiken, terwijl ze elkaar zien in hun eigen machteloosheid. Ze willen elkaar ook niet belasten. Intense pijn en verdriet raken aan de basis van ons bestaan. Het maakt krachten wakker die we van elkaar niet kennen. Als je elkaars manier van daarmee omgaan niet begrijpt, dan wordt het verleidelijk om een oordeel over elkaar te vellen. Dat vergroot louter het isolement.

Uit onderzoek naar ouders die in de voorgaande vier jaar een kind hadden verloren, kwam aan het licht hoe biologische verschillen de relatie onder hoogspanning kunnen zetten. De man ergert zich aan de rouw van zijn vrouw en aan zijn eigen onmacht ten aanzien van de pijn. De vrouw wordt boos over de wijze waarop haar partner zijn rouw ontkent en vermijdt. Het verlies heeft een negatieve impact op de onderlinge communicatie, waardoor de kans toeneemt dat ze niet langer emotioneel beschikbaar zijn voor elkaar. Het bijkomende verlies van seksuele intimiteit is vooral fnuikend voor de man. En gelinkt aan die seksuele 'afwijzing' is de man bang om zijn vrouw te verliezen.

Time-out: hoort niet, ziet niet, praat niet... Laten we hierbij afspreken dat wij mannen in ieder geval een poging wagen om die afwerende houding niet langer aan te nemen als we worden getroffen door groot of klein verlies. En beste vrouw, laat ons af en toe. Laat ons als we liever dingen gaan doen in plaats van er weer over praten. Zo houden we een gezonde balans van wederzijds begrip.

'Opeens had ik er geen zin meer in,' vertelt Tim. 'Het was een doordeweekse dag, en ik wilde niet meer. Als radiocorrespondent in Washington was ik net in de uitzending geweest om iets te vertellen over het vredesproces in het Midden-Oosten, en na afloop vertelde een stemmetje in mijn hoofd dat het voorbij was. Elke motivatie was verdwenen, alle energie was weggesijpeld, en in mijn hoofd klonk alleen nog: niet meer, niet meer, niet meer, niet meer. Ik ben opgestaan, heb mijn jas aangetrokken en heb het NOS-kantoor verlaten.

Opgebrand, zo voelde het. Nog net geen burn-out, godzijdank. Maar wel even serieus pas op de plaats. Wat voelde dat als een nederlaag. Ik schaamde me, terwijl er van alle kanten begrip was. Want wat had ik een bizar drukke tijd achter de rug als correspondent in Amerika. In 2000 waren er de presidentsverkiezingen, waarbij de strijd tussen George Bush en Al Gore pas na vijf weken werd beslecht. In 2001 waren de aanslagen op de Twin Towers, in 2002 en 2003 de oorlogen in Afghanistan en Irak. Dus toen ik ergens in 2003 de handdoek in de ring wierp, was eigenlijk niemand verbaasd.

Hoewel, Jennifer had het niet echt zien aankomen. Ze kende me al jaren als een harde werker, die dag en nacht doorging en nooit nee verkocht als de baas belde. Op een of andere manier had ze zich ermee verzoend. Zo was ik nu eenmaal. Werk, werk, werk en dan het gezin. Het was wel even wennen dat ik op de bank zat te zitten en een beetje voor me uit staarde. Ze moest hard lachen toen ik een week later muurtjes ging bouwen in de achtertuin, om toch een beetje bezig te zijn.

"Hoe symbolisch," sprak mijn vrouw schertsend. Wat ze bedoelde: ga eens hulp zoeken en breek de muur in jezelf af.

Ik ging in therapie en ontdekte hoe ik mijn emoties altijd wegduwde. Hoe moeilijker het werd, hoe harder ik ging werken. Ik kwam tot het inzicht dat ik me na de dood van mijn vader zo verdomd alleen voelde, maar weigerde om dat te erkennen. Als het lastig werd op school, droomde ik er soms van om spontaan in coma te raken en er een paar weken gewoon niet te zijn. Dat ik dan wakker zou worden en alles weer in orde was. Maar opbiechten dat ik het even niet meer trok? Onder geen beding.

De (bijna) burn-out heeft me niet genoeg wakker geschud. Al vrij snel schoot ik weer in een hogere versnelling. Tegenslag ging ik te lijf door extra te bikkelen. Aan mij kon je niet zien dat iets misschien weleens te moeilijk zou vallen. Als correspondent in Londen voelde ik een enorme druk. Ik werkte voor televisie, radio en internet, draaide en monteerde mijn eigen onderwerpen. Eenzaam is het bestaan van correspondent, maar ik zou het nooit toegeven. Dat zou een teken van zwakte zijn.

Te hard werken was mijn manier van compenseren voor het diepe verlangen om gezien te worden. Jennifer liet het uit haar hoofd om dat ter discussie te stellen. Ik liet het niet toe en zij drong er niet langer op aan. Hier zijn we elkaar best een beetje kwijtgeraakt. Het leidde tot een verwijdering binnen ons huwelijk. Ik was eenzaam en zij op haar manier net zo goed. In het voorjaar van 2009 zijn we hierover met elkaar in gesprek gegaan, toen bleek dat onze relatie aan de rand van de afgrond balanceerde. In de nazomer van dat jaar kochten we samen een nieuw huis, wat indirect een bevestiging was dat onze band hecht genoeg was om de toekomst hand in hand tegemoet te gaan. In de nieuwe woning heeft ze nooit gewoond. Een week na het tekenen van het koopcontract overleed ze.’

‘Elk nieuw verlies heeft zijn eigen gezicht. Rouw is veelkleurig’

Ruard Ganzevoort (1965, Eerste Kamerlid GroenLinks en theoloog)
Over de zelfmoord van zijn echtgenoot en het verlies van onschuld

‘Ons zoontje Bernard heeft zeven weken geleefd. Hij was de vierde in de rij van zes zonen. Ik was beneden om de andere kinderen eten te geven. Mijn vrouw ging naar boven om hem wakker te maken en ze riep mij. Ik rende naar boven. Bernard was dood. Wiegedood. In mijn beleving, maar misschien is dat een vertekening achteraf, heb ik vrij snel gedacht, nu is dat dus gebeurd. Als dominee kwam ik regelmatig bij een sterfbed en bij overlijdens, dus je weet dat dit soort dingen ook je eigen leven kunnen treffen.

Dat het uitgerekend jullie is overkomen, zei iemand. Dat vond ik wel lief, maar het is ook zo’n rare gedachte. Tja, die dingen gebeuren. Nu hier, dan daar. Aardbevingen, oorlogen, hongersnoden en ook dode kinderen. We hebben het heel dicht bij ons gehouden. Bernard is in zijn kamertje opgebaard en in zijn kistje heb ik hem zelf naar de kerk en naar zijn graf gedragen. Dat zijn wel de ontroerende momenten, die zijn zo belangrijk. Ik deed het allemaal zelf, samen met mijn vrouw en de jongens. Alleen de oudste heeft er wat van meegekregen, die was vijf.

Ik was 24 jaar en heb me in die tijd sterk met Bernard geïdentificeerd. Vooral omdat zo'n klein kind nog niemand is. Hij heeft nog geen herkenbare persoonlijkheid, dus je kunt heel veel op zo'n baby projecteren. Gevoelens van puurheid, van onschuld. Ook ik ben ooit zo'n onschuldig en kwetsbaar kind geweest, dus het overlijden en de begrafenis van Bernard waren in die zin ook een deel rouwen om mijn eigen jeugd.

In het hoekje van mijn studeerkamer heb ik een aantal foto's bij elkaar staan. Een foto van mijn opa, een foto van mijzelf als kind, een foto van mijn overleden echtgenoot Marc en eentje van Bernard. Kennelijk horen die vier bij elkaar. Het zijn vier beelden van verlies en verbondenheid tegelijk. In het verlies ervaar ik ook verbondenheid, maar omgekeerd is die verbondenheid ook pijnlijk verloren. Met die vier mensen voel ik me verbonden, ook na hun verlies.'

'Ik ben vernoemd naar mijn opa, Reinder Ruard. Vader van mijn vader, roepnaam Rein. Hij was het type dominante, wat autoritaire man van wie ik denk, zo zou ik niet willen worden. En toch lijk ik op hem, ook fysiek, zeker nu de jaren vorderen. Ik herken ook de neiging om ergens mijn plek in te nemen. Het is prima als iemand anders de leiding neemt, maar ik ga niet per se achteraan zitten. Als er iets moet gebeuren, dan bemoei ik me er snel mee. Dat heb ik wel van mijn opa, die als ondernemer ook actief was in de gemeentepolitiek en in de kerk.

Ik draag zijn zegelring, heb zijn foto zichtbaar in huis, maar zoveel herinneringen heb ik nou ook weer niet. Als kind ging ik weleens naar hem toe en logeerde ik op zolder en speelde op het elektrische orgeltje. Daar componeerde ik dan melodietjes op. Oma zorgde voor het eten, opa zat bij de open haard een boek te lezen. Het was een soort ouderwetse gezelligheid, een knusheid van vroeger tijden. Hij overleed toen ik zeventien was.

In mijn jeugd ging ik al vroeg mijn eigen gang. Mijn ouders lieten me ook die zelfstandigheid nemen, want nooit liep ik helemaal in zeven sloten tegelijk. Het is een beetje het kip en ei-verhaal. Dat ik mijn eigen weg koos, had ook te maken met een gebrek aan aandacht in mijn gezin. Het was er altijd druk met zes kinderen van henzelf, maar ook met pleeg- en stiefkinderen die er een tijdje bijkwamen of weggingen. We hadden als kinderen onderling niet zulke intense verbindingen toen, maar ik wist niet beter.

We hebben een tijdje met het gezin in Suriname gewoond, waar er meer aandacht was voor de nood van anderen dan voor ons als kind. Dus dan speelt automatisch de hunkering gezien te worden. En dat zette zich in Nederland ook door. Mijn ouders zagen dat ik me wel kon redden, dat ik op school presteerde. Ik deed er niet veel aan, maar haalde wel voldoendes. Op mijn middelbare school was ik heel actief met extra activiteiten. Dan kwam ik om elf uur 's avonds thuis en maakte ik mijn huiswerk terwijl iedereen sliep. Zij snapten er niks van hoe ik het deed, maar ik redde me wel.

Op mijn vijftiende ging ik bijvoorbeeld naar een christelijk jeugdevenement, waar een Amerikaanse band speelde die de volgende dag in Woerden optrad. Dus ik ging daarheen, belde naar huis om te vertellen dat ik niet thuis zou eten en slapen. Mijn moeder vroeg, bij wie dan? Je kent ze niet, zei ik, dus het heeft geen zin om dat te zeggen. Een jaar later was ik bij een vriendinnetje in Dordrecht en miste ik de laatste trein. Mijn ouders hadden geen auto, dus ik ben naar het politiebureau gegaan om te vragen of ik daar kon slapen. Vonden ze een beetje raar. De agent belde naar huis. Mijn vader nam slaapdronken op en zei vrijwel meteen dat het goed was om op het politiebureau te overnachten. Dat is mijn vader. Snel en zakelijk taxeren, zonder onnodige emotie. Ik vond zijn reactie niet vreemd, want ik wist niet beter.'

'De andere kant van alles in je eentje kunnen doen is je eenzaamheid als kind. Dat bleek een risicofactor. Ik was kwetsbaar, juist door die hunkering naar verbinding en aanraking. Toen ik een jaar of elf was, kwam ik via een of ander kamp in aanraking met iemand die mij wel die aandacht gaf. Dat mondde uit in een misbruikrelatie die ongeveer een jaar heeft geduurd. Met enige regelmaat ging ik bij hem logeren. Hij hield van de natuur, net als ik. We gingen vogels kijken, deden leuke, persoonlijke dingen met elkaar zoals dat bij een mooie vriendschap hoort.

Maar ook dat.

Dat laatste was verwarrend. Aan de ene kant was ik een kind in ontwikkeling, dus raakt het ook je eigen ontluikende verlangens. Maar het was vooral verwarrend omdat ik om dit soort handelingen niet had gevraagd. Het heeft ongeveer een jaar geduurd, totdat ik hem duidelijk maakte dat ik het niet meer wilde. Vanaf dat moment was ook zijn aandacht voor mij verdwenen. Ik telde niet meer mee. Dat onderstreepte dus mijn gevoel dat het kennelijk niet om mij als persoon ging. Het voelde als verraad. Ik verloor het vertrouwen.

Daarmee heb ik wel mijn onschuld als kind verloren en precies dat zie ik in die jeugdfoto van mij in de studeerkamer. Het duurde lang voordat ik me realiseerde hoe oud die man was. In mijn beleving ging het om een leeftijdgenoot, maar reconstruerend kwam ik tot de ontdekking dat ik elf was en hij dertig. Zo groot was de verwarring toentertijd.

Toen ik opgroeide, wist ik veel dingen niet meer zo zeker. Verliefdheden op mijn zestiende, zeventiende, al die dingen die erbij horen. Ik vond jongens wel heel erg leuk. Maar ik dacht, als er straks iets gaat gebeuren, dan wil ik dat helemaal niet. Het beeld van met een jongen naar bed gaan, was blijven hangen in die misbruikervaring, en dat was dus niet fijn.

Pas tegen mijn dertigste ben ik er serieus mee aan de slag gegaan. Ik merkte dat ik op allerlei manieren last kreeg van dreigende depressies, van mijn gedrag als workaholic, waarvan ik nu weet dat het standaardsymptomen zijn van misbruik. Vooral bij mannen versterken de misbruiksymptomen elkaar. Ik raakte in een isolement. Al die ervaringen en herinneringen komen bij elkaar, ik liep er ook in vast.

Juist in die tijd speelden mijn eigen homoseksuele gevoelens. Ik vroeg me af of het een met het ander te maken had. Ik wilde mijn seksuele voorkeur niet reduceren tot mijn seksuele misbruikervaring, maar ook niet andersom. Na een periode van therapie heb ik die draadjes uit elkaar kunnen trekken. Dit is dit en dat is dat. Het zijn allebei delen van wie ik ben. Ik zal met allebei moeten leven, zonder dat ze per se met elkaar te maken hebben. Het enige wat ik weleens zeg, is dat ik vanwege die negatieve ervaringen een tijdlang geprobeerd heb om hetero te zijn. Dat wel, maar dat werkte niet zo goed.'

'Ik trouwde toen ik twintig was. Ons eerste kind was een jaar eerder geboren. Tegenwoordig noemen ze dat een tienervader, maar zo heb ik dat nooit ervaren. Met mijn vrouw had ik een heel intense verbondenheid en vriendschap. We hadden allebei de sterke behoefte om ons leven met iemand te delen. We hadden samen veel plezier. Daar kom je een eind mee, maar niet tot in de eeuwigheid.

Zestien jaar en zes kinderen later constateer je dat je in een relatie zit waar je samen voor gekozen had en waar je veel goeds in hebt ervaren, maar waarin ook dingen ontbreken die je elkaar niet kunt geven. Mijn liefde voor mannen, de verlangens die daarbij horen. Je staat op een gegeven moment tegen de muur en zegt tegen je vrouw: ik kan jou niet geven wat je verdient. Jij kunt niet voor mij zijn wat ik zoek. Dat was voor haar het meest tragisch, omdat zij er niet op zat te wachten. Ik ging een paar straten verderop wonen. We hebben geprobeerd om het zo goed mogelijk voor de kinderen te doen. Dat is ook wel gelukt, er is nog steeds vriendschappelijk contact. Na mijn vertrek gingen we twee maanden later ook met z'n allen op vakantie.

Voor mij ging er na dat besluit een andere deur open. Niet meteen, het eerste jaar heb ik echt als een soort kluizenaar geleefd. Laat mij maar alleen en laat mij maar alleen mijn eigen weg vinden. Het leverde in die periode vooral spanning op omdat ik als dominee werkte en dan was uit de kast komen niet helemaal de bedoeling. Het kerkbestuur heeft het er een beetje bij gelaten, maar zei ook dat het lastig zou worden tegen de tijd dat ik een relatie kreeg. Dat zien we dan wel weer. Als predikant kon ik actief blijven, waarmee ik ook een soort positieve verbinding en betrokkenheid voelde.

En toen leerde ik Marc kennen.

Daarmee werd de situatie op de spits gedreven en ik liet het er ook op bewust op aankomen. Ik nam niet langer genoegen met een te makkelijk, halfslachtig antwoord. Er waren twee smaken. Of jullie vinden het acceptabel hoe ik mijn leven leid en dan is er niks aan de hand. Of jullie vinden het niet acceptabel, maar dan moet je me eruit gooien. Aan tussenwegen werk ik niet mee, dat is me te schimmig. Het was een principekwestie geworden. Ook al snapte ik heel goed hoe ze ermee worstelden.

Uiteindelijk zijn de banden verbroken. Wat me daar in termen van verlies zo in geraakt heeft, is dat allerlei mensen met wie ik jarenlang heel dierbaar had samengewerkt het nu te ingewikkeld vonden om zelfs het gesprek aan te gaan. Hadden ze maar gewoon mijn verhaal aangehoord. Maar nee, het hield op. Ik zat op zondagochtenden als ambteloos burger achter in de kerk en realiseerde me dat er mensen aanwezig waren die ongelukkig werden door het simpele feit dat ik er ook was. Dat werkt vervreemdend, isolerend en het heeft me diep geraakt.

Dat gevoel van uitsluiting door mijn eigen gemeenschap heeft ertoe bijgedragen dat ik wat meer afstand hield en gereserveerder werd. Het slaat namelijk ook weer terug op die oude patronen in je leven. Het roept weer de emoties op die je als verloren en zoekend kind voelde. Waar hoor ik bij en waar hoor ik niet bij? Die pijn lijkt erg op elkaar.'

‘Marc en ik zijn dertien jaar samen geweest. Het was de eerste intieme relatie met een man bij wie ik voelde: ja, zo is het goed. Het was voor mij een gevoel van heelwording, om in een relatie en ook seksueel op een natuurlijke manier volledig jezelf te kunnen zijn. Dat je je er gewoon helemaal aan kunt overgeven en niet dat je een stukje van jezelf daarbij buitensluit.

Wat heel prettig was, Marc was eigenlijk niet geïnteresseerd in wat ik deed. Hij had niets met wetenschap, niks met religie en ook niets met politiek. Waar ik mijn werkdagen mee vulde, boeide hem totaal niet. Hij was wel geïnteresseerd in mij als mens. Marc was een buitengewoon hartelijk mens, liefdevol voor anderen, als hotelier vanzelfsprekend zeer gastvrij. Maar ook hield hij altijd een stukje afstand.

Marc heeft zoveel liefde gegeven, aan mij, aan mijn kinderen, aan vrienden. Dat geven deed hij vol overgave, daarin kon hij verbindingen aangaan. Maar hij vond het ook moeilijk om die liefde toe te laten. Hij heeft veel voor mensen gedaan, maar tegelijkertijd heeft hij zich nooit helemaal verbonden met het leven. Marc hield zich veel bezig met de vraag: waarom zijn we hier eigenlijk? Wil ik dit eigenlijk wel?

Hij was niet ongelukkig. Integendeel, hij was vrolijk, actief en levenslustig. Als vaderfiguur voor mijn kinderen was Marc leuk en streng. Strenger dan ik ben. Zorgzamer was hij ook, ik werd er bijvoorbeeld door hem aan herinnerd dat ik mijn jarige schoondochter moest bellen. Wistie allemaal precies. Aandacht voor de ander. Zo stond hij in het leven. Maar het leven had er voor hemzelf ook net zo goed niet kunnen zijn, zo zei hij af en toe.

Ik kwam op 14 juli 2016 's avonds thuis in onze bovenwoning en zag een brief op de trap staan. Dit is duidelijk, dacht ik toen. Ik heb wel eventjes gecheckt, maar niet echt gekeken. Toen ik inderdaad zijn voeten zag, heb ik de politie gebeld. Meer wilde ik niet zien. Ik wilde in die zin mijn geest niet belasten met beelden waar ik niet verder mee zou kunnen. Dit is wat hij wilde, al van ver voor ik hem kende, en daarin heb ik hem moeten laten gaan. Ik had nooit van hem willen vragen om te blijven leven omdat ik dat zo graag had gewild. Zijn besluit was geen opwelling, het was geen noodkreet. Hij was superautonoom en in die zin wilde hij alles in eigen hand houden.

Natuurlijk blijft er twijfel. Als ik nou dingen anders had gedaan, wat zou dat voor hem hebben betekend? Die vraag blijft meereizen en tegelijkertijd wil ik er geen antwoord op. Pas als je op die twijfel een antwoord hebt, dan kan het schuld worden. Zover wil ik het niet laten komen, en Marc is er zelf niet meer om dat antwoord te geven. Het schuurt, nog steeds, op momenten dat ik aan die periode terugdenk. Ook al gaat het leven weer door en zijn de dingen weer in balans. De weemoed blijft.'

'Er is veel verlies geweest in mijn leven, dat klopt, maar ik noem het liever veelkleurig. Er is geen hiërarchie, omdat elk verlies anders is en een eigen gezicht heeft. Je kunt de dood van Bernard niet vergelijken met die van Marc, of de scheiding van mijn vrouw met het gedwongen vertrek uit mijn geloofsgemeenschap. Al is het maar omdat het in de tijd op verschillende momenten gebeurt. Het meest recente verlies voelt het grootst, maar in het totaalplaatje is dat niet per se zo.

Het leven gaat verder en dat is meer dan een simpel gegeven. Het gaat ook om de openheid waarin je verlies een plek krijgt. Kun je jezelf terugvinden na een jaar van volle rouw? Er zit een dubbelheid in. Aan de ene kant heb je de schoonheid dat het leven weer echt verdergaat, maar aan de andere kant moet je ook de donkere kant omarmen. De zinloosheid van het bestaan mag je best omhelzen; ook al is het soms niet fijn, het is wel wat er is. Je merkt dat de wonden nog steeds niet helemaal zijn verdwenen, dus moet je elke keer weer ontdekken hoe je daarmee omgaat.

Misschien klinkt het raar, maar je kunt ook een soort van verslaafd raken aan verlies. De meest intense en pijnlijkste momenten van de dood kunnen ook de betekenisvolste momenten zijn. Vele details van de avond dat ik Marc vond, staan op mijn netvlies. Andere dagen gaan ongemerkt voorbij. Ik noem het de "heilige-grond-momenten", zo intens dat waar je dood voelt, je ook het leven voelt. Waar je het verlies voelt, voel je de verbondenheid.

Ik wist van tevoren niet wat voor vader ik zou worden. Gewoon een goeie vader, hoopte ik, maar wat dat dan was, wist ik niet. Tot ze kwamen. Vanaf het moment dat ze klein waren, voelde het vaderschap hartverwarmend in de letterlijke betekenis van het woord. Zeker in de fasen dat het allemaal wat ingewikkelder was, wilde ik er onvoorwaardelijk voor hen blijven zijn. Wat ze ook doen, ze komen altijd weer bij me terug, en dan zal ik altijd weer de deur opendoen. Tegelijk had ik er meer voor hen willen zijn, meer beschikbaar.

Mijn verdienste als vader? Hooguit dat ze allemaal hebben ontdekt dat ze er op hun eigen manier mogen zijn. Ik geloof meer in het zijn dan in het doen. Ze zijn geworden wie ze zijn, mede in de relatie met mij en met hun moeder, en met de mensen om hen heen. Natuurlijk heeft de scheiding negatieve gevolgen voor ze gehad, net als het feit dat ik toch altijd vrij druk ben. Maar ik zie met vreugde hoe ze hun leven vorm aan het geven zijn en wat een mooie vaders zij op hun beurt nu weer worden voor mijn kleinkinderen. Zo heeft elke periode een eigen rolverdeling.

Met alle zonen ben ik op hun achttiende verjaardag een week weggeweest, naar een plek van hun keuze. Een verkapt ritueel van volwassenwording. Snorkelen in Egypte, wandelen in de Sahara, Buenos Aires, New York, paragliding aan de Turkse kust. Een bewust gekozen reis in het besef dat we een nieuwe manier moesten vinden om bij elkaar te zijn, bij elkaar te horen.

Voor mij is mannelijkheid niet zozeer een eigenschap of kwaliteit, maar meer een beeld of verwachting van wat en wie we kunnen zijn. Voor mij gaat het om ruimte voor onafhankelijkheid en verbondenheid. Die geeft kracht om te kunnen verdragen, om in de storm te kunnen meebuigen en op een gegeven moment ook weer te kunnen terugbuigen. Het is de kracht de pijn te omarmen en de wonden van het leven te laten zijn voor wat ze zijn.

Dat is ook mijn boodschap aan de zonen van deze wereld. Omarm wat er gebeurt en geef antwoord op wat er op je weg komt. Neem verantwoordelijkheid voor de reactie die je zelf daarop geeft. Durf tegelijkertijd de vragen open te laten. Stel jezelf vragen als “had ik dit eigenlijk moeten doen” of “was ik eigenlijk wel wie ik dacht te zijn”. Maar laat het antwoord open.’

4

Suïcide, zelfmoord, zelfdoding

Als je isolement ondraaglijk wordt / Wie zijn de kwetsbaarste mannen? / Waarom we suïcide liever (niet) zelfmoord noemen / Doorbreek het taboe en praat / Gevoelens bij nabestaanden

‘Ik weet niet of ik het zonder mijn twee zonen had gered,’ vertelt Tim. ‘Dat klinkt misschien gek of dramatisch. Alsof het doorgaan na de dood van Jennifer een kwestie van leven en dood was geworden. Nooit heb ik ook maar de geringste aanvechting gehad om er de brui aan te geven, om te overwegen uit het leven te stappen. Nee, daar is het leven veel te mooi voor. Maar toch waren er momenten dat…

Ja, wat? Laat ik het zo zeggen: dat ik met twee jonge kinderen door moest, betekende automatisch dat ik een reden had om te leven. Een goede reden om er wat van te maken, die twee jongens te helpen en het verdriet om te zetten in hernieuwde vreugde. Dat wilde ik zelf ook, maar in je eentje is dat soms verdomd moeilijk. Met zijn drietjes konden we de hele wereld aan en ik weet niet zeker of me dat was gelukt als ik alleen was achtergebleven.

Dus de optie is wel degelijk door mijn hoofd geschoten. De optie om de handdoek in de ring te werpen. Ik wil het woord suïcide liever niet hardop uitspreken, want het kwam in de verste verte niet eens in de buurt van die ultieme uitweg. Je kunt het niet maken, hield ik mezelf voor, en de gedachte verdween even snel uit mijn hoofd als dat die zich had aangediend. Gelukkig maar.

Van meet af aan had ik me voorgenomen om het in mijn eentje te doen. Ik zag het weduwnaarschap en bijbehorend alleenstaand ouderschap onbewust als een soort klus die ik wel even zou klaren. Waarom zou ik hulp inroepen? Ik was gewend om dingen alleen te doen. In mijn bestaan als journalist deed ik niets anders. Het was niet eens trots. Ik zag het niet eens als optie om een ondersteunend netwerk in te roepen. Dat ik me daarmee sluipenderwijs isoleerde van mijn omgeving, had ik niet in de gaten.

Bovendien, het ging toch goed. De jongens gingen naar school, hervatten hun leven zo goed als dat ging. En zelf bleef ik ook op de been. Pas veel later, misschien wel een jaar of drie na Jennifers dood, kwam ik tot de ontdekking dat het in je eentje ook heel eenzaam kan zijn. Mijn omgeving dacht dat ons leven weer op de rails was. Dat was misschien ook zo, maar zelf vond ik het verrekte stil. Het was een sluipend proces geweest. Beetje bij beetje trok ik me terug uit mijn sociale omgeving. Zat ik in mijn eentje op zaterdag thuis op de bank. Ik durfde zelfs niemand meer te bellen. Stel je voor dat ze me zielig vonden.

Vrouwen gaan makkelijker en spontaner bij elkaar langs, viel me op. Het zal vast met hun zorgzaamheid te maken hebben. Ze letten beter op elkaar. Ik had er de energie niet voor. Pas toen ik me realiseerde dat ik me te vaak in mijn eigen cocon terugtrok, dat die eenzaamheid zelfs mijn toevluchtsoord was geworden, hakte ik de knoop door. Er moest weer geleefd worden. Nou ja, moest… Ik wilde weer leven. Het kostte me een hoop kracht, maar het is me wel gelukt. In mijn eentje, haha. Als man ben je hardleers.'

Als je denkt dat er geen uitweg meer is. Als je het niet meer voor elkaar krijgt. Als voor je gevoel het leven niets meer waard is. Als alle gevoel is verdwenen. Als je je kapot schaamt en je je geliefden niet meer onder ogen durft te komen. Als je zo eenzaam bent dat je ook (of vooral) niet meer bij jezelf wilt zijn. Als je overtuigd bent dat je hebt gefaald in het leven. Als er niks meer over is van een allerlaatste restje zelfrespect. Als je zoveel pijn hebt dat je het niet langer uithoudt. Als je alles hebt geprobeerd.

Als je beseft: ik kan niet meer. Ik wil niet meer. Ik stap eruit.

Ook in deze donkerste spelonk van het leven, staand op de drempel van de dood met suïcide als enig overgebleven uitweg, ben jij niet alleen. Eruit stappen is een keus en wij zullen je er niet om veroordelen. Tegelijkertijd zullen wij er alles aan doen om je terug te trekken van die drempel. Om je voor te houden dat er altijd nog een smalle weg terug is, al moet je er voor je gevoel eerst een Mount Everest voor beklimmen. Om te laten zien dat het leven nog steeds de moeite waard is. Ondanks die pijn.

Je bent niet alleen.

Mannen plegen in Nederland bijna twee keer zo vaak zelfmoord als vrouwen. Vrouwen doen twee keer zo vaak als mannen een poging tot zelfmoord. De cijfers volgens het Centraal Bureau voor de Statistiek: in 2018 stapten 1176 mannen en 653 vrouwen uit het leven. Dat is een daling van 5 procent ten opzichte van 2017 (1304 mannen en 613 vrouwen). Opmerkelijk is de daling van 10 procent onder mannen en een lichte stijging onder vrouwen. Een verklaring geeft het CBS niet.

In Vlaanderen plegen tweeënhalf keer zoveel mannen zelfmoord als vrouwen. In het Verenigd Koninkrijk zijn dat er drie keer zoveel. In Polen acht keer zoveel. Vooral mannen tussen de veertig en zestig jaar stappen eruit. We zien het bij jongeren die zo gepest en daarmee geïsoleerd raken dat ze het leven niet meer zien zitten. Na longkanker is zelfmoord in ons land de belangrijkste doodsoorzaak voor mannen onder de zestig.

Wie zijn de kwetsbaarste mannen? Weduwnaars op leeftijd die niet met hun eenzaamheid kunnen omgaan. Gescheiden mannen die hun kinderen niet meer (mogen) zien. Boeren die al generaties lang het familiebedrijf runnen en tot hun eigen schaamte het hoofd niet boven water kunnen houden. Voor de buitenwereld succesvolle managers die onder de druk van hun veeleisende werk bezwijken. Mannen die met financiële problemen kampen, door verlies van werk of door gokverslaving, en er niet voor durven uit te komen. Maar ook de Vinex-vaders die een ogenschijnlijk kalm en overzichtelijk leven leiden en die zich om wat voor reden ook zo waardeloos zijn gaan voelen dat zelfmoord de enige uitweg is geworden.

Wat hen bindt? Er niet over praten. Het niet laten zien. Zo eenzaam worden in hun isolement dat er op enig moment onherstelbare kortsluiting ontstaat. Gemiddeld vier keer per dag houdt een Nederlandse man het voor ge-

zien. Vier keer! Per dag! Hoe vaak zou het alleen al door iemands gedachten schieten als de meest logische, laatste stap? Kortom, je bent niet de enige. Ook al voelt het zo verdomd alleen.

Een lange, slungelachtige vent komt mijn praktijk binnenlopen, gaat onderuitgezakt in de stoel tegenover me zitten. Roelof is begin dertig en heeft het zichtbaar zwaar. Stik nerveus begint hij te praten. Ik laat hem even gaan, maar grijp snel in. Er valt geen touw aan vast te knopen. 'Wacht even,' zeg ik, en laat een stilte vallen. 'Voordat we bij het begin beginnen, hoe gaat het op dit moment met je?'

Hij kijkt me aan en schiet vol. 'Het hoeft niet meer wat mij betreft.'

'Wat hoeft niet meer?' vraag ik rustig.

'Niets hoeft meer.'

'Wat is niets?'

'Nou ja, dit.'

'En wat is dit?'

Hij kijkt me wat bozig aan. Begrijp ik dan niet wat hij bedoelt, zie je hem denken. Natuurlijk begrijp ik wat er aan de hand is. Ik wil het bespreekbaar maken. Man en paard noemen. Dus ik herhaal de vraag waar we allebei het antwoord op weten. 'Wat bedoel je precies met "het hoeft wat mij betreft niet meer"?'

'Leven.'

De man is dus nog geen vijf minuten binnen en vertelt dat hij uit het leven wil stappen. Ik vraag hem of hij een poging heeft gedaan. Dat is niet het geval. 'Maar ik denk er wel over na. Heel concreet.' Langzaam bespreken we al zijn gedachten: in hoeverre hij het serieus van plan is en of hij dit al met iemand anders heeft gedeeld.

'Jij bent de eerste aan wie ik het vertel.'

Hoe diep hij ook in de put zit, Roelof verdient een oprechte schouderklop dat hij zijn doodswens heeft gedeeld. Het is trouwens de vraag of hij echt dood wil, maar dat doet er nu even niet toe. Soms is het uitspreken van een doodswens juist een helpende gedachte. Daarmee benoem je je eigen onmacht. Het betekent bovendien niet dat hij het ook daadwerkelijk gaat doen, ook al weet je dat nooit helemaal zeker. Hoe dan ook, hij is gekomen – wat al een klus is – en hij heeft gedeeld. Zijn angst, zijn gedachten, zijn depressieve gevoelens, zijn wanhoop, maar ook zijn wil om hulp te krijgen.

'Praat voordat je gaat,' vertelt Ad Kerkhof in het boek *Man o man* van Nathan Vos, die daarin schrijft over de zelfmoord van zijn broer David. Emeritus hoogleraar suïcidepreventie Ad Kerkhof kent het prijskaartje: 'Mannen krijgen op een gegeven leeftijd de rekening gepresenteerd van niet over gevoelens praten, van helemaal niet praten. [...] Hij kan eindeloos piekeren, maar stelt zich niet de vraag hoe hij zich voelt en wat dat betekent. Hij wil niet toegeven dat hij gedachtes en gevoelens heeft, zal daarvan weg proberen te kijken en zal proberen ze te stoppen.'

Kerkhof heeft het hier dus over isolement. Of beter gezegd, hij spreekt over het 'mannenisolement' zoals we dat in het vorige hoofdstuk uitvoerig hebben beschreven. Dat laat Roelof ook zien. Hij is volledig verstrikt geraakt. Deze neiging tot isolement is het (bij)product van socialisatie tot man. Dat wordt al vroeg in het leven van jongens geïnstalleerd. Jongens leren, vaak onbewust, dat bepaalde gevoelens niet bij de mannelijke identiteit horen. Daardoor leren zij al op jonge leeftijd om gevoelens te onderdrukken en te controleren.

Drie dagen later komt Roelof mijn praktijk binnenlopen. Hij leeft. Ik had snel een volgende afspraak met hem gemaakt en hem laten beloven dat hij er in de tussentijd niet uit zou stappen. Ik weet dat dit geen garantie biedt, maar in ieder geval heb ik er mijn eigen onmacht als hulpverlener enigszins mee beteugeld. Mocht hij in acute nood komen, dan kon hij me meteen bellen en zou ik hulptroepen regelen.

Veel beter gaat het niet. De gedachte aan zelfdoding is elke dag aanwezig. 'Maar ik ga het niet doen, zelfs daar ben ik te slap voor,' zegt hij. Zijn zelfbeeld ligt aan diggelen. Een tijdje geleden is hij zijn werk kwijtgeraakt. Door eigen toedoen, vertelt hij. Veelvuldig drugsgebruik, waardoor hij agressief werd naar zijn collega's en simpelweg niet meer functioneerde. Voor zijn gevoel heeft hij niets meer om voor te leven.

De zwartgalligheid heeft hij van zijn vader, vindt Roelof. Tussen vader en zoon gaat het niet best. Vader is bang dat zijn zoon iets overkomt, hijgt hem voortdurend in zijn nek en herkent de worsteling die hij zelf jarenlang heeft gevoerd. Zoon voelt zich weer de vijftienjarige puber en verzet zich tegen de ouderlijke bemoeienis. Onbewust is hij hiermee loyaal aan zijn vader.

'Is het misschien een idee als je vader eens een keertje meekomt,' stel ik voor. 'Ja, graag,' zegt Roelof. Het zal nog zes sessies en twee afzeggingen duren voordat ze allebei tegenover me plaatsnemen. Eerst heeft Roelof het nodige voor zichzelf uit te zoeken. Hij heeft zijn handen vol aan de klus om in leven te blijven.

Zelfdoding kan volgen na ondraaglijk isolement zonder uitzicht. Onmachtig en wanhopig blijf je tegen die muur op lopen tot het niet langer gaat. Soms zijn de voortekenen herkenbaar. Helaas is het niet zelden pas achteraf dat je als achterblijver denkt: verdomd, had ik maar... Had ik maar wat vaker gevraagd hoe het werkelijk met hem ging. Was ik maar alerter geweest toen hij verdacht vaak naar zolder verdween om daar uren in zijn eentje door te brengen. Had ik maar doorgevraagd toen hij over frustrerende situaties op zijn werk vertelde. Had ik maar dit of had ik maar dat. Waarom zei hij niet hoe ongelofelijk slecht het werkelijk met hem ging?

Een typisch mannending. Isolement is de basis van waaruit wij mannen opereren. We hebben het in het vorige hoofdstuk al geconstateerd; de man heeft nu eenmaal de neiging om dingen alleen te doen en problemen zelf op te lossen. We zien onszelf graag als autonoom en tegelijkertijd kunnen we het moeilijk verdragen om (te lang) alleen te zijn. Iets in je eentje willen oplossen, maar als het echt te zwaar wordt niet bij machte zijn om je hand op te steken. Hoor jij bij deze groep?

Time-out: ga eens een stap verder dan braaf ja knikken op de vraag of 'jij bij deze groep hoort'. Stel jezelf in alle stilte de volgende vragen:

Denk jij weleens aan zelfmoord? Vind jij dat je eigenlijk niet goed genoeg bent? Loop jij ook al een hele poos op je tenen? Denk jij dat je het in wezen niet waard bent om te leven? Denk jij dat je geen hulp verdient? Ben jij ook vooral bezig om de mensen om je heen te redden en daarbij jezelf te vergeten? Word jij soms gek van dat almaar terugkerende gepieker?

Als jij meerdere vragen met een ja beantwoordt, dan zit je in een risicogroep. Dan wordt het tijd om uit die stilte te stappen en er met mensen om je heen over te praten. Echt, doe het. Dit is geen advies om de schouders eigenwijs bij op te halen.

We herhalen de bloedstollende man-vrouwratio: mannen plegen twee keer zo vaak zelfmoord als vrouwen. Een schrikbarend verschil. Over de oorzaak hiervan is weinig literatuur te vinden. Zonder het wetenschappelijk te kunnen onderbouwen hebben wij op basis van onze ervaring als therapeut sterk de indruk dat isolement in combinatie met almachtgedrag en de bijbehorende daadkracht een dodelijke mix kan zijn.

Denken aan zelfmoord en het dan nog doen ook, als je jezelf wanhopig voelt en in de overtuiging leeft dat je problemen zelf moet oplossen en er toch niemand voor je is. Als je te lang op dat verrekte eiland van verdriet hebt gebivakkeerd en er geen redding in zicht is. Als er drank of drugs in het spel zijn die gevoelens uitschakelen en de drempel tot handelen verlagen. Want als mannen iets doen, dan doen ze het meteen goed. Ze gebruiken agressievere en daarmee effectievere middelen.

Dat vrouwen twee keer zo vaak een poging doen, zou weleens te maken kunnen hebben met de manier waarop vrouwen blijven communiceren en dus bij voorkeur een signaal over hun wanhoop afgeven. De meeste vrouwen hebben immers al vroeg geleerd hun innerlijke roerselen te delen met andere vrouwen. Dat voorkeursgedrag kennen mannen meestal niet.

Uit *Man o man* een citaat van de Australische opvoedpsycholoog Steve Biddulph: 'Als een man ten diepste ongelukkig is, wanhopig bezorgd of intens eenzaam of verward, zal hij meestal doen alsof het tegenovergestelde het geval is, zodat niemand het doorheeft. Kleine jongens leren vroeg in hun leven – van hun ouders, van school en van de grote wereld daarbuiten – dat ze moeten doen alsof. En de meesten zullen dat de rest van hun leven blijven doen.'

Time-out: ken jij deze beweging? Je groot en sterk voordoen terwijl je je klein en waardeloos voelt? Het volhouden overdag en 's avonds instorten of jezelf verliezen in destructief gedrag? Zit jij gevangen in die vicieuze cirkel?

In het bloedstollende relaas over de zelfmoord van broer David spaart Nathan ook zichzelf niet. Hij kijkt in de spiegel. Hoe zit het met boosheid, zíjn boosheid? 'Die van mij voel ik soms letterlijk. Mijn handen knijpen samen, mijn kaak verstrakt en mijn bewegingen worden harder. [...] Die woede duurt meestal maar kort. En hij hangt, als ik erin slaag erop te reflecteren, altijd samen met onmacht. Onmacht om iets op te lossen: werk (meestal), relatie (soms), familie (soms), vrienden (zelden), de rest van de wereld (vrijwel nooit). Of iets dieper: onmacht over mijn leven. Dat alles klopt, maar het toch niet goed genoeg lijkt.'

Op zijn broer David, en wat hij had gedaan, was Nathan maar heel even boos. Diens zelfmoord, vlak na zijn veertigste, was namelijk te groot om boos over te zijn. In een interview met HP/*De Tijd* vertelt Nathan: 'Ik heb vier broers en een zus. Er waren drie broers over wie ik me zorgen maakte, maar er was ook een stabiele factor: David. Al decennia met een leuke vrouw, keurige carrière, drie geweldige zoons, mooi huis. Maar bij hem is het gaan schuiven in zijn hoofd, ergens eind 2014, denk ik. Zonder dat we het doorhadden. Tenminste, ik niet. Thuis werd hij wel mopperiger, vervelender, chagrijniger.

Hij heeft zich rond maart 2015 ziek gemeld, overspannen, en toen is het snel gegaan. Een maand later deed hij een zelfmoordpoging. Op 20 mei is hij overleden. Hij had niks, was volledig *steady*, gebruikte niks, was een liefdevolle vader. Hij werkte zich de rambam, was jarenlang de gedroomde werknemer, de ideale collega. De ideale echtgenoot. In de Vinex-wijk waar ze waren neergestreken, was er geen hulpvaardiger en gezelliger buurman dan David Vos. Terwijl ik wild door mijn studiejaren heen klooide, was David een monument van stabiliteit. Achteraf denk je, en dat is ook wel heel pijnlijk: hadden we, toen we het slecht zagen gaan, niet veel meer door moeten vragen? Want achteraf gezien stonden alle sporen de verkeerde kant op. Maar zelfs achteraf denk je niet, dat leven leidde daarnaartoe. Helemaal niet.

Waarom hij het heeft gedaan, zullen we nooit precies weten. Maar ik ben daarna op onderzoek gegaan. Wat kan er nou onder zitten, bij dat verdriet of die woede of die interne strijd? Waar komt dat vandaan? Niet zozeer alleen bij hem, maar bij mannen zoals hij en ik. Ik denk dat hij misschien wel ten onder is gegaan aan het man-zijn. Volgens mij lopen heel veel mannen hiermee. Niet met suïcidale gedachten, maar ze hebben vaak een ongezonde manier van met het leven omgaan, met de innerlijke strijd, woede of angst die ergens blijft zitten. Dat had bij David zo kunnen zijn, maar dat zie ik bij veel mannen die ik ken.'

Depressies bij mannen blijven nogal eens onopgemerkt, ook onder de mannen zelf. We vinden van onszelf dat dit bij 'mannelijk gedrag' hoort. Stilzwijgen, zelfbeheersing en solistisch opereren worden in onze maatschappij als mannelijk gelabeld en daardoor als positief bevestigd. Faalangst horen we niet te kennen en als het al opborrelt, dan onderdrukken we dat het liefst. Stel je voor dat je als loser wordt ontmaskerd? Onder geen beding. Zonder dat het opvalt, kunnen mannen lang doormodderen en in een neerwaartse spiraal terechtkomen.

Suïcide, zelfdoding of zelfmoord; wat is het verschil? Nou, eigenlijk is er geen verschil als je naar de uitkomst kijkt. Sommige nabestaanden van mensen die uit het leven zijn gestapt, hebben het liever niet over zelfmoord. Alsof je er bewust voor gekozen hebt om jezelf te vermoorden. De meesten wilden vermoedelijk niet eens dood. Het woord klinkt te kil, te cru, te onmenselijk. Hetzelfde geldt voor zelfdoding. Een naar woord.

Toch gebruiken we in ons boek de woorden zelfmoord, zelfdoding en suïcide door elkaar. Suïcide plegen is een bijna technische handeling en haalt de emotionele lading er ogenschijnlijk een beetje van af. Waarom is het noodzakelijk om zelfmoord te vervangen door suïcide en het daarmee neutraler, zachter of misschien wel mooier te laten klinken dan het is? De slogan van hulpdienst 113 Zelfmoordpreventie luidt: *Zelfmoord. Praat erover.*

'Zelfmoord is een keihard woord voor een keihard feit,' zegt de hulpdienst. 'Áls je het al als een misdaad zou willen uitleggen, wat eigenlijk een vergezochte associatie is: dan is er een moord gepleegd op de persoon, door de depressie en niet door de persoon. Dan is de mens zelf vermoord, door de paniek, de verwardheid en het lijden.'

Zijn hond is dood en Arthur kan er niet zonder tranen over vertellen. Het was allemaal snel gegaan, nadat hij negen jaar lang een trouw maatje had gehad. Een paar weken geleden moest hij hem laten inslapen. Hij twijfelde even of hij erover moest vertellen op zijn werk. 'Je weet het maar nooit met al die mannelijke collega's. Ze kunnen je er ook zo mee voor de gek houden.' Gelukkig reageerden ze heel liefdevol en serieus, ook zijn leidinggevende van wie Arthur dat juist niet had verwacht.

Een paar dagen na de dood van zijn hond was hij op de motor naar Middelburg gereden. Daar ligt zijn vader begraven. Arthur verloor hem op tweejarige leeftijd aan suïcide. Als hij over het bezoek aan zijn vaders graf vertelt, wordt de man van bijna twee meter zichtbaar weer het jongetje dat nog steeds zo diep de pijn en het gemis om zijn vader voelt. Hij huilt tranen met tuiten. Ik verwelkom het verdrietige kind in hem en hij voelt vooral opluchting dat hij zijn hart kan uitstorten.

Het komt vaak voor dat kinderen die een ouder aan zelfdoding verliezen het gevoel krijgen dat ze het blijkbaar niet waard waren om voor te leven, weet Wim. Dat idee kan soms een diepe overtuiging worden en het bepaalt je (overlevings)gedrag op latere leeftijd. Dat uit zich door altijd je best te willen doen, op je tenen te lopen vanuit het onbewuste verlangen dat er wel degelijk van je gehouden wordt en dat je de moeite waard bent.

De dood van Arthurs hond heeft het oude verlies weer wakker geschud. Door zich daarvan bewust te zijn, en naar het kerkhof te gaan en zijn vader 'te vertellen' over het nieuwe verlies, maakt Arthur een helende beweging. Nu kan en mag hij verdrietig zijn om het gemis en de pijn zoals hij die nooit eerder heeft kunnen voelen. Wie zich zo open durft te stellen, kan mooie stappen maken. Arthur komt immers niet primair om het verlies van zijn hond en zijn vader. Hij wil meer zelfvertrouwen ervaren in zijn werk en afrekenen met zijn onzekere en negatieve zelfbeeld. In plaats van zich terug te trekken en een isolement op te zoeken waar zijn vader vlak voor zijn zelfdoding ook in moet hebben verkeerd, breekt Arthur met een patroon dat in de mannenlijn van zijn familie heel wat verdriet heeft veroorzaakt.

Uit onderzoek blijkt dat onder mannelijke nabestaanden van suïcideplegers in de eerste familielijn een veel hoger risico bestaat om eveneens uit het leven te stappen, schrijft Jos de Keijser in *Handboek traumatische rouw*: 'Onderzoekers verklaren dit door de familiaire aanleg voor psychiatrische aandoeningen als depressie en psychose, alsmede door het voorbeeldgedrag. Nabestaanden ervaren weinig sociale steun, ervaren isolatie en gaan zich afvragen waarom ze het voorbeeld eigenlijk niet volgen.'

Suïcide komt in sommige families vaker voor. Als je wat generaties terugkijkt, valt misschien op dat oom Piet, opa Karel en nicht Carolien uit het leven zijn gestapt. Je gaat er bijna wat van denken en soms klopt dat ook. Wanneer in de familielijn een suïcide heeft plaatsgevonden, en er is niet of onvoldoende gerouwd om dat traumatische verlies, dan kan dat invloed hebben op een latere generatie.

Die wetmatigheid is lastig te doorbreken. Nabestaanden van zelfmoord hebben talloze onbeantwoorde vragen. Er is veel onbegrip, onmacht, schuld en schaamte. Als de zelfdoding door de omgeving wordt afgekeurd (bijvoorbeeld in religieuze kringen), is het voor nabestaanden nog moeilijker om ermee in het reine te komen. Soms wordt er simpelweg niet over gesproken en ontstaat er een familiegeheim dat bij iedereen bekend is, maar door iedereen wordt ontkend. Daardoor is er ook geen ruimte voor rouw.

Het traumatisch verlies neemt juist in kracht toe en ondergronds werkt dit door in de tijd. Het risico ontstaat dat iemand uit een jongere generatie deze last onbewust op zich neemt. Hij of zij identificeert zich met het overleden familielid met bijbehorend verhaal. Dat is een zware en eenzame last, die in het ultieme geval kan leiden tot de wens om er ook zelf op enig moment uit te stappen.

Time-out: heeft iemand in jouw familie zelfmoord gepleegd? Is het bespreekbaar? Onderzoek het eens. Het mag geen taboe zijn, want zwijgen is pijn onnodig wegstoppen. Praten lucht op.

Christiaan begroet me met een ontwijkende blik. Een jaar of dertig, ietwat gedrongen postuur en stijlvol gekleed. Zijn vriendin heeft vaak aangedrongen om eens met iemand te gaan praten. 'Dus ben ik maar gekomen,' zegt hij, alsof hij met geweldige tegenzin in de stoel tegenover me heeft plaatsgenomen.

Ik hoef niets te doen, anders dan hem vriendelijk welkom te heten. 'Het gaat niet meer,' zegt hij vrijwel meteen. 'Het gaat gewoon niet meer. Ik houd het niet meer vol.' Het gaat slecht op zijn werk, in zijn relatie. Hij vertelt honderduit, totdat na enig doorvragen de ware aanleiding aan het licht komt. Zijn vader heeft zich een jaar eerder van het leven beroofd. 'Vanuit het niets. Hij ging benzine tanken omdat hij de volgende dag met mijn moeder op vakantie zou gaan. Niemand begrijpt het.'

Zijn vader is voor de trein gesprongen. Door de verminking was hij in het mortuarium nauwelijks herkenbaar. Christiaan voelt zich naar eigen zeggen vooral schuldig, 'omdat ik het niet heb zien aankomen'. Ook is er schaamte voor wat zijn vader hem en de familie heeft aangedaan. 'Behalve met mijn vriendin praat ik er met niemand over. Op mijn werk niet, nergens niet. En mijn moeder en zus wil ik niet belasten, want die hebben het al moeilijk genoeg.'

'Als begeleider kon ik niet anders doen dan naar hem luisteren,' zegt Wim. 'Er valt niets te repareren. De zelfdoding van zijn vader kon ik niet ongedaan maken.' Wat resteert, is de rouw die wordt versterkt door het onbegrip, de machteloosheid, zelfverwijten wellicht. Vragen naar wat hem bezighoudt tot in de kleinste details en hem hierin erkennen, is het enige wat je in die eerste ontmoeting kunt en hoeft te doen.

Er is een stevig verschil tussen rouw na zelfdoding en rouw na elk ander overlijden, ondervond de Belgische rouwexpert Manu Keirse in zijn praktijk. Wat gebeurt er met de achterblijver? Wat mag er aan gevoelens allemaal zijn bij de nabestaande? En waar houd je als hulpverlener rekening mee? Enkele van zijn overwegingen:

1. Je kunt eindeloos blijven zoeken naar verklaringen voor de wanhoopsdaad. Zeker als er geen briefje is achtergelaten of als een afscheidsbericht meer vragen oproept dan beantwoordt. Binnen therapie is het toch belangrijk om de vraag 'waarom' eindeloos te mogen

stellen. Aan die telkens terugkerende vraag kleven gevoelens die je niet mag negeren.

2. Het schuldgevoel bij de achterblijver is intenser dan na de dood door ziekte of een verkeersongeval. Schuld en liefde zijn twee kanten van dezelfde medaille. Dat gevoel van schuld mag er wel degelijk zijn, maar je bent niet schuldig aan de zelfmoord van je geliefde. Je bent geneigd om eerst de schuld bij jezelf te zoeken en later bij een ander zoals je partner.
3. De impact van het stigma. Hij of zij is eruit gestapt – *shame on him*. Het kan echter leiden tot oordelend en vermijdend gedrag door zowel de familie als de omgeving. Daardoor is er mogelijk minder steun. En wat niet helpt, is het stilzwijgen en het onbespreekbaar maken van de gebeurtenis.
4. De aard van het sterven is onverwacht, te vroeg en gewelddadig. Dat veroorzaakt een grote schok omdat je het niet hebt zien aankomen. De impact is enorm als je het lichaam vindt (en de meeste zelfdodingen vinden thuis plaats). Op het destructieve karakter van de zelfmoord is geen mens voorbereid, dus reacties van ongeloof en ontkenning duren vaak langer en zijn intenser.
5. Er is veel stress omdat er niet zelden een lange geschiedenis van mentaal (of fysiek) lijden vooraf is gegaan aan de suïcide. Die stress wordt ook nog eens versterkt als de zelfdoding volgt na een hoopvolle periode (waarin het net zo goed leek te gaan). Afscheid nemen is niet altijd mogelijk door verminking van het lichaam. Het (goedbedoelde) advies om ‘niet te kijken en je te herinneren hoe hij of zij bij leven was,’ kan ook tot vreselijke fantasieën leiden.

'Ik voel me zo machteloos, terwijl ik tegelijkertijd zo goed weet dat ik het niet kon tegenhouden.' Marten zit verslagen tegenover me. Zijn jongste zoon heeft zich verhangen, het is nog maar drie maanden geleden. Het was niet onverwacht, maar daarom niet minder schokkend. Op een dag was hij verdwenen. 'Ik ben weg en weet niet wanneer ik terug ben. Zoek geen contact, ik houd zelf contact,' is een van de regels uit het afscheidsbriefje.

Ze zijn hem gaan zoeken, in paniek en uit liefde. In een hotelkamer in het buitenland is hij uiteindelijk door een kamermeisje gevonden. Toen ze enkele dagen later zijn lichaam zagen, was de doodsstrijd op het gezicht te lezen. Dat hij het leven te zwaar had gevonden, dat begrepen ze. Maar had hij wellicht op het laatste moment spijt gekregen? Marten vond het een ondraaglijke gedachte. 'Had ik iets kunnen doen in die laatste momenten?'

Marten kent het antwoord. Nee, hij had niets kunnen doen. Ze hebben er alles aan gedaan, ook toen zijn zoon al eens een poging had ondernomen. Dat neemt niet weg dat Marten vindt dat hij gefaald heeft. Als vader, als man, als echtgenoot. Was hij juist niet de beschermer van zijn gezin? Waarom in hemelsnaam? Waarom zijn zoon, waarom dit lot voor de achterblijvers?

Ik geef geen antwoorden. Luisteren vol begrip en doorvragen zonder oordeel is het enige wat hier nu moet gebeuren.

Van de vijf bovengenoemde aspecten bij rouw na zelfdoding tikt Marten ze zo'n beetje allemaal aan. Met uitzondering van het stigma. Tijdens de uitvaart windt niemand er doekjes om. De zoon is uit het leven gestapt. Het is wat het is. Er wordt gesproken over de jarenlange innerlijke strijd, over het hulptraject, over de boosheid en het verdriet, over de hoop en de wanhoop. Zijn sterven is misschien onacceptabel, voor de onomkeerbaarheid van de dood is respect.

Dit betekent niet dat het doorleven na dit gigantische verlies hierdoor makkelijker wordt. Marten is zich bewust van de lange weg die hij te gaan heeft. Het is moeilijk om troost te vinden. Je kind verliezen is verschrikkelijk. Als dat kind ook nog zelf voor de dood heeft gekozen, raakt dat je vol in het hart. Dat de vader zijn tijd vult met het nalopen van scenario's en het uitpluizen van alle details waarmee hij de feiten helder krijgt, is begrijpelijk. Doe wat je te doen staat, dag na dag, stap voor stap.

Time-out: dit hoofdstuk gaat letterlijk over leven en dood. Speel jij met de gedachte om eruit te stappen? Heb jij hulp nodig? Durf je er niet over te praten? Dat kan ook anoniem: bel 113. Nu. Ken jij iemand die aan zelfmoord denkt en je weet niet wat je moet doen? Bel 113. Nu.

'Ik hoorde jaren later hoe bang mijn moeder was geweest,' vertelt Tim. 'Mijn vader was manisch-depressief en zei kennelijk regelmatig dat het leven van hem niet meer hoefde. Dus als hij op de fiets stapte om in zijn geliefde bossen te gaan wandelen en uren wegbleef, stond mijn moeder thuis doodsangsten uit. En elke keer was er weer die opluchting als hij de straat weer indraaide.

Ik heb er nooit iets van gemerkt, maar mijn moeder leefde behalve met de stress van een zieke man ook met de vrees dat hij zichzelf iets zou aandoen. Ze hield het weg van ons. Het leven met een bipolaire vader in huis was al lastig genoeg. Hoe zie je of iemand er geen zin meer in heeft? Later in mijn eigen huwelijk ontdekte ik wat voor oogkleppen ik ophad toen Jennifer langzaam maar zeker wegzakte in haar depressie. Het was kort na de geboorte van onze tweede zoon. Een postnatale depressie, zou pas later worden vastgesteld, die ik zelf aanvankelijk toeschreef aan chronische vermoeidheid, veroorzaakt door ons jonge gezin.

Ik was voortdurend onderweg voor mijn werk. We zaten vlak voor de Amerikaanse verkiezingen in 2000, dus ik vond het van mezelf vooral knap dat ik mijn rol als huisvader met twee kleine kinderen zo goed en zo kwaad als dat ging kon vervullen. Jennifer verloor ik uit het oog. Misschien wilde ik niet zien hoe zwaar ze het had. In ieder geval klaagde ze amper. Hooguit was ze wat afwezig en liet ze mij mijn gang gaan. Tot ik een telefoontje kreeg in Florida. 'Het gaat niet meer,' zei ze. Ik hoefde niet meteen terug te komen naar Washington DC, waar we woonden, maar een dagje eerder zou wel fijn zijn. Jennifer zou in de tussentijd wel extra hulp vragen bij de overbuurvrouw.

Thuis vond ik haar op de bank met ogen die een heel ander verhaal vertelden. Fluisterend vertelde ze mij dat ze aan zelfmoord had gedacht. Ik schrok me wezenloos. Hoe serieus waren die gedachten, vroeg ik. Ze gaf geen antwoord. Waarom had ik dat niet in haar stem gehoord, strafte ik mezelf. Jennifer ging in therapie en krabbelde beetje bij beetje op uit het donkere dal. We hebben het er later nauwelijks meer over gehad. Hooguit kwam het ter sprake als we over een kennis hoorden die in een depressie was geschoten. Dan keken we elkaar aan en wisten we hoe erg het voor zo iemand was.

Ik heb er later nog vaak aan gedacht, gaf mezelf met terugwerkende kracht een draai om de oren. Was het pure domheid, ingegeven door egoïsme, dat haar problemen mij gewoon niet zo goed uitkwamen? Of was het mannelijke onmacht die het me onmogelijk maakte om niet alleen de ernst van de situatie in te zien, maar er ook iets aan te doen? Door naast haar te gaan zitten op de bank en te luisteren naar wat er speelde. Door gewoon niets te doen en daarmee alles te doen wat er op dat moment nodig was. Er zijn. Ik weet het nog steeds niet.'

‘De beste grappen hoor ik op begrafenissen’

Marc de Hond (1977, theatermaker, spreker en presentator)
Over het verlies van gezondheid, moeders en een fortuin

‘Voor alles wat je kwijtraakt, komt er weer iets nieuws in de plaats. Dat zei mijn opa Sam altijd. Het klopt. Dat merk ik al mijn hele leven. Opa en oma zijn inmiddels dood, maar er zijn een kind en kleinkinderen geboren. Mijn moeder stierf toen ik drie jaar was, maar ik kreeg heel snel weer een moeder omdat mijn vader hertrouwde. Ik raakte mijn internetmiljoenen kwijt, maar kreeg er vrijheid voor terug. Ik kon door mijn dwarslaesie niet meer keepen, maar werd rolstoelbasketballer bij het Nederlands team.

Mijn oma Jannie zei altijd: “Ik eet je op van de liefde.” Na de geboorte van mijn dochter Livia snap ik wat zij voor mij gevoeld heeft. Ik ga ook nog eens een keer een hapje uit haar nemen. Die grenzeloze liefde, dat hebben mijn grootouders me voorgeleefd. Ik heb er veel tijd doorgebracht. Daar was de stabiele basis, daar was ik altijd heel gelukkig. Elke vrijdagavond bij ze eten, altijd op zaterdag met opa op stap. Als kind moet je een of twee mensen hebben die onvoorwaardelijk van je houden.

Ik ben vernoemd naar de broer van mijn opa, die voor de oorlog was getrouwd met mijn oma. Mark de Hond stierf in Auschwitz, net als de eerste vrouw van opa Sam. Een grote familie, allemaal dood. Mijn opa en oma zijn vrijwel alleen teruggekomen. Zij zijn met elkaar verdergegaan. Het feit dat zij geen verbitterde, maar juist optimistische en warme mensen waren, is het grote voorbeeld geweest in mijn leven. Dat ik als eerste kleinkind de naam heb gekregen van de man die mijn grootouders bij elkaar heeft gebracht, is een briljant eerbetoon van mijn vader geweest. Er is weer een nieuwe Marc de Hond.'

'Ik bagatelliseer mijn verlies zeker niet. Wel relativeer ik het. Daar is humor een goed middel voor. Humor ten koste van jezelf werkt geweldig en dan ook nog eens vanuit het jodendom, helemaal om met nare dingen om te gaan. Dat zat in mijn opa en oma. Opa vertelde mopjes, maar oma was echt grappig. Dat zagen we tijdens de honderd dagen die zij nog leefde nadat haar man was overleden.

Ik zie de humor in mijn vader. De beste grappen heb ik gehoord op begrafenissen. Niks is bijzonderder dan met mijn vader en broertje in een volgauto te zitten. Dan kun je echt lachen. Is het niet lastig om in een rolstoel te zitten als 's nachts de baby huilt, vraagt iemand me. Ja, het is een beetje onhandig dat ik niet in twee seconden naast mijn bed kan staan. Maar je hebt het in het leven niet voor het kiezen. Anders was ik natuurlijk veel liever doof geweest. Ik heb dan zo'n lol in het schrijven van dit soort grapjes.

De boodschap van mijn eerste voorstelling was dat ik gelukkig ben dankzij mijn dwarslaesie. Niet ondanks. Er zijn door mijn handicap heel wat nieuwe dingen op mijn pad gekomen. Die lepel ik dan op, zodat in mijn fantasie alle mensen aan het eind van de avond naar huis gaan en denken: nou, als het zo kan, dan wil ik er ook wel een. Je kunt in principe een dwarslaesie wegredeneren totdat-ie zo klein is dat de rolstoel alleen maar een alternatieve manier is om van a naar b te komen.

Natuurlijk is het een overlevingsstrategie. Die hebben we allemaal. Ik raakte verlamd door fouten in het ziekenhuis. Dat gebeurde na de succesvolle verwijdering van een tumor in mijn rug. Ik zou nooit meer kunnen lopen, maar ik heb dat aanvankelijk verdrongen. Want er was een teen die bewoog in bed. Dus was er een kleine kans dat ik die dwarslaesie weg zou kunnen trainen. Er was een stijgende lijn, heel langzaam, maar er was potentie. Ik liep op een gegeven moment achter een rollator. Niet goed, maar ik liep wel. Bijna vijf jaar was ik bezig met herstel.

Mijn hele leven was inmiddels aangepast aan mijn nieuwe omstandigheden, ik moest alleen nog even accepteren dat ik niet meer normaal zou gaan lopen. Die knoop moest ik nog doorhakken. Het was daarna ook een soort bevrijding. Dat eeuwige herstel hoefde niet meer. Je voortbewegen in een rolstoel wordt een tweede natuur. Dat is het mooie van ons lichaam. De verwonding past zich aan het fysieke en geestelijke aspect van het lijf aan. Mensen denken ook dat de rolstoel mijn kwaal is. Nee, het is een hulpmiddel voor het feit dat mijn benen het niet meer doen.'

‘Ik ben in therapie gegaan nadat ons internetbedrijf was verkocht en het helemaal niet goed met me ging. Op mijn achttiende was ik veiling.com begonnen en jarenlang liep dat financieel niet best omdat nog niet veel mensen internet hadden en niemand precies wist hoe je er geld mee kon verdienen. Tot het op een gegeven moment fantastisch liep en veel internetondernemingen met potentie ineens miljoenen waard waren. Dat overkwam ons dus ook.

Een Duits bedrijf nam ons over via een aandelenfusie. Een tijdje waren we 40 miljoen euro waard. Op papier natuurlijk. Wat we niet wisten, was dat de Duitsers achter de schermen bezig waren met een fusie met een Engels bedrijf. Daardoor duurde en duurde het maar voordat we onze aandelen ontvingen. In dat halfjaar is de internetbubbel gebarsten en zakte de waarde enorm. We mochten ook niet eens alles verkopen als oprichter, want dat zou de beurskoers natuurlijk geen goed doen.

Maar goed, dan ben je als 23-jarige op een dag wel ineens een paar ton rijker. Ik heb meteen mijn flat in Amsterdam afbetaald en een sportauto gekocht. Konden niet veel van mijn vriendjes zeggen. De keerzijde was dat ik in dienst bleef van het nieuwe bedrijf en dat ik plots alles moest doen wat de nieuwe eigenaren wensten. Dat ging niet goed. Vijf jaar lang had ik met passie keihard met een fantastisch team gewerkt. Ik had een compagnon met wie het creatief perfect klikte. We konden iets bedenken en het de volgende dag uitvoeren. Dat bleek niet meer mogelijk.

Mijn werk was plotseling niet leuk meer, maar ik moest er volgens mijn contract wel een jaar blijven. Lastig hoor, als je dan niet meer echt de baas bent. Er ging van alles fout en mijn weerzin werd steeds groter. Ik ging bewust saboteren, kijken hoe bont ik het kon maken voordat iemand er iets van zou zeggen. De hele dag achter mijn bureau zitten en niks doen, kijken of het iemand opviel. Zo laat mogelijk komen en er expres de kantjes vanaf lopen. Ik had het helemaal gehad.

Bij de psycholoog werd mij duidelijk hoe gekooid ik me voelde. Het was een gevangenis geworden, nota bene op de plek waar ik vroeger zoveel plezier had. Ik kreeg fysieke klachten. Ik moest gewoon weg. In de gesprekken die ik hierover voerde, ontdekte ik dat vrijheid veel belangrijker en gezonder was. We hebben het contract ontbonden en ik ben lekker voor niks stagiair bij Ruud de Wild in Hilversum geworden. Dat was veel leuker. Die vrijheid is onbetaalbaar.

Zo heb ik tot nu toe altijd gehandeld. Ik bikkel nog een halfjaar door totdat ik zeker weet dat ik het niet meer leuk vind. Dat is vanuit de overtuiging dat ik wel weer iets anders vind. Dan hoor ik opa Sam weer spreken. Er komt altijd iets nieuws voor in de plaats.'

'Het bekendste beeld van mijn biologische moeder dateert van mijn derde verjaardag, drie weken voor haar dood. We vierden dat aan haar bed, met een goochelaar. Dat heeft veel indruk op me gemaakt. Ik zie nog precies voor me wie er waren, welke cadeautjes ik kreeg, hoe die hele ochtend verliep.

Ik weet niet meer hoe zij als moeder voor mij was. Dat is te lang geleden. Dat zij is gestorven, vond ik vooral zielig voor haar, niet per se voor mij. Er is een bandopname, waarop me wordt verteld dat mama weg zou gaan. Dan vraag ik, kan ik niet met haar mee? Nee, dat kan niet. Op mijn dertiende heb ik dat teruggeluisterd en toen vond ik het vooral verdrietig voor haar. Niet voor mij. Nu ik zelf vader ben, zou het veel hartverscheurender zijn om naar te luisteren, dat weet ik wel. Ik kan me zo voorstellen dat zij het supergaaf had gevonden wat ik allemaal meemaak.

Gerouwd hebben we niet. Mijn vader heeft me verteld dat de rouw al in de laatste periode van haar leven plaatsvond. Samen met haar. Het afscheid was met haar, er waren gezamenlijke tranen en toen het voorbij was, heeft hij het afgesloten. Zo heeft mijn vader het gedaan. Voor mij is mijn biologische moeder meer een abstract begrip geworden. Ik was net jong genoeg om er niet heel veel verdriet over te hebben.

Mijn vader hertrouwde vrij snel, met ons buurmeisje dat ook geregeld op mij paste. Wij kenden haar dus al en daarmee kreeg ik meteen een nieuwe moeder. Ik was een makkelijk kind, heb het haar niet moeilijk gemaakt. Mijn broertje Michel was een jaar jonger, veel meer een deugniet die ook veel aandacht vroeg en kreeg. Mijn vader werkte hard en was veel afwezig. Als hij er was, dan deed hij leuke dingen met ons. Daar bewaar ik warme herinneringen aan. Als vader was hij er op die momenten echt.

In ons gezin kwamen nog drie kinderen. Een meisje en twee jongetjes. Mijn jongste broertje Lion werd geboren in de nacht van mijn achtste verjaardag. Ik werd wakker met het nieuws van zijn geboorte, maar meteen erna ook met het verhaal dat hij door een hartafwijking niet oud zou worden. Hij is uiteindelijk nog elf maanden geworden, meer dan de paar weken die ze hem hadden gegeven. Heel bijzonder, maar ook heel zielig.

Wanneer je als ouders je kind ziet sterven, moet je een heel sterke relatie hebben om daar samen uit te komen. Zijn dood was het moment dat mijn vader en moeder uit elkaar begonnen te groeien. Ik denk ook niet dat zij een ideale match waren. Ik snap van allebei waar de pijn zit, waarom het een bijna onoverkomelijke tragedie was die hun overkwam. Misschien is het verder terug te voeren, naar het moment dat ze elkaar in de rouw van mijn vader tegenkwamen. Dat was zes weken na de dood van mijn biologische moeder.

Je kunt dus zeggen hoe triest het is dat hun relatie maar tien jaar heeft geduurd. Je kunt ook zeggen hoe knap het is dat ze het tien jaar met elkaar hebben volgehouden. Het is goed geweest om uit elkaar te gaan. Alleen vind ik het vreselijk dat ze dat niet op een harmonieuze wijze hebben gedaan. Het gezin werd opgesplitst in twee keer drie mensen. Mijn vader ging verder met mij en mijn broertje.

Ik was zo teleurgesteld dat ze hun liefde voor ons niet boven hun eigen onderlinge strijd konden plaatsen. Het was vlak voor mijn bar mitswa, wat op zich een mooi feest was met allemaal zakenrelaties van mijn vader die ik niet kende. Maar mijn moeder was er niet. Zeven jaar lang hebben ze tegen elkaar gestreden en nog veel langer hebben ze elkaar gemeden op verjaardagen. Pas toen ik een dwarslaesie kreeg, stonden ze voor het eerst weer samen aan mijn ziekenhuisbed. Heel verdrietig was die vechtscheiding, veruit het grootste verlies dat ik heb geleden.'

'Ik verwerk alle tegenslagen het liefst via mijn hersenen. Bij alle nare dingen heb je een zinnetje nodig in je hoofd, waar je een nieuw verhaal mee verzint dat je verder helpt.

Zolang je er maar in gelooft. Hoe vaker je het jezelf vertelt, hoe sneller en beter het zal verlopen. Je kunt de gebeurtenis namelijk in perspectief plaatsen. Daar komt bij dat ik misschien in aanleg net iets optimistischer ben dan de gemiddelde mens, dat scheelt ook.

Die instelling helpt ook nu ik kanker heb. Het is natuurlijk heel serieus en heel ernstig, maar dat betekent niet dat je de hele dag moet denken aan het feit dat het heel serieus en heel ernstig is. Mijn blaas is verwijderd. Dat was een heel grote operatie met de kans dat ik een paar maanden uit de roulatie zou zijn, en zelfs een kansje dat het helemaal verkeerd zou gaan. Aan de vooravond van de ingreep heb ik een etentje voor mijn familie georganiseerd, compleet met afscheidsspeech voor mijn blaas.

Ik heb de mazzel dat ik me al snel weer goed voelde. Dus ik kan weer van alles. Mensen hebben het vaak over het licht aan het eind van de tunnel, maar het leek mij juist ook goed om alvast lampjes in die tunnel op te hangen. Dus heb ik Remona versneld ten huwelijk gevraagd. We hebben Livia's verjaardag niet uitgesteld, maar in het ziekenhuis gevierd. Als je het fysiek aankunt, moet je gewoon de dingen blijven doen. Ik heb mezelf nieuwe doelen gesteld. Het eerste doel is dat ik vier keer op rij een schone CT-scan heb. Daar heb je natuurlijk geen invloed op, dat weet ik heus wel. Een ander doel is de theatertournee, die ik heb moeten uitstellen.

Het allerergste is dat er nog steeds geen duidelijkheid is over de kankercellen die zich mogelijk ergens in mijn lichaam ophouden. Gaan ze zich verspreiden naar andere plekken? Mensen zeggen: "Blijf positief, want dat ben je." Dat klopt, maar de begraafplaats ligt vol met positieve mensen. Ik ben dus ook realistisch. De dokter vraag ik echt niet wat mijn kansen zijn. Dat heeft ook geen zin. Over mijn dood spreken is veel te prematuur. Ik sluit niet uit dat het verkeerd gaat, maar daar zijn we nog lang niet. Ik houd me vast aan alle scenario's waarin het goed blijft gaan.'

'We zijn allemaal heel goed in staat om onszelf voor de gek te houden. Als je dat goed genoeg kunt, dan wordt dat je nieuwe waarheid. In dat opzicht lijk ik best veel op mijn vader. Ik heb niemand nodig, kan makkelijk opgaan in mijn werk en alleen maar bezig zijn met dingen die ik wil bereiken. Dat is niet per se goed voor mijn relatie en gelukkig herinnert mijn vriendin me daar geregeld aan. Als ik na een avondje met bezoek over de vloer denk: goh, ik ben best gezellig en sociaal geweest, dan zegt Remona subtiel dat het misschien toch wat beter had gekund. Heeft ze hartstikke gelijk natuurlijk.

Door de vechtscheiding van mijn ouders heb ik lang gewacht met kinderen krijgen. Ik wilde er zeker van zijn dat ik iemand tegenkwam met wie ik het aandurfde. Ik wil niet de fout maken die mijn ouders hebben gemaakt, ook al weet ik dat ik dat niet volledig in eigen hand heb. In dat opzicht is het wel fijn om een vader te hebben op wie ik lijk. Welke dingen kan ik anders doen? Je kunt jezelf een paar procent veranderen, voor de rest leef je naar je aard.

Ik houd mijn ouders en voorouders in ere door de persoon te zijn die ik ben geworden, maar ik leg geen verantwoording af aan het verleden. Ik houd me niet vast aan traditie, aan normen en waarden die zij mij hebben opgelegd of voorgeleefd. De wereld verandert en ik ook. Mijn biologische moeder is er echt niet meer. Zij kijkt echt niet vanaf een wolkje toe en heeft er geen last van als we een paar jaar niet aan haar graf verschijnen. Dood is dood, ik voel geen verplichting meer naar haar.

Dat neemt niet weg dat ik nog steeds heel nieuwsgierig naar haar ben. Na de geboorte van mijn dochter kon ik mijn vader ineens vragen stellen die eerder nooit in me waren opgekomen. Over de zwangerschap, over de geboorte, de eerste weken en maanden. Ik realiseerde me opeens dat mijn moeder vroeger ook gewoon een meisje is geweest dat verliefd werd op mijn vader, met hem trouwde en zwanger raakte.

In ons huis zie ik nu een kloon van mezelf rondlopen, komen de filmpjes van mezelf als baby en peuter met mijn moeder weer tot leven. Livia heeft als tweede naam Jasmin. Zo heette mijn moeder. De dag dat zij geboren werd, zei ik tegen mijn vader dat hij de tweede naam wel kon raden. Iets kleins en toch een groot gebaar. In een hoekje van de huiskamer staan nu een foto van Livia en van mijn moeder naast elkaar.

Ons tweede kind heet James. Het gezin is nu compleet. Zijn tweede naam is Harry, die komt veel in Remona's familie voor. James' derde naam is Lion, naar mijn overleden broertje. Ik hoop dat James later gaat vragen naar zijn namen en dat ik hem dan kan vertellen over zijn oom Lion. Zo eer ik mijn broertje en mijn moeder, maar verantwoording leg ik alleen af aan mijn kinderen. Die moeten over vijftig jaar kunnen zeggen dat ik voorwaarts heb geleefd. Dat ik er alles aan heb gedaan om de wereld beter achter te laten.'

5

Mannenlijn

Wie was je vader? Wie was je opa? / Als je vader er niet voor je was / Onderzoek naar je wortels: het genogram / De zoektocht naar een vaderfiguur / Kracht en liefde van een bonusvader

'Het was op een zomeravond en eigenlijk wilde ik zo snel mogelijk naar huis,' vertelt Tim. 'Ik reed op de Rijksweg tussen Tilburg en Den Bosch en in een opwelling nam ik toch de afslag, naar rechts. Even langs Oisterwijk, het dorp waar ik ben opgegroeid en af en toe nog even langswip om een trip down memory lane te maken. Door het centrum, langs de lagere school die er niet meer staat en dan naar de Valkenierslaan met op nummer 1 het huis dat mijn vader ooit heeft laten bouwen.

Dit keer stopte ik ook even bij het kerkhof. Bij het hek stond een oude man met sleutelbos. Over tien minuten ging hij afsluiten. Ik had niet lang nodig, zei ik. Derde pad links, aan het eind in het hoekje. Daar ligt mijn vader. Onder hem zijn eerste vrouw, de moeder van mijn drie oudere halfbroers. Pa stierf in 1978, zijn eerste vrouw in 1963.

Meestal ben ik in dertig seconden klaar, zo'n graf doet me weinig. Nu was het niet anders. Ik mijmerde even, wandelde een rondje over het kerkhof en liep naar de uitgang.

De oude man met de sleutelbos zwaaide. "Ben jij er niet een van Overdiek?"

Ik was verrast en begon over mijn vader.

"Ja, die ken ik nog wel. Van heel lang geleden."

Ik spitste mijn oren. Hij vertelde. "Ik heb hem nog gekend als jonge man. Jaartje of zestien was hij, vlak voor de oorlog. Je vader woonde vlak bij de fabriek, ik zag hem vaak. Hij had zo'n aparte manier van lopen met zijn schouders een beetje omhoog."

Meer kon de oude man met de sleutelbos zich niet herinneren. Jammer. Het liefst trok ik hem helemaal leeg aan herinneringen. Ach, eigenlijk was het ook wel prima zo. Op deze late zomerdag kwam mijn vader even tot leven op de plek waar ik hem als dertienjarige had begraven. Ik kon niet wachten om mijn zonen en mijn broers te vertellen over deze plotselinge getuige uit een bijna vergeten verleden.'

De vraag 'Wie ben je?' kun je op vele manieren beantwoorden. Je noemt je naam, vertelt waar je bent geboren en wie je naaste geliefden zijn. Je kunt vertellen wat voor werk je doet. Menig man ontleent zijn identiteit aan het vak dat hij uitoefent, aan de functie die hij heeft bereikt, aan de opleiding die hij heeft gevolgd. Je kunt je karakter beschrijven, streng of zacht, grappig of serieus, hoog- of laagopgeleid. Je kunt voorbeelden geven van hoe stevig of wankel je in je schoenen staat, welke tegenspoed je hebt overwonnen in je leven of waar je altijd spijt van hebt gehad. Zo ben je.

Het diepere antwoord op de vraag wie je bent, ligt misschien besloten in een aanverwante vraag. Wie waren je vader en moeder? Je bent immers een kind van je ouders. Beiden hebben een even grote invloed en wat kan je jonge leven verstoord raken als een van die twee voortijdig wegvalt. Of als een van die twee niet bij machte is geweest om een aanwezige vader of moeder te zijn, door een verlies dat zich ergens in hun eigen jonge leven heeft aangediend.

Ergens in je tienerjaren voltrekt zich een biologische transitie. Kinderen zetten zich van nature af tegen het geslacht wat ze niet zijn om te bepalen wat ze wel zijn. Dat gaat niet vanzelf. Vaders hebben namelijk de neiging hun dochters te beschermen tegen de 'boze buitenwereld' en ze bij zich te houden. Moeders houden hun zonen graag bij zich in de buurt om de emotionele band met hen niet te verliezen. Dus jongens moeten zich losmaken van hun moeders om terug te keren naar hun vaders en daarmee bij de mannenwereld te horen.

Dit hoofdstuk heet niet voor niets 'Mannenlijn', dus stellen we jou de vraag: 'Wie was je vader?' Vertel me over je vader, zodat ik jou beter leer kennen. Vertel me over je opa, zodat ik je vader leer kennen en daarmee jou. Jouw stappen liggen in de lijn die je mannelijke voorgangers hebben afgelegd.

Time-out: ga eens bij jezelf na op welke manieren je al dan niet bewust je vader hebt gekopieerd. Heb je dezelfde hobby's? Heb je dezelfde stem? Ben je hetzelfde soort werk gaan doen als hij? Heb je sportieve kwaliteiten die hij ook had?

Je kent misschien het lied 'Papa' van Stef Bos waarin hij vol vuur en liefde over de gelijkenissen tussen zoon en vader zingt. Dat de vader zo streng kon zijn, dat de zoon hem soms heeft gehaat maar dat het kind zich steeds meer realiseert hoeveel hij op zijn ouder lijkt. Zelfs de stem klinkt hetzelfde, ontdekt hij op een dag.

...Ik heb een goddeloos geloof
En ik hou van elke vrouw
En misschien ben ik geworden
Wat jij helemaal niet wou
Maar papa, ik lijk steeds meer op jou...

'Ik merkte het toen ik op een dag in de achteruitkijkspiegel van de auto keek,' vertelt Tim. 'Dezelfde inhammen op mijn voorhoofd, terwijl ik de krullen heb van mijn moeders kant. Ik ervoer de aanblik als een schok. Fysieke gelijkenissen met een man die al zo lang dood was, voor wie ik bij leven ook best bevreesd was. Iemand die ik eigenlijk helemaal niet zo goed kende. Het ontroerde me ook. Ik leek op hem.'

In het tv-programma *Zomergasten* (2018) vertelde Louis van Gaal over de impact die de gewelddadige dood van de Amerikaanse president John F. Kennedy op hem had. 'Het deed me veel meer dan toen mijn vader stierf,' vertelde de voetbaltrainer tegen presentator Janine Abbring. 'Ik had zoveel bewondering voor Kennedy. Hij was iemand tegen wie je opkeek. Dat had ik niet met mijn vader. Die was ziek, al jaren. Ik heb nooit het gevoel gehad dat ik mijn vader heb gemist omdat ik simpelweg nooit de gelegenheid heb gehad om hem te leren kennen.'

Het tekent de nuchtere hardheid van Louis van Gaal om zo over zijn vader te spreken. Op zijn achtste merkte hij dat zijn vader hartpatiënt was. Daarmee was zijn vader fysiek onmachtig en indirect afwezig als de vader die elke zoon (en dochter) in zijn jeugd nodig heeft. Drie jaar later stierf hij. Louis was net te laat in het ziekenhuis om afscheid van hem te kunnen nemen. Met zijn moeder ontwikkelde de jonge Louis een hechte band. Hij was de jongste in een gezin van negen. 'Iedereen kreeg een taak in het huishouden. Ik deed boodschappen en schilde aardappelen.'

In *Zomergasten* liet hij een fragment zien uit *Peyton Place*, de moeder aller tv-soaps. 'Ik was de laatste die uit huis ging, mijn moeder en ik keken er samen naar. Als een soort van rouwverwerking.' In een interview met *de Volkskrant* zei Van Gaal over het gemis van zijn vader: 'Zo ervaar ik dat niet. Dat is ook het leven. De dood hoort bij het leven.'

Jaren later stierf zijn eerste vrouw Fernanda. Ze had kanker aan de lever en pancreas en overleed twee maanden na de diagnose. Hun dochters waren toen vijftien en achttien jaar. Van Gaal was coach bij Ajax en stond voor de keus: verdergaan als trainer of thuisblijven als vader zodat hij ook moeder kon zijn. De keus werd bij de dochters gelegd. 'Mama zou willen dat u doorgaat op deze weg, zeiden ze.' Dus werden de taken verdeeld, zoals Louis zelf had geleerd na de dood van zijn vader. 'De ene deed de was en het strijken, het koken werd verdeeld en ik deed de boodschappen.'

Time-out: als jij je vader of moeder te vroeg hebt verloren, wat was daarvan de impact op het dagelijks reilen en zeilen? Kreeg of nam je verantwoordelijkheden? Ontliep je die juist?

Was je opeens volwassen of bleef je lang kind? Heb je je puberteit overgeslagen (en later dubbel en dwars ingehaald) of voel je jezelf soms nog die puber?

Hij komt voor iets anders in mijn praktijk, maar zijn onderliggende vraag is simpel. 'Ik mis mijn vader in mijn leven,' vertelt Coen. 'Hij is er wel, maar ik zie hem weinig. Als we elkaar zien, dan gaat het nooit over de werkelijke zaken in het leven. Mijn ouders zijn gescheiden toen ik zeven jaar oud was. Ik kan me niet herinneren dat hij met mij heeft gespeeld. Nooit was hij nieuwsgierig of betrokken.'

Na enkele sessies stel ik voor dat Coen zijn vader eens meeneemt. Coen reageert hier positief op. Vader laat het in eerste instantie afweten, maar gaat na aandringen van zijn zoon toch overstag. Ik ontmoet een kleine man, dik postuur met veel lichamelijke klachten. Volgens Coen heeft zijn vader autistische trekjes, maar ik zie vooral symptomen van trauma. Als vader zijn verhaal vertelt, hoor ik hartverscheurende herinneringen aan mishandeling, kleinering en ontkenning door zijn eigen vader. Hij is als kind seksueel misbruikt door een frater, en zijn ouders schuwden een fikse tik ook niet.

Het gesprek tussen vader en zoon is ontroerend. Coen heeft vooral veel vragen. Waarom ben je er nooit geweest in mijn leven? Heb je ooit naar mij verlangd als vader? Had je niet beter je best kunnen doen? Nog tijdens de sessie neemt de vader zijn verantwoordelijkheid. Hij geeft aan dat het zo moeilijk was en is om vader te zijn. Terwijl hij niets liever wil dan dat zijn kinderen straks aan zijn sterfbed zullen zitten. Hij had gezien hoe zijn vader, die hij een beest noemde, in eenzaamheid was gestorven.

De vader van Coen had geen keus, weet Wim. 'Dit is een geïsoleerde man met veel gestolde rouw, omdat hij zijn verlies heeft weggemoffeld. Dan verhardt het zich. Het leven van Coen was de spiegel van zijn eigen zielenpijn. Die was zo groot dat hij niet anders kon dan zijn eigen zoon uit zijn leven te bannen.'

In gesprek met elkaar, onder begeleiding van een therapeut die niet meer hoeft te doen dan een veilige setting te creëren, ontstaat de eerste toenadering. Door te vertellen over vroeger, over de pijn die je liever wegstopt, over het vaderlijk verlangen dat er wel degelijk is, kun je met zijn tweeën stappen zetten. Wim: 'Daarbij is het van belang dat de vader dit doet vanaf zijn vader- of ouderplek en de zoon vanuit de zoon- of kindplek. Zo wordt zichtbaar en voelbaar hoe de vader opnieuw voor zijn zoon kan zorgen en daarmee zijn werkelijke vaderplek kan invullen, ook al zijn beiden inmiddels volwassen.'

Wanneer je als vader niet in staat bent om de verbinding aan te gaan met je zoon, dan is er een kans dat de zoon zich langzaam maar zeker terugtrekt. Niet meteen maar in stappen. Keer op keer zal de zoon vergeefs blijven reiken naar zijn vader in het diepgewortelde verlangen om toch een soort verbinding tot stand te brengen. Op enig moment zullen zijn armen moe worden van het reiken en draait hij zich om. Dan zie je gedrag ontstaan bij mannen dat uiteenloopt van terugtrekking in sociaal isolement tot agressie in de buitenwereld.

De breuk in de mannenlijn tussen Coen en zijn vader is gelijmd. Het geheel is nog steeds breekbaar, maar er is nu een reële mogelijkheid om de breuk langzaam te laten helen waardoor de herstelde band in kracht kan toenemen. In de ontmoetingen die erna volgen, is het belangrijk voor zowel vader als zoon om stil te staan bij de pijn van het vroege trauma. Niet alleen bij de pijn die vader heeft ervaren, maar ook bij de pijn die de zoon heeft gevoeld en nog steeds voelt.

De angst bij Coen is gegrond. 'Ik ben bang dat ik je weer kwijtraak,' zegt hij. Zijn vader belooft dat dat niet zal gebeuren. 'Ik zal mijn best doen.' Als therapeut ben je getuige van die belofte, maar is het ook nodig om te hameren op 'het blijven uitspreken van gevoelens'. Als de vader wegduikt voor het trauma, zal hij het contact verliezen met de zoon. Die blijft dan met lege handen achter. De vader realiseert zich dat hij zich steeds weer in 'onbekend land' moet begeven. 'Blijf dat land verkennen,' zeg ik, 'omdat het helpend is voor jouzelf en in de relatie met je zoon.'

Time-out: hoe is of was 'het lijntje' met jouw vader? Zijn er momenten of periodes geweest dat je vruchteloos op de deur van vaderlijke aandacht hebt geklopt? Heb je het weleens opgegeven en gedacht: laat maar zitten, ouwe? Vraag je dan af waarom je vader niet thuis gaf. Of als hij nog leeft, begin erover.

Van verjaardagskalender op het toilet tot een schier eindeloze reeks stamboomgegevens, op allerlei manieren ben jij vast weleens bezig met wie je voor zijn gegaan. 'Mijn opa was geboren in 1898. Dat vond ik zo bijzonder, iemand uit de negentiende eeuw die bij ons op de bank sigaren zat te roken,' vertelt Tim. 'Hij is 86 jaar geworden en was de vader van mijn moeder. Hij was de enige grootouder die ik had. Veel meer dan sigaren roken en middagslaapjes houden deed hij niet. Als kleinkind had ik er weinig aan.

Juist door het ontbreken van een tastbare en voelbare mannenlijn ging ik op zoek naar mijn wortels. Waar was mijn vader geboren? En waar zijn vader? Allebei gingen ze vlak na hun 55ste verjaardag dood, een intrigerend feit. Via verre familie in de Amerikaanse staat Utah kreeg ik een gedetailleerde stamboom van de Overdiek-telgen in handen, die terugging naar Duitsland in de achttiende eeuw. Af en toe kijk ik ernaar en fantaseer ik over de levens van bloedverwanten die allang zijn vergeten.'

Je kunt het ook dichter bij huis houden. In onze praktijk maken wij steevast gebruik van het genogram, een mooi en inzichtelijk startpunt voor het begeleidingstraject. Het genogram is een overzichtelijke schets van je eigen familie. Je eigen gezin, je plek in het gezin waarin je opgroeide, het gezin van je vader en moeder en de grootouders. Namen, geboortedata en leeftijd op het moment van sterven, maar ook gebeurtenissen als ernstige ziektes, doodgeboren baby's, miskramen, oorlogstrauma, worden in het genogram in een oogopslag zichtbaar.

Het is wat uitzoekwerk, maar ingewikkeld hoeft het helemaal niet te zijn. Kijk maar naar het genogram van Tim op pagina's 172-173.

Voor het genogram gelden een paar basisregels. Het beginpunt ben je zelf. Als man ben je een vierkantje, als vrouw ben je een rondje. Zoals je ziet, heeft Tim een dubbel vierkantje getekend, en van daaruit gaat hij van start met zijn eigen gezin. Hij is nummer vier in een gezin met vijf jongens. Zijn vader was eerder getrouwd, uit dat huwelijk kwamen drie kinderen. Zijn eerste vrouw overleed op 35-jarige leeftijd aan kanker. Hij hertrouwde met Tims

GENOGRAM TIM OVERDIEK

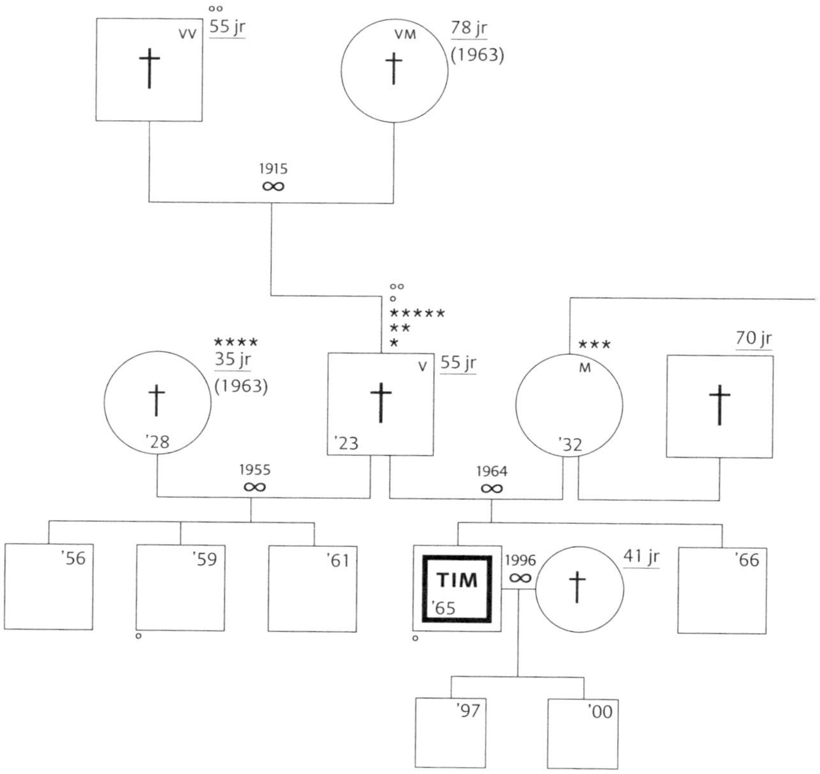

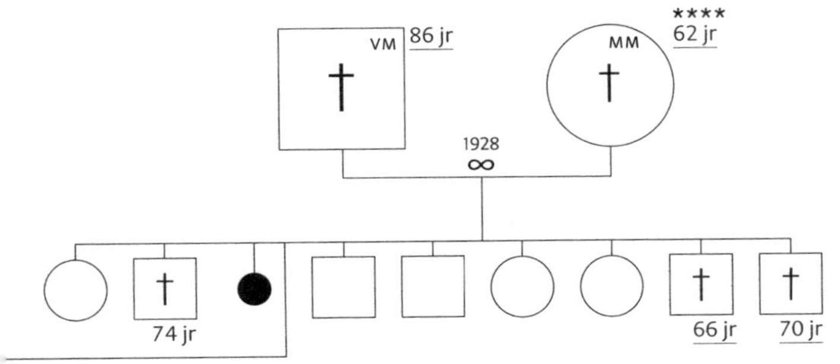

* oorlogstrauma

** manisch depressief

*** 2x uit klooster uitgetreden

**** kanker

***** vader verliest vrouw en moeder in hetzelfde jaar

° Tim, broer en vader verliezen vrouw op jonge leeftijd

°° vader en grootvader sterven week 55ste verjaardag

moeder. Tim is daarmee de oudste zoon van zijn moeder, wat een onbesproken en toch voelbare dimensie was in de gezinsverhoudingen.

Bij zijn vader staan nogal wat sterretjes. Paul Overdiek, enig kind, werd in de Tweede Wereldoorlog afgevoerd naar een dwangarbeiderskamp en hij was tot aan zijn dood manisch-depressief. Dat zijn de feiten. Daar komt bij dat zijn vader, Tims opa, ook jong stierf. Gebeurtenissen om wellicht verder te onderzoeken. Aan de kant van Tims moeder zie je een groot gezin. Tussen haar en een oudere broer is een miskraam geweest, wat niet zo uitzonderlijk is maar wel goed kan zijn om in een therapeutische sessie bij stil te staan.

De vele verliezen in dit genogram zijn door het kruis in één klap zichtbaar. Zowel Tim als zijn vader, zijn moeder, zijn oma, maar ook zijn oudere broer heeft op betrekkelijk jonge leeftijd een partner verloren. Omdat we in dit hoofdstuk vooral naar de mannenlijn kijken, geeft het genogram een uniek startpunt om te onderzoeken hoe dat verlies is beleefd. Een belangrijke vraag in 'dit verhaal' is of er werkelijk tijd is genomen om te rouwen op de diverse momenten in al die levens.

Tim: 'Nou, geloof mij maar. Ik heb zelf alle uithoeken, spelonken en donkere plekjes van mijn verlies opgezocht, omhelsd en doorleefd, nadat ik ze eerst genegeerd en verdrongen had. Maar dat heeft best lang geduurd. De dood van mijn vader was een bepalende gebeurtenis in mijn leven, maar gerouwd is er in die tijd niet. Pas toen ik tegen de vijftig liep, ben ik hem opnieuw gaan opzoeken. Ik had nog van alles met hem te doen en door langs mijn eigen pijn te gaan, was ik in staat om de liefde van en voor mijn vader een nieuwe vorm te geven.

Ik ben met mijn moeder gaan praten en heb afzonderlijk gesprekken gevoerd met mijn broers. Allemaal hebben ze hun eigen herinneringen aan pa. Dat is best opmerkelijk omdat het over een en dezelfde man gaat. Tja, ieder mens is uniek en elk gezinslid heeft zijn of haar eigen verhaal en werkelijkheid. We hebben allemaal op ons eigen eiland geleefd, terwijl de omstandigheden hetzelfde waren. Door die ervaringen te delen, hebben we bruggen naar elkaar gebouwd, zonder afbreuk te doen aan onze eigen gevoelens.

Het heeft me doen inzien dat mijn vader een ongelofelijk zwaar leven heeft gehad, maar dat hij op zijn eigen manier toch ook een flinke impact heeft gehad op zijn gezinsleden. Niet altijd even positief, soms ronduit negatief, maar mijn conclusie na het doorspitten van mijn genogram was: pa, je hebt ook maar gedaan wat je kon. Binnen alle beperkingen van jouw levensverhaal. Dank je wel.'

Time-out: stel je eigen genogram samen. Op pagina's 172-173 zie je hoe het moet. Ga maar eens aan de slag, mannen! Je hoeft geen tekentalent te hebben, wel is het van belang om nieuwsgierig te zijn. Ga langs bij je vader of moeder, bel je broers of zussen, leg weer eens contact met die oom of tante. Of als je grootouders nog leven, bezoek ze voor het verzamelen van namen, rugnummers en belangrijke data.

Goeie kans dat er verhalen op tafel komen die je nog nooit gehoord hebt. Oude mensen praten graag over vroeger. Als je werkelijk interesse toont, dan zullen ze zich ook verbazen over gezinsverhoudingen waar ze zelf nooit zo bij hebben stilgestaan. Soms ook komen er pijnlijke momenten naar boven, waarover misschien nooit of alleen in bedekte termen is gesproken. Denk aan alcoholisme, mishandeling, misbruik, psychiatrische aandoeningen, (pogingen tot) suïcide, andere familiegeheimen.

Vaak zie je in een oogopslag dat er rode draden lopen door je familiegeschiedenis. Thema's in je systeem van herkomst herhalen zich vaker dan je denkt (of je lief is). Neem er de tijd voor. Je zult zien dat er veel geheugenluiken geopend worden, die op hun beurt weer andere verhalen en herinneringen oproepen. Laat je leiden door je nieuwsgierigheid naar jezelf en de mensen die jou zijn voorgegaan.

Het genogram is een startpunt om, al dan niet met een therapeut, je systeem van herkomst met alle herkenbare thema's verder te onderzoeken. Het roept in ieder geval veel vragen op. Kies er maar een paar uit:

- Op wie lijk je het meest?
- Naar wie ben je vernoemd?
- Met wie voel je je het meest verwant?
- Hoe ging het er bij vader vroeger thuis aan toe?
- Wat was de vaderlijke betrokkenheid van opa?
- Welke gebeurtenis was een 'verboden onderwerp van gesprek'?
- Bedenk zelf een goede vraag die bij jou past.

We kennen ze, de mannen die helemaal klaar zijn met hun vader. 'Het is genoeg geweest,' zeggen ze dan stoer en vastberaden. 'Op een gegeven moment heb ik me omgedraaid en ben mijn eigen richting op gegaan.' Soms is er een scheiding van de ouders aan voorafgegaan, waarbij de vader alle contact met zijn gezin heeft verbroken. Soms is de vader nooit echt aanwezig geweest en heeft de zoon veel meer liefde ervaren bij de nieuwe echtgenoot van zijn moeder.

'Zo dus niet,' zeggen ze dan. 'Zoals mijn vader was, zal ik nooit zijn.' In die stellige uitspraak zit vaak het werkelijke gemis verborgen.

'Ik weet niet beter dan dat ik mijn hele leven op zoek ben geweest naar een vervangende vader,' vertelt Wim. 'Deze zoektocht was geen bewuste keus, die ontstond vanzelf. Als kleine jongen was mijn vader mijn onbetwiste held. Tot mijn twaalfde levensjaar, toen de adoratie ophield en ik me tegen hem begon af te zetten. Dat gaat vaker zo.

Ik wilde vooral niet op hem lijken en werd gevoeliger voor andere "vaders" om mij heen. Op de boerderij aan de overkant was ik regelmatig te vinden. De boer was een man van 25 jaar die volgens mijn vader "in de kracht van zijn leven stond". Daar wilde ik graag bij in de buurt zijn. De man had passie voor zijn bedrijf en beschikte over een flinke dosis humor. Samen op de tractor richting weiland loste ik raadsels op die hij bedacht.

Rond mijn achttiende werkte ik als kok in een hotel. De chef-kok was zowel een veeleisende baas als een gevoelige man die mij in tijden van drukte en stress op mijn gemak wist te stellen. Hij bezat een natuurlijk leiderschap en genoot respect bij personeel en bij de gasten. Dat fascineerde mij mateloos. Hoe deed hij dat toch? Ik bleef hem observeren, maar ook hij zag mij. Hij bleef doorvragen als ik hem met mijn antwoorden op afstand probeerde te houden. Het maakte me niet nerveus, eerder rustig en op mijn gemak.

Waar stond die zoektocht nou precies voor? Wilde ik werkelijk een andere vader? Nee, dat geloof ik niet. Mijn vader was mijn vader, maar als jonge tiener had ik behoefte aan een man die zowel gevoelig als sterk was. Iemand bij wie ik emotioneel "thuis kon komen". Zijn eigen vader stierf toen mijn vader drie jaar oud was. Daarom was hij al sinds zijn peutertijd onbewust op zoek gegaan naar zijn "vervangende vader". Wat hij zocht, kon hij mij niet geven en dus ging ik vervolgens op zoek.

Of is het misschien zo dat wij allemaal op zoek zijn naar vaders die we op een voetstuk kunnen zetten? Vaders van wie we graag willen geloven dat zij het beter doen. In bepaalde periodes van je leven is het namelijk helemaal niet zo vanzelfsprekend om respect voor je vader te hebben. Frappant is het wel dat ik ook op latere leeftijd steeds weer mannen heb opgemerkt aan wie ik vaderlijke eigenschappen heb toebedeeld.

Maar met het klimmen der jaren is ook de waardering voor mijn vader gegroeid. Mijn vroege voornemen om vooral niet op hem te lijken, bleek geen stand te houden. Sterker, het verloor aan kracht. Mijn vader zong gregoriaanse liederen die ik natuurlijk stom vond, vooral omdat ze niet te begrijpen waren. Nu, op mijn zestigste, vind ik mezelf onderuitgezakt in een luie stoel. En waar luister ik naar? De bijna hemelse gregoriaanse klanken van een Spaans monnikenkoor, terwijl de houtkachel brandt en ik een biertje onder handbereik heb. Gelukkiger kun je me niet maken.

Proost, pap!'

Time-out: heb jij ook gezocht of zoek jij naar vervangende vaders in jouw leven? Wat voor mannen waren of zijn dat? Welke kwaliteit hadden of hebben ze? Wat heb je van hen geleerd? Zijn er ook jongens die jou als zo'n vaderfiguur zien?

Pas in de derde sessie kom ik erachter dat Yassir nog steeds een vader heeft. Yassir is bij me gekomen omdat zijn partner is overleden, en zoals gebruikelijk kijken we naar zijn gezin van herkomst. Tijdens de eerste ontmoetingen heeft hij met liefde gesproken over 'papa, die zoveel voor me heeft betekend'. Die papa is inmiddels vijf jaar dood. Het gaat om zijn stiefvader, die vlak na zijn zesde verjaardag in het gezin is gekomen. Yassir beschouwt deze man als zijn werkelijke vader en ik moet niet proberen om daaraan te tornen.

De volgende sessie vraag ik hem eerst naar zijn stiefvader. Wat hebben jullie zoal gedaan samen, vraag ik hem. Yassir vertelt bevlogen over zijn jeugd. Zijn stiefvader was er altijd voor hem. Hij stond langs de lijn bij het voetbal, hij ging mee naar schoolavonden en hij was een fijne opa voor zijn jonge kinderen.

'Mijn biologische vader houd ik bewust op grote afstand. Hij was er niet toen ik hem nodig had, dus waarom zou ik hem nu gaan opzoeken?' Als we het vervolgens hebben over zijn manier van opvoeden, begint er een piepklein lampje te branden. In sommige situaties reageert hij precies zoals zijn biologische vader dat deed, herinnert hij zich. Eerst verzet Yassir zich tegen die gedachte, maar grinnikend moet hij toch ook vaststellen dat hij toch ook wel veel op zijn echte vader lijkt. Of hij nou wil of niet.

Het duurt nog twee sessies voordat Yassir het aandurft om weer eens contact te leggen met zijn echte vader. Zijn nieuwsgierigheid naar 'toen' is wakker geworden.

In de ervaring van Yassir wordt Wim geraakt door het verhaal van de stiefvader. Hij is er namelijk zelf ook een. 'Al noem ik mijzelf liever bonusvader. Of zorgvader. Mijn ervaring met een samengesteld gezin begon in de jaren tachtig toen ik verliefd werd op Sabine, moeder van een zoon en een dochter. Wat waren we verliefd en wat wilden we graag bij elkaar zijn. Achteraf hebben we begrepen dat we in die beginperiode te hard van stapel liepen.'

Wat was het geval? Sabine en haar kinderen hadden anderhalf jaar eerder hun man en vader verloren bij een verkeersongeval. Wim: 'Het was allemaal nog zo vers. Er was tijd nodig waarin we konden vertragen om op die manier goed in de gaten te kunnen houden hoe het met iedereen ging. Maar ja, vertragen verhoudt zich slecht tot verliefd zijn. We wilden zo graag door, het leven weer omarmen. We hebben fouten gemaakt door onze eigen verlangens voorop te zetten.'

Gelukkig kende Wim de vader van zijn nieuwe bonuskinderen. Ze hadden een tijdje naast elkaar gewoond, hadden zelfs een paar keer met elkaar gegeten. Dus de overleden vader was geen vreemde in de verhalen die Wim in het samengestelde gezin te horen kreeg. 'Dat hielp, maar nog meer natuurlijk dat we elkaar graag mochten. Dat heeft een positieve invloed gehad op mijn omgang met de kinderen. Nu onze kinderen volwassen zijn, blijken ze heel mild over ons te oordelen.'

Na het kerstdiner in 2018 zit Wim met zijn bonuskinderen Joszi en Finn voldaan en ontspannen op de bank. De andere gezinsleden staan in de keuken af te wassen. De oudste twee zijn al een tijdje het huis uit. Een mooi moment voor Wim om 'de vraag' te stellen. Een spannend moment, merkt hij aan zijn onvaste stem. 'Hoe kijken jullie eigenlijk terug op mijn rol als stiefvader?'

Even is het stil.

Dan zegt Joszi als eerste dat ze blij is met Wim en dat hij het goed heeft gedaan. 'Ik ben trots op jou, je bent ook een lieve opa voor Hazel.' Finn klinkt instemmend.

'Ik sputter tegen,' zegt Wim, want zo complimenteus had hij het niet verwacht. 'Ik kon toch heel streng zijn?'

'Daar baalde ik soms wel van, maar nu ben ik er juist blij mee,' zegt Finn. 'Daardoor heb ik geleerd om beter met mijn grenzen om te gaan.'

'Maar onze ruzies dan,' werpt Wim tegen. 'Ik was echt niet foutloos.'

Joszi: 'Jij en mama kwamen er altijd weer op terug met ons en dat vond ik zo fijn.'

Een gelukzalig gevoel maakt zich van Wim meester. Tranen wellen op. Hij kan het nog niet helemaal geloven. Zijn zelfbeeld verdient bijstelling. 'Waarom toch altijd zo streng voor mezelf? Tel je zegeningen, Wim!'

In werkelijkheid liggen de verhoudingen vaak anders. Er zijn veel mannen (en vrouwen) die kinderen mee helpen opvoeden van wie ze niet de biologische ouder zijn. Ze komen terecht in een situatie waarin verlies is geleden dat niet per se is erkend of een plek heeft gekregen. In een samengesteld gezin kan een ouder gescheiden zijn, overleden of niet bij machte om te zorgen. Denk ook aan gezinnen met pleeg- of adoptiekinderen. Verlieservaringen zijn door het overspoelende karakter niet zelden van traumatische aard.

Al zou je het graag willen en je partner misschien nog meer als er sprake was van een vechtscheiding: jij kunt nooit de plaats innemen van de verwekker. Hooguit ben je een hele goede vervangende vader(figuur). Vergeet niet, voor een moeder komen de kinderen altijd op de eerste plaats. Ook dat heb je te respecteren. Dus stief-, bonus- of zorgvader, ken je plek. Doe je dat niet, dan groeit de kans op veel onbegrip en gedoe. Doe je het wel, dan komt de liefde van je bonuskinderen naar je toe. Soms na een hoop gedoe en pas later in het leven. Maar de liefde komt.

Als een biologische vader ontbreekt, dan wordt de mannenlijn onderbroken. Nou, ga er maar aanstaan. Wat we je willen meegeven, is dat het van wezenlijk belang is om die onderbroken mannenlijn ook als een vorm van verlies te erkennen. Doe niet alsof er niks aan de hand is. Herken de oude en nieuwe situatie en accepteer jouw specifieke rol daarin. Wat er ook is gebeurd, probeer altijd de biologische vader van de kinderen te eren. Dat doe je door met respect over hem te spreken, door bijvoorbeeld een foto van hem neer te zetten in de woonkamer of de kinderen uit te nodigen over hem te vertellen.

Lang leve de verhalen.

Time out: deel in een groep van mannen een herinnering aan je vader. Centrale vraag: wat was zijn werkelijke droom als jonge man? Heb je hem weleens horen vertellen over de wens om kunstenaar te worden, of om met zijn gitaar de wereld in te trekken? Heb je foto's, stoere of ontroerende verhalen van je vader die je met de andere mannen wilt delen?

Dit soort anekdotes kunnen een handje helpen om ongeremd over je eigen dromen na te denken. Wat had jij willen doen? Wat wil je zeker nog eens doen in je leven? Zoek steun en inspiratie bij elkaar.

Als je vader nog leeft, zoek hem op. Ook al is het misschien lastig om met hem over gevoelens te praten, hij zal vast en zeker zijn ogen laten sprankelen als hem naar zijn droom van vroeger wordt gevraagd. Laat hem vertellen en luister vooral. Bekijk foto's of ga naar de plek waar je vader is opgegroeid. Eenmaal rondwandelend op zijn geboortegrond, waar ook zijn vader voetstappen heeft achtergelaten, zal hij gaan aarden met behulp van de herinneringen aan zijn vroegste jeugd.

'Een vriend van me verloor zijn vader op zijn tiende,' vertelt Wim. 'Naarmate hij ouder werd, groeide zijn nieuwsgierigheid naar wie zijn vader werkelijk was geweest. Gesteund door zijn oudste broer en zus is hij in zijn dorp mensen gaan interviewen die nog herinneringen hadden aan hun vader. Die was namelijk smid geweest en dus redelijk bekend in het dorp. Zo bleek dat sommige mensen heel belangrijk waren geweest voor zijn vader. Iemand had zelfs nog een oude, handgeschreven nota bewaard. Al die herinneringen en informatie deelde mijn vriend met hun moeder en de andere broers en zussen.'

'Plots was het moment daar,' vertelt Tim. 'Binnen een maand verlieten mijn beide zoons hun ouderlijk huis. Sander werd 21 jaar en ging met zijn vriendin samenwonen. Weliswaar op slechts tien minuten fietsen van mijn woning, maar toch. Hij vloog uit. Definitief. Eamonn ging studeren in Berlijn, een stukje verderop. Ik zag het al maanden daarvoor aankomen, maar niets bereidt je voor op het moment dat ze allebei daadwerkelijk zijn vertrokken.

Ik besloot het moment van vertrek te markeren met een ritueel. In bijzijn van mijn familie en vrienden wilde ik Sander en Eamonn bedanken voor de prachtige jaren dat ik ze bij me had gehad. Natuurlijk speelde mee dat hun moeder er niet meer was, wat een extra reden was om een *Good Riddance Party* te organiseren. *Opgeruimd Staat Netjes*, want we blijven om onszelf lachen. Liever een harde grap dan zoetsappige, melodramatische gebaren. De wereld vergaat immers niet.

Mijn toespraak was vol zelfspot. Ik bekende dat het feest vooral was bedoeld om mijn eigen onbenul te maskeren. Met de jongens niet meer in huis, wie moest ik straks vragen wat het wifiwachtwoord was? Of nog erger, wat te doen als het internet was uitgevallen?

Emotioneler was natuurlijk het moment dat ik stilstond bij de afwezigheid van Jennifer, mijn vrouw en hun moeder. Negen jaar eerder, precies de helft van Eamonns leven, stonden we naast haar kist en beloofden we diezelfde familie en vrienden dat we het zonder haar zouden rooien. Dat was gelukt en het was troostend en vreugdevol (en verdrietig) om dat op ons feestje te mogen vaststellen. Ook na haar dood is Jennifer ons blijven inspireren.

Nog wat grappen en grollen en veel meer drank later bleef ik achter in een leeg huis. Rondlopen in mijn *empty nest* zorgde in eerste instantie voor een verdwaasd en verdrietig gevoel. Maar al snel domineerden trots en voldoening. Ik mocht mezelf best een compliment geven voor mijn aandeel in de opvoeding, besloot ik. Dat maakte me blij en vrij. Ik vond mezelf echt een geweldige vader, maar voelde me ook best even erg alleen. Zonder Jennifer, maar daar was ik aan gewend geraakt. Hoe graag had ik het gevoel van dat moment niet willen delen met mijn vader. Ja, eigenlijk was dat het nog wel meer. Pa, wat zou jij ervan hebben gevonden?'

‘Zo bang om alles kwijt te raken, dan faal je als echtgenoot, vader en man’

Falko Zandstra (1971, voormalig topschaatser)
Over het ‘zwarte gat’ en een dreigend faillissement

‘Ik heb nachten wakker gelegen naast Ellen. Wat moest ik gaan doen? Ik wist het niet. Echt niet. Eigenlijk wilde ik door als schaatser. Het voelde nog niet voorbij. Maar omdat er geen telefoontjes meer kwamen, was het duidelijk dat mijn sportcarrière voorbij was. Dat was niet makkelijk. Ik was getrouwd, had een kind, een huis, verplichtingen. Mijn grootste angst was, en is nog steeds, dat ik alles kwijtraak. Dat ik mijn gezin niet kan onderhouden. Dat ik faal als man, als vader.

Pure paniek voelde ik. Dit was dus het zwarte gat waar je als topsporter in terechtkomt. Het was een benauwend gevoel, omdat je op zo’n moment even helemaal alleen bent. Natuurlijk had Ellen gelijk dat ze zei: “Desnoods gaan we in een hutje op de hei zitten, wij redden ons wel.” Dat klopte, maar zo voelde ik het niet. Het slaat nergens op, dat weet ik. Maar in mijn hoofd vertelde ik mezelf, los het op en doe dat in je eentje. Hoe dom het ook is om zo te denken.

Ik ben topschaatser geweest. En een schaatser is een individu. We trainen in een groep, maar je staat er alleen voor. Je bent egoïstisch. Er zijn geen medeschaatsers die je over de streep helpen. Dat moet je toch zelf doen. Je werkt in een team, met een coach en staf, je traint in een groep. Een voetballer kan op het veld op zijn ploeggenoten terugvallen, als hij een mindere dag heeft. Als schaatser zie je dat meteen in je resultaat. Dan gaat je teammaat je niet helpen. Alleen bij winst, dan nemen ze je op de schouders. Pas na het voeren van de strijd ben je weer een team.

Dus toen ik naar het plafond lag te staren, moest ik het ook alleen verwerken, was mijn overtuiging. Op dat moment heb je niet in de gaten dat er zoveel mooie mensen om je heen zijn die je wel degelijk willen helpen. Mijn vrouw lag nota bene naast me, zij wilde me echt wel helpen. Mijn ouders ook en zo waren er veel meer mensen. Je moet ze wel die handreiking geven en los kunnen laten dat je er zelf niet uitkomt. Ik had geen idee hoe dat moest.'

'Mijn vader was en is nog steeds iemand die alles voor me overheeft. Ergens rond mijn vijftiende kocht hij nieuwe schaatsen voor me van het merk Krienbühl. Die kostten zo'n 1400 gulden, de duurste in de winkel. Dat was grof geld en dat moesten we niet doen, vond ik. "Het mag nooit aan je materiaal of aan het gereedschap liggen," zei hij. Einde discussie. Dat was zo'n moment, nu ik eraan terugdenk, dat hij altijd het beste met me heeft voorgehad.

Zijn vrijgevigheid had ook te maken met zijn ziekte. Hij

kreeg op zijn achttiende de ziekte van Bechterew, waarbij de belangrijkste gewrichten in je lichaam volledig verkalken. Je wervelkolom, heupen en knieën verstijven. In zijn leven heeft mijn vader enorm veel pijn geleden. Hij heeft inmiddels twee keer nieuwe heupen gekregen. Door zijn voortdurende angst dat ik ook de ziekte zou krijgen, heb ik enkele keren in het ziekenhuis gelegen. Ik kreeg last van mijn heupen, maar dat kwam gelukkig door de groei. En mijn rugproblemen waren het gevolg van mijn topsport. Maar mijn vader wilde hoe dan ook dat werd uitgesloten dat ik ook Bechterew zou hebben.

Ik heb nooit met hem gestoeid, zoals ik wel met mijn kinderen heb gedaan toen zij klein waren. Lekker gek doen met je vader, in de houdgreep nemen en elkaar even goed door mekaar schudden; dat kon met hem natuurlijk niet. Mijn vader deed het op een andere manier. Dan lag ik als kleine jongen in bed en moest ik eigenlijk slapen, maar dan ging hij me overal kietelen. Ik werd helemaal gek van zijn gekietel, hij hield maar niet op. Dat zijn dierbare herinneringen. Hij compenseerde zijn lichamelijke beperkingen op andere manieren. Dus ik heb niks gemist hierin. We gingen samen eieren zoeken. Of we gingen vissen.

Eigenlijk had ik niet Falko maar Feike moeten heten. Zo heet mijn vader en zo heette zijn vader, dus lag het volgens mijn opa voor de hand dat ik ook Feike werd genoemd. Maar rond mijn geboorte zijn mijn grootouders uit elkaar gegaan. Mijn vader moest kiezen. Hij koos voor beppe, mijn oma. We stonden een keer aan het kanaal, komt er een bootje voorbij met daarin een oudere man met witgrijs haar. Stoot mijn vader me aan en zegt: “Daar gaat je pake, je opa.” De man steekt ook niet even zijn hand op, helemaal niks. Mijn vader zei ook niks.

Ik was een jaar of acht en realiseerde me dat het best heftig was wat hier gebeurde. Ik heb er nooit naar gevraagd, maar zo gaan die dingen kennelijk. Het slaat nergens op, maar ja. Later begreep ik van mijn zus dat pake bij bijna elke wedstrijd van mij aanwezig is geweest. Toen ik de Europese titel won in Thialf, stond hij gewoon ergens op de tribune. *Damn*, denk ik dan, waarom? Had hij echt niet de ballen om naar mij toe te komen? Heel bizar.'

'Mijn vader adviseerde me om een sportzaak te beginnen. Dat betekent dat je van elke sport wat moet weten. Niet echt mijn ding. Op maandagochtend inkopen doen, 's middags werken, dinsdag en woensdag, donderdag de koopavond erbij, vrijdag en zaterdag, en dan op zondag de boekhouding? Nee.

Dus zei ik tegen mijn vader dat ik wilde gaan doen wat hij had gedaan. Mijn vader had net zijn bedrijf in dakbedekkingen verkocht. "Waarom ook niet," zei hij. In het begin ging ik veel naar hem toe om het werk tot in detail door te nemen en te calculeren. Daarna ging ik naar het bouwbedrijf of de aannemer en dan wist ik alles van dat project. Nu ga ik er blindelings heen en weet ik meteen wat er moet gebeuren. Dat mag na negentien jaar ook wel, haha.

In 2008 waarschuwde een aannemer me. "Pas op, jongen, wat je doet. De crisis gaat erin schieten." Hij had een vooruitziende blik. Ik had juist grond gekocht in Heerenveen om een nieuwe werkplaats te bouwen en dat heb ik in 2010 doorgezet. We draaiden nog nooit zo'n enorme omzet als dat jaar, maar ook nog nooit zoveel verlies. Mijn stomme fout was dat ik niet alleen de beplating monteerde, maar ook bijna al het binnenwerk. Daar is zoveel tijd in gegaan dat alle andere werken daaronder te lijden hebben gehad. Ik zette iedereen op elk werk. Begin maar en we zien wel waar het schip strandt.

Ik had gewoon te veel aan mijn kop en ben de controle kwijtgeraakt. Daar is het misgegaan. Ik kreeg angst- en paniekaanvallen. Als ik bij klanten kwam, kreeg ik gevoelens in mijn hoofd en in mijn lijf die ik niet kon plaatsen. Ik werd enorm bang. Angst dat ik dood zou gaan aan een hartaanval of een beroerte. Zat ik met iemand aan de koffie, begon ik te *shaken* en moest ik weg. Dan liet ik alles staan en bleef zo'n man verbaasd achter. Op een gegeven moment ging het al tollen in mijn kop voordat ik bij een afspraak was.

Maar ik moest door. Ik kon toch niet thuis gaan zitten met een burn-out of zo, er was veel te veel werk op de zaak. 's Avonds ging ik om zeven uur naar bed en trok het laken over me heen. Alles was te veel. In het donker, stil op de kamer, zo kon ik het aan. De huisarts heeft me doorverwezen. Ik mocht kiezen. Bij een psycholoog moest ik allerlei vragenlijsten invullen. Wie ben ik? Wat doe ik? Waarom doe ik het? Daar ben ik niet zo van. Stuur mij naar de psychiater. Die mag namelijk ook gelijk medicijnen uitschrijven, wist ik. Na de eerste sessie bij die man vroeg ik om een pilletje en kreeg dat. Met antidepressiva kon ik het aan, hoewel de jongens op de zaak me bijna niet meer herkenden. Voorheen was ik fel, zat ik overal bovenop en riep iedereen ter verantwoording. Door de pillen zei ik nu met een zacht stemmetje: "Ach joh, daar kun jij ook niks aan doen."

Na een jaar hebben we de medicatie afgebouwd. Het

werd mij een beetje te heftig, zo afgevlakt door het leven te gaan. Het heeft ook nog eens invloed op je libido. Ik kan je vertellen, da's niet fijn. Dan maar praten. Op een gegeven moment was ik ook daar klaar mee. Elke week hetzelfde verhaal. Ik begon me te ergeren aan de psychiater die een overhemd droeg waarvan het knoopje bij zijn navel gespannen stond. Dat was voor mij het punt om te zeggen, het is mooi geweest, ik ben er weer.'

'Alleen ging het slecht met de economie en dus ook met mijn bedrijf. Drie jaar op rij verliezen draaien, opdrachten zonder winst aannemen omdat je personeel aan het werk moet blijven, dus het ene gat met het andere vullen. Tot mijn accountant zei: "Dit wordt 'm niet meer." Dat kan niet, dacht ik. Ik moet een gezin onderhouden. Hij zette me voor de keuze: je gaat door en met iedereen naar de klote. Of je laat je jongens gaan met wederzijdse opzegging zodat zij hun ding kunnen doen met behoud van uitkering en jij gaat in je eentje door.

Eind van de middag zat iedereen bij elkaar op de zaak. Aanvankelijk zou de accountant het slechte nieuws vertellen. Ik kon dat niet. Toen keek ik in die gezichten. *What the fuck*, dacht ik, ik ben de eigenaar. Heb ik nou echt de ballen niet? Dus heb ik stap voor stap de situatie uitgelegd. Ze hebben even overlegd en geaccepteerd om het te gaan doen zoals ik het voorstelde. Toen kon ik alleen verder, met een half miljoen schuld.

Ik was zo bang om alles kwijt te raken. Dat ik ons huis te koop zou moeten zetten. Dat is voor mij het grootste gezichtsverlies. Dan faal je als echtgenoot, als vader. Dat negatieve gevoel was heel sterk. Ellen zei weer terecht, maak je niet druk. Dat deed ik wel. Straks konden we helemaal niks meer. Het werd uitzichtloos. Ik heb weleens een moment gedacht: die boom daar, als ik 'm daar met mijn donders goeie levensverzekering eens tegenaan rijd. Dan is mijn gezin zonder zorgen. Maar ook zonder man en papa, dus wist ik meteen dat ik stom aan het denken was. Dus dat heb ik nooit serieus overwogen, ook al kan ik me heel goed voorstellen dat er mensen zijn die wel zo denken.

Integendeel, ik ben gaan knokken. Ik heb er eigen geld in gestoken van een potje dat ik nog van het schaatsen opzij had gezet. Mijn vader steunde me in alle opzichten, soms ook met tijdelijke leningen. Als ik die ouwe goedzak niet had gehad… Een voor een ben ik bij de grotere bedrijven langsgegaan en heb ik uitgelegd hoe het zat. Wat er ook zou gebeuren, ik ga alles afbetalen, beloofde ik uit de grond van mijn hart. Daarvoor had ik ook hun hulp nodig. Samen zijn we eruit gekomen. Tot mijn verrassing werd het vrij snel weer drukker. Na een halfjaar begonnen we zelfs wat te verdienen. Het kon dus wel.

De zaken gaan echt goed. We zijn er weer helemaal bovenop. Ik ben zo trots op hoe we het gedaan hebben. Mijn vader is nu 75 jaar en doet nog steeds het calculatiewerk voor me. Dat is ook erg goed voor hem, want op deze manier gebruikt hij zijn kop en dat houdt hem scherp. Mijn vrouw zegt weleens: "Als je ouders komen, ga het alsjeblieft niet over het werk hebben." Maar dat gebeurt toch. Mijn vader en ik hebben dezelfde passie in het werk dat we doen. Dit is pure liefde. Door de week kom ik misschien wel drie, vier keer bij hem thuis, om dingen door te nemen of op te halen. Dit is waar het om gaat in ons leven.'

'Ik hoef met mijn vader niet over mijn gevoelens te praten. Dat ik me weleens waardeloos heb gevoeld, dat soort dingen; voor mij is het niet nodig dat met mijn vader te delen. Het is niet zo dat ik me hoefde te schamen bij mijn vader. Hij heeft mij altijd het gevoel gegeven dat ik bij hem terechtkan, dat ik alles bij hem kwijt kan. Dat is toch voldoende?

Bovendien zijn er heus weleens onenigheden. Bij sommige investeringen zegt hij soms dat ik dat beter niet kan doen. Dan heb ik iets van, nou ik doe het toch. "Kom niet bij mij als het fout gaat," zegt hij dan. Binnenkort moet hij opnieuw gekeurd worden voor zijn rijbewijs. Als hij daar doorheen komt, wil hij nog een keer een dure auto kopen. Moet je doen, heb ik gezegd. Want voor ons hoef je geen cent achter te laten. Prachtig toch, die goedzak. Doe ik ook met mijn kinderen. Die hebben ook een auto van me gekregen. Ik schuif ze weleens wat toe. Kom maar bij me, als je het even niet redt, zeg ik dan, je moeder hoeft het niet altijd te weten.

In 2020 zijn we 25 jaar getrouwd. Dat is ook een prestatie. We hebben onze ups en downs allemaal gehad en Ellen is toch degene die elke keer weer in mij gelooft. Ze blijft constant naast me staan en houdt me vaak genoeg een spiegel voor. Zij zegt ook: "Fal, verman je. Blijf er niet in hangen." Zonder Ellen was ik nooit zo ver gekomen als wat we samen nu hebben bereikt.

Het leven is niet altijd even makkelijk. Dat houd ik de kinderen ook voor. Geniet van de momenten die er zijn en koester die. Mijn kinderen hebben heus wel gezien dat ik het soms lastig had. Mijn oudste zoon trok zich dan een beetje terug, zat wat vaker op zijn kamer. Ik legde hem uit wat er aan de hand was en dan zei hij: "Kut voor je." Mijn dochter heeft me ooit eens een brief geschreven waarin ze me aansprak op mijn hevige rookgedrag. "Ik wil je niet kwijt, pap," was de strekking. Tja, en zo gaan we door.'

6

Mannenbroeders

Hoe goed ken jij je beste vriend echt? / Een stap in de diepte: de mannengroep / Homo's en hetero's horen ook bij elkaar / Lotgenoten ontmoeten elkaar in hun verdriet / Brief aan je vader

'We kennen elkaar van haver tot gort en toch ook weer niet,' vertelt Tim. 'We weten precies wat de een gaat doen na dat ene biertje te veel. We zijn het soms zwaar met elkaar oneens en toch lachen we de geschillen weg. Bij elkaar in de buurt voelen we ons echte mannen en laten ons daarmee tegelijkertijd niet echt zien.

Dertig jaar zien we elkaar met regelmaat. Het begon in onze studententijd. Elke vrijdagmiddag om een uur of vier kwamen we samen in een Tilburgse kroeg. Het kon twee kanten op gaan. Of we hielden het na shoarma om een uur of zeven voor gezien. Of we haalden de nacht door. Meestal gebeurde het laatste.

Totdat er vriendinnen bij kwamen. We gingen samenwonen. Er werd getrouwd, er kwamen kinderen. De vriendschap leed er niet onder. Vrouwen waren immers welkom, nou ja, min of meer. Bijeenkomsten werden minder frequent, maar wel hechter. We gingen weekendjes weg, logeerden in boerderijen waar ook het kroost zich kon vermaken. En dronken vrolijk door. Ook, en vooral, toen de eerste vriend scheidde.

Meer krassen volgden. Een vriend haakte af, er kwam er eentje bij. Vrouwen verdwenen, nieuwe vrouwen en kinderen volgden. Er ging een partner dood, die van mij, en een voor een begonnen de oude vaders en moeders van de vrienden te sterven. Wij bleven elkaar zien, de vriendschap was onverwoestbaar. En ja, de club heeft een naam: 't Hangend Lid. Als we dronken zijn, zingen we ook ons clublied – over ene Trees Naaijkens.

Inmiddels de vijftig gepasseerd, met kinderen die of de deur uit zijn of hoofdschuddend naar hun ouweheer kijken, zijn we teruggekeerd naar waar we ooit begonnen. De mannen alleen. We gaan onnodig sportief doen in de Ardennen, we veinzen culturele nieuwsgierigheid in Antwerpen. Als er maar Belgische biertjes in de buurt zijn om onze mannenvriendschap te bevestigen.

In het najaar van 2018 waren we een lang weekend in Dublin om te vieren dat we elkaar al dertig jaar door dik en dun steunen. Ter voorbereiding, vier eet- en drinkavonden in Breda, ontstond de behoefte aan diepgang. Voor mannen is "diepgang" multi-interpretabel. Het kwam er in ieder geval op neer dat we behalve pullen Guinness en flessen Jameson leegmaken ook de stand van ons leven wilden opmaken.

Waar we twintig jaar geleden het thema "vrouw" in een vakantiebungalow met veel puberale branie onderzochten, maakten we nu een avondje vrij voor het thema "vaderschap". Een van de acht mannen had zijn bedenkingen. Hij was geen vader. Maar hij heeft er wel eentje. Sterker, van de hele groep was hij de enige wiens vader nog leefde. Wat een geluk, zei ik. Hij was om.

Ik mocht de avond begeleiden en liet iedereen (mezelf incluis) een ultrakorte brief schrijven aan zijn vader. Rode lijn: welke vraag heb je je vader nooit durven stellen? Het leidde tot bijzondere ontboezemingen, waaruit bleek dat mannen elkaar soms heel goed dachten te kennen, maar dat er nog vele verhalen volstrekt onbekend bleken te zijn. Daar houd ik het bij. Wat werd gedeeld in Dublin, blijft in Dublin. Met dank trouwens aan die tweede fles whiskey.

Onze mannenvriendschap gaat nog wel een jaartje of dertig door, hebben we besloten. Het is pure *bromance*, mannenliefde zonder seks. De komende tijd doen we het met elkaar op de oude, vertrouwde wijze, met veel anekdotes, goede catering en fysiek behapbare activiteiten. Want je moet er niet aan denken dat je elke bijeenkomst "een stukje diepgang" moet organiseren. Dat doen die vrouwen maar.'

Veiligheid versus bravoure. Zwakte versus haantjesgedrag. Opwellende tranen versus een stevige klap op de schouder. Je hart openen versus je masker opzetten. Een gefluisterde ontboezeming versus een keiharde grap. Goed gesprek versus slap geouwehoer. Vriend versus kameraad. Oprecht versus eerlijk.

De mannengroep.

Voor mannen die met verlies en tegenslag te maken krijgen, is de mannengroep een ideale uitkomst om dit soort ervaringen ter sprake te brengen. Goede kans dat jij bij het woord mannengroep nu een lichte rilling over je rug voelt trekken. Aan de term kleeft een vleugje jaren zeventig, maar dat dondert niet. Het gaat erom dat je mannen bij elkaar brengt. Dat doe je al op vele plekken, op vele manieren. Neem het wekelijkse fietsclubje, het voetbalteam dat oude vrienden elke zaterdag bij elkaar brengt, of een groepje verzamelaars dat zich vergaapt aan elkaars klassieke auto of een uitpuilend postzegelalbum. Of natuurlijk een kroeg waar met de regelmaat van de klok mannen aan de toog aanschuiven.

Er ontstaat een mannelijke dynamiek, met alle verschillende types die je kunt bedenken. Je hebt de natuurlijke leider, de moppentapper, de stille man die zich afzijdig houdt, maar heel goed luistert, je hebt de man die zich overschreeuwt, de meelopers, de eeuwige zeikerd, en de man die niet thuis geeft als het tijd is voor een rondje. En toch vormen ze steevast een hechte groep.

‘Op plekken waar alleen mannen samenkomen, ontstaat als vanzelf een andere chemie dan wanneer er ook een vrouw bij is,’ zegt Wim.

Jaren geleden zat Wim met een aantal collega-hulpverleners te eten. Het was al wat later op de avond toen hij met een groepje mannen natafelde. Lachen, gieren, brullen. De nodige pinten waren al gedronken op het moment dat Wim zijn vurige wens op tafel legde. Hij wilde een mannengroep starten. ‘Doodeng, vond ik het. En toch heb ik het gedaan.’ Zullen we met regelmaat bij elkaar komen om het over het leven te hebben, vroeg hij drie andere mannen. Iedereen zei onmiddellijk en volmondig ja.

Terwijl de mannen meteen de agenda trokken om een eerste afspraak te maken, merkte Wim hoe verderop aan tafel een paar vrouwen nieuwsgierig naar hen kijken. Je zag ze denken: wat gebeurt daar bij die mannen? De jaloezie was bijna voelbaar. Wim en zijn mannen waren onbereikbaar. Vrouwen werden even niet geduld.

'Ik heb altijd de behoefte gehad om dingen met mannen te delen. Op een gegeven moment dacht ik, dit moet structureel. Niet iedere maand, maar hooguit een aantal keer per jaar. En geen praatgroepje, ik wil vooral iets doen met elkaar. Als je iets gaat ondernemen met mannen, dan komt dat praten vanzelf wel.'

Time-out: wat voor man ben jij? Een mannenman die zich op zijn gemak voelt bij andere mannen en meteen dezelfde 'lichaamstaal' spreekt? Of een vrouwenman die vrouwelijke vrienden heeft die zich bij jou vertrouwd voelen? Of van allebei een beetje? Ben jij een man die weinig tot geen echte vrienden heeft? Zet de namen van die vrienden eens op papier en deel ze in verschillende categorieën in: boezemvriend, sportvriend, activiteitenvriend enzovoort. Hoeveel 'ware vrienden' heb jij?

Wim heeft drie mannengroepen. Eentje met collega's uit de geestelijke gezondheidszorg. Hij gaat met een ander clubje houtzagen in het bos. En met zijn derde groep maakt hij wandelingen door de natuur.

'Die laatste groep is ontstaan uit een mannenweekend in België, waar ik een opstelling begeleidde over de impact van de mannenlijn. Dat ging zo lekker dat we kort erna nog eens zijn samengekomen en dat leidde weer tot nieuwe ontmoetingen, activiteiten en wandelingen. We rouleren in het land en dan lopen we door de natuur terwijl we praten over zaken die voor ons als man belangrijk zijn.'

Vragen, vragen, vragen. Wim is nooit uitgevraagd. Het kan overal over gaan. Niets is onbespreekbaar. 'Hoe doe jij dat nou? Topvraag. Even toetsen bij de ander hoe hij ergens mee omgaat. Het zegt natuurlijk veel over mezelf, over mijn contact met mijn vader. Dat mijn vader zijn vader niet had, komt tot uiting in die mannengroep. En door daar vragen over te stellen, om daar eerlijk over te spreken, komen de antwoorden. Hoe deed je dit met je vader? Hoe doe je dit met je kinderen, met je zoons?'

Met vragen worden nieuwe vragen wakker gemaakt, waar misschien helemaal geen antwoorden op zijn. Dat is niet erg. Het is een proces, het is zoeken naar thema's die lang spelen, maar niet zichtbaar willen worden.

Elke mannengroep heeft een zogeheten poortwachter nodig. Iemand die in de gaten houdt dat het niet de hele avond over werk, voetbal of vrouwen gaat. Natuurlijk moet eerst even de losse sfeer ruimte krijgen, maar op een gegeven moment is het tijd voor diepgang. Wim is zo'n bewaker.

'Dan roep ik de jongens even tot de orde. Waarvoor zijn we hier vanavond? Nu gaan we het hebben over het afgesproken thema. En ja, dat is elke keer weer doodeng. Je moet elkaar weer onder ogen komen. Je moet de code opnieuw uitvinden. Wat kan wel, wat kan niet? Kun je kwetsbaar zijn? Wat laat ik zien? Wat laat ik niet zien? Is het veilig voor iedereen? Alles wat je in een normale groepsdynamiek ook hebt, vind ik bij mannen nog veel spannender.'

Kortom, een mannengroep is een groep mannen die bewust bij elkaar komen om verbinding te zoeken. En met verbinding krijg je herkenning en erkenning van mannelijke thema's. In de mannengroep is er behoefte en bereidheid om de diepgang op te zoeken. De mannengroep biedt veiligheid om je ziel en zaligheid te durven en kunnen bespreken.

DE EERSTE STAP

'Zeg, Wim?'

'Ja?'

'Ik wil ook een mannengroep starten. Hoe doe je dat?'

'Wat is je doel? Wat wil je halen?'

'Ik wil nog meer leren van mezelf, via andere mannen.'

'Heb je goeie vrienden?'

'Ja, maar ik wil nieuwe mensen leren kennen.'

'Het gaat erom dat je mannen zoekt en vindt die moeilijke thema's durven te bespreken.'

'Een doe- of een praatclubje?'

'Noem het niet een mannenpraatgroep. Dat is in die zin een besmette term. Ga iets doen wat voor jullie van belang is. Zoek dus gelijkgestemden. Heb jij die?'

'Dan denk ik meteen aan mijn liefde voor Amerika. Ik ken een ondernemer die het liefst naar Amerika zou willen verhuizen. Een ander schrijft boeken over Amerika. En nog iemand heeft er een tijdje rondgereisd. We delen alle drie een passie voor het land.'

'Prachtig begin. Het woord passie is al gevallen.'

'Maar ik wil het niet alleen over Donald Trump hebben. Het gaat natuurlijk vooral over onszelf, over ons man-zijn.’

‘Via welke thema’s? Relaties, kinderen, sport, passie? Trek het breed.’

‘Ik word enthousiast.’

‘Ja, maar nu moet je ze uitnodigen. Dat is het spannende. Je moet je nek uitsteken. Dat risico moet je lopen.’

‘Poeh. Hoe doe ik dat?’

‘Laat je kaarten zien. Zeg dat je weet dat er een gezamenlijke passie is. Dat je al heel lang op je agenda hebt dat je een groep mannen wilt hebben om te delen. Wacht eens, wat raakt jou nou, Tim?’

‘Pfff. Dat is nogal wat, om jezelf echt bloot te geven.’

‘Waar ben je dan bang voor?’

‘Dat je dan dus… nou ja, het onbekende. Dat je buiten het vertrouwde naar iets op zoek moet gaan. Wat dat dan is, dat weet ik niet. Dat geeft angst, moet ik bekennen.’

‘Je wordt nu wel zichtbaarder.’

‘Heb je een tip?’

‘Gewoon doen.’

Tims watervrees kennen jullie misschien ook. Het is gewoon spannend om jezelf in een groep mannen zichtbaar te maken met je innerlijke roerselen. Zo zijn de meesten van ons niet opgevoed, dus ben je er niet aan gewend. Het is niet onze eerste beweging, vandaar dat Tim even diep adem moet halen om alleen al dat eerste verlangen naar een mannengroep uit te spreken.

Gevoelige thema’s bespreekbaar maken, dat wordt in sommige delen van de mannenwereld ook al snel geassocieerd met homo- of biseksualiteit. Een paar generaties terug leerde je als jongen dat het tonen van tedere gevoelens niet mannelijk was. Dat was vrouwelijk, mietjesgedrag, en daar kon je maar beter niet aan beginnen. Onderschat niet hoe homofobie nog altijd aanwezig is in de heteroseksuele mannenwereld.

Denk aan de moeite die de voetbalbond moet doen om het onderwerp homoseksualiteit in de kleedkamer überhaupt bespreekbaar te maken. KNVB-voorzitter Michael van Praag vertelde in de *Gaykrant* dat de betaald-voetbalclubs hun spelers zelfs aanraden om niet uit de kast te komen. 'Een homoseksuele voetballer in het eerste elftal wordt meteen door het publiek uitgescholden, zeggen de clubs. Dat is slecht voor zijn carrière en dan is het hele stadion tegen hem. Want een stadionpubliek is soms wreed. Zeer wreed.'

Genoeg werk te verrichten dus. Want die opvattingen op het hoogste niveau sijpelen door naar het amateurniveau. Er zijn gelukkig uitzonderingen, maar menig homo houdt nog steeds zijn mond als er binnen zijn elftal foute grappen worden gemaakt. Opmerkingen van Johan Derksen in het tv-programma *Voetbal Inside* helpen daar niet bij. Hij noemde zichzelf geen homofoob, maar zei wel: 'We moeten nou eens ophouden dat het zo verschrikkelijk moeilijk is om uit de kast te komen. Als je een beetje karakter hebt, dan kom je daar gewoon voor uit.'

We leven in een land met vrijwel volledige acceptatie van homoseksualiteit. Rechten en plichten zijn wettelijk verankerd, ongeacht je geaardheid. Soms lijkt het of die maatschappelijke acceptatie weer wat onder druk komt te staan, wat niet alleen verwerpelijk, maar ronduit spijtig is. Mannen horen bij mannen, en dat geldt net zo goed voor homo- of biseksuele mannen. Zij zijn welkom. Daarover bestaat geen enkele twijfel, ook en vooral in mannengroepen waarin het man-zijn centraal wordt gesteld. Homoseksuele mannen hebben zich eveneens te verbinden met heteroseksuele mannen, wat nog niet vanzelfsprekend is. Homo's en hetero's hebben een natuurlijke beweging om zich op hun eigen eiland terug te trekken. Niet doen.

Niet zelden is het de vrouw die na afloop van bijvoorbeeld een lezing bij Wim aanklopt. Hoe kan mijn man nou deelnemen aan zo'n mannengroep, is dan de vraag. In zijn praktijk vertelt Wim vaak met liefde en enthousiasme over de meerwaarde van zo'n groep. Dus hoe trek je met name mannen over de streep die met zichzelf in de knoop zitten? Niet Wim, maar de man moet immers die eerste stap zetten. Een klein duwtje in de rug kan geen kwaad.

'Het is lastig,' erkent Wim. 'Het gaat in de eerste plaats over bewustzijn. Dat het van belang is dat je de verbinding wilt en durft te maken met mannen met als doel om je eigen isolement te doorbreken en dingen bespreekbaar te maken. Dat het fijn is om dat met mannen te doen, maar ook spannend.'

Mannen zijn van nature competitief van aard. Dat zie je in hun werk. Ze gaan de strijd aan met collega's en zullen zich om die reden niet snel van hun kwetsbare kant laten zien. Mannen hebben tegelijkertijd een gezamenlijke geschiedenis. Een oergevoel dat van oudsher is gekoppeld aan het leven beschermen, aan jagen, aan oorlog voeren, aan vechten. Maar ook aan elkaar blindelings vertrouwen. Want je was als man ook tot elkaar veroordeeld. Je had elkaar hard nodig in de overleving.

Voor alle mannen, maar zeker voor degenen met een verlieservaring, is het moedig om zich aan te sluiten bij een mannengroep. Als je daar vervolgens de stap durft te zetten om je gekwetstheid te tonen, dan zal je thuiskomen bij jezelf. In een mannengroep word je niet afgestraft. Hier word je met rust gelaten. Hier hoef je niet te voldoen aan de regels en de codes van de buitenwereld. In een mannengroep kun je jezelf zijn, mag je ook je vervelende kant laten zien, je nare trekjes. Bovenal, je wordt serieus genomen.

Wim: 'Een mannengroep functioneert pas goed als je wordt ondervraagd. Geen kruisverhoor, maar nieuwsgierige en oprechte vragen. Dat gebeurt ook bij mij. Laat elkaar vragen stellen die spannend zijn. Het is goed als het schuurt, dat je echt iets van elkaar wilt weten. Het gaat om ervaringsverhalen. Als ik het heb over het gemis van mijn vader, dan raak ik al die mannen die daar zitten. Maar ik moet het wel expliciteren. Je moet heel nadrukkelijk het thema benoemen. Dus ga ik elke keer weer langs mezelf en het bijbehorende verdriet om dat als gespreksonderwerp in te brengen.'

Je komt dus iets brengen en iets halen. Dat gaat verder dan de wekelijkse voetbalwedstrijd met nagenieten in de kantine of de muziekband die vrolijk met elkaar op stap gaat. Allemaal reuze waardevol, maar een mannengroep vraagt net iets meer van de man. En wie vraagt, wordt beloond. Er gaat een helende werking van uit. Deelnemen aan een mannengroep heeft een meerwaarde voor jezelf, voor je relatie en de opvoeding van je kinderen of het kan troostend zijn bij eenzaamheid.

Hoeveel mannen lopen niet 'te klooien in hun leven,'

zoals Nathan Vos dat zo treffend verwoordt in zijn boek *Man o man*. We rommelen maar wat aan met thema's die we allemaal kennen, maar niet kunnen delen. We vinden liever het wiel opnieuw uit dan dat we elkaar deelgenoot maken van onze heimelijke onzekerheden. Liever verborgen zelftwijfel dan openlijke kwetsbaarheid. Die onzekerheid gaat vaak vermomd als koene ridder. Hoog op zijn paard gezeten verbergt hij de vele verliezen die hij als ridder wel degelijk heeft geleden. Welke verliezen dat zijn? De afwezige vader en het gemis om hem. Het verlies van een baan of gebroken carrière. Oude liefdes, vervlogen toekomstdromen of weggestopt gepest uit de jeugd. Geen zaken die je bij de koffieautomaat op je werk met collega's bespreekt.

Soms ook doet die 'koene ridder' er thuis op de bank het zwijgen toe. Dan voelt hij de verwachting van zijn partner om te allen tijde de rots in de branding te zijn. We kennen deze mannen maar al te goed. Om die reden kan een mannengroep helpen in je relatie. Hoe je het ook wendt of keert, in een relatie doe je op een bepaalde manier water bij de wijn. Dat is noodzakelijk om ergens gezamenlijk in het midden uit te komen en een harmonieus leven te leiden. Hoe langer dat duurt, hoe meer je met elkaar versmolten raakt. Lever je een deel van je mannelijkheid in? Knabbelt de symbiose van een relatie aan je mannelijke identiteit? Je kunt als man verdwijnen in de relatie. Vrouwen doen daar soms ook een appèl op. Het kan lastig zijn als man om dat af te grenzen.

Wim is eerlijk. 'Ja, ik merk dat dat gebeurt. Daarom helpt het mij om bij de mannen te zijn en de oversteek te maken. Ik zie veel mannen in mijn praktijk die het lastig vinden om op hun plek te gaan staan en te blijven staan in hun relatie. Je moet werkelijk je rug rechten, niet statisch maar flexibel waar nodig. Je moet als het ware kunnen buigen in het staan. Daarmee geef je duidelijk jouw grenzen aan zodat je partner weet waar zij of hij aan toe is. Die duidelijkheid draagt bij aan rust in je relatie. Als je dat niet van je vader hebt gekregen, als je die steun niet hebt gehad, dan ga je in je partnerrelatie water bij de wijn doen. Dat maakt je niet erg aantrekkelijk.'

Bij de mannen kom je thuis. Je ontvangt er de erkenning en herkenning. Het geeft je nieuwe kracht. Of zoals Wim ervaart: 'Ik verlang nog meer naar mijn vrouw als ik na zo'n dag met de mannen weer huiswaarts keer. Ik ben weer bevestigd in mijn mannelijke identiteit en voel me dan sterker dan ooit. De ervaring thuis te komen bij de mannen helpt en inspireert ons om onze zonen als mannen van nu op te voeden.'

DE TWEEDE STAP

Het duurt wel een tijdje voordat Tim de daad bij het woord voegt. Hij merkt dat het nog vele malen spannender is dan hij heeft verwacht. Tijdens een lunch met een van de drie beoogde mannen floept Tim er de vraag gewoon uit. Vlak voor het afrekenen, dat dan weer wel. Het is nu of nooit.

'Ik wil je nog wat vragen.'

'Oké.'

'Ik denk er al een tijdje aan om een mannengroep te beginnen. Pak 'm beet twee keer in het jaar samenkomen en met elkaar dingen delen die ons bezighouden. Ik zat te denken om bijvoorbeeld...'

'O, dat lijkt me heel leuk.'

Tim schiet in de lach. Hij heeft niet eens in detail uitgelegd wat hij precies in gedachten heeft. De eerste man heeft al toegezegd. En ze hebben het niet eens over de gedeelde passie gehad. Dat is makkelijk.

Op naar de volgende dan maar. Meteen de volgende dag. Zelfde verhaal. Meteen volgt de toezegging. En later op de middag nummertje drie. Die hoeft er ook niet lang over na te denken. Tim heeft zijn mannengroep. Althans, ze hebben ja gezegd. Tim ziet ze heus wel nadenken na die snelle instemming. Waar zeggen ze ja tegen?

Als hij iets meer uitlegt wat de bedoeling is, zie je ze toch even schrikken. Lekker discussiëren over de Verenigde Staten? Prima. Over hun specifieke passie voor het land vertellen? Geen probleem. Maar vervolgens de diepte ingaan? Tim suggereert dat ze voor hun eerste ontmoeting een brief schrijven. Aan hun vader. En dat ze die dan voorlezen aan elkaar. Ja, dat is spannend. En dat maakt het interessant. Vier mannen gaan binnenkort met elkaar kennismaken. Ze wachten op een mailtje van Tim. Nu is er geen weg meer terug.

Nog geen seconde mijn praktijkruimte binnengetreden, of Will komt meteen ter zake. Hij heeft twee vragen. Ten eerste, zijn vrouw is een halfjaar geleden overleden. Is hij wel goed aan het rouwen? Of ik hem wil bevragen en dan kan laten weten of het prima gaat. Of anders heb ik wellicht wat tips om beter en sneller het rouwproces te kunnen afronden. Ik glimlach.

Ten tweede, Will wil een lotgenotengroep starten voor weduwnaars. In zijn dorp kan hij zo drie, vier mannen bedenken die hun vrouw hebben verloren. Als gepensioneerde huisarts heeft hij de sociale vaardigheid om de lotgenoten om zijn eettafel te krijgen en ze hun verhalen te laten delen. Is het een goed idee, vraagt hij. Uitstekend, zeg ik. Hoe graag had ik niet zoiets in mijn eigen periode van rouw gehad.

Mooi, kunnen we dan een plan maken? Will zit overduidelijk in de startblokken. Aan de slag, zeggen zijn ogen. Ik stel voor dat we zijn idee voor de lotgenotengroep tot het eind van deze eerste sessie bewaren. Eerst maar eens aftasten hoe het met het verdriet en de pijn om zijn overleden vrouw is. Het zou wellicht een obstakel kunnen zijn bij het opzetten van een lotgenotengroep.

Onomwonden herkenning, wat heb je daar soms behoefte aan als man (en als vrouw) wanneer je een groot verlies hebt geleden. In de meeste situaties is er voldoende hulp uit je directe omgeving en zonder uitzondering met de beste intenties. De ervaring leert dat weduwen elkaar makkelijker opzoeken dan weduwnaars.

Een mannelijke lotgenotengroep is natuurlijk wezenlijk anders dan een mannengroep die met elkaar de diepte in wil. Zeker als het verlies recent is en dus rauw in alle opzichten, is het raadzaam om de bijeenkomsten te laten leiden door een ervaringsdeskundige die wat meer afstand kan nemen van de heftigste emoties in die eerste periode. Het vereist specifieke kennis om een rouwgroep te begeleiden. Als huisarts heeft Will heel wat patiënten en nabestaanden bijgestaan rondom de dood.

Will had één probleem, hij durfde niet zo goed. Herkenbaar, zei ik. Daar begint het mee. 'Zal ik er de eerste keer bij zijn?' stelde ik voor. Dat trok hem over de streep. Een kleine maand later zaten we met zes mannen rond zijn eettafel. Het was een genoeglijke avond, waar de mannen zich vooral aan elkaar voorstelden. De een was een beetje schuchter, de ander had het hoogste woord en nog iemand verkoos louter te luisteren.

Na de tweede sessie vroeg ik hem hoe het vervolg was geweest. Er was er eentje afgehaakt, maar de gesprekken waren geweldig. Er werd veel gelachen en de 'oudjes' genoten van een jong groepslid dat onomwonden over internetdating was begonnen en zijn ervaringen had gedeeld. Het kon ieders gemis niet wegnemen, en ieder rouwde op zijn eigen manier en tempo, maar Will voelde zich gesterkt dat hij uit de diepe ellende ook iets helends tevoorschijn had getoverd.

DE DERDE STAP

Tim stelt de drie anderen aan elkaar voor. Een kort introductierondje, waarbij hij in een paar minuten vertelt waar hij de mannen van kent. Een gezonde spanning hangt in de lucht, die wordt doorbroken als Tim de eerste flesjes bier opent. Cheers!

Alle vier hebben we onze brief aan onze vader geschreven. Als gastheer biedt Tim aan om te beginnen, maar dat blijkt niet nodig. De man die het spits afbijt, is nerveus en hapert hier en daar. Het maakt niet uit. Zijn verhaal roept vragen op. Hij geeft geen antwoord, maar begint te vertellen. Over wie hij was ten opzichte van zijn ouweheer, wie hij is geworden, wat hij heeft gedaan en hoe hij zich heeft laten inspireren, of juist niet, door zijn vader.

Een uur eerder kenden deze vier mannen elkaar niet. Nu voelt het alsof ze elkaar al jaren kennen. Dan is het Tims beurt om zijn brief voor te lezen.

Beste pa, lieve pa, of gewoon pa? Ja, gewoon pa. Hey pa!

Ik heb je nog nooit een brief geschreven. Of ben ik het vergeten? Misschien een keer vermomd als Sinterklaas, in een gedichtje op 5 december. Ja, vast wel. Maar nooit een echte brief, in een envelop, postzegel erop en in de brievenbus.

E-mails waren er niet in jouw tijd. WhatsApp al helemaal niet. Ik heb ook nooit een brief van jou gezien, geschreven aan wie dan ook. Je handschrift herinner ik me nog wel. Van die hanige letters, fel op het papier gedrukt. Met die Parker-pen van je. Hoorde echt bij jou, die felheid. In één keer uit de hoek komen. Pats.

Je hebt me nooit geslagen. Maar wat was ik bang voor je. Voor die onvoorspelbare felheid, de woede om niets, de ijskoude houding naar mama, het geschreeuw naar elkaar, de onredelijkheid, maar ondanks dat ook alle leuke dingen die we met elkaar deden.

Ik weet, je kon er niets aan doen. Je was ziek. Zoals je ook niets kon doen aan al die andere tegenslag in je leven. Wat moet het zwaar voor je zijn geweest. Ik heb echt met je te doen. Maar tussen jou en mij, dat is pas iets van de laatste jaren. Toen heb ik je pas echt leren kennen, al herinner ik me weinig meer.

Zeg pa, ik realiseer me plotseling dat ik je in deze brief tutoyeer. Dat ik geen u zeg. Goh, wat grappig. Ik had me dat als kind niet in mijn hoofd moeten halen. Kennelijk ben ik niet meer zo bang. Respect heb ik nog steeds, maar dat simpele ontzag van toen? Nee, daar ben ik te oud voor. Ik ben nu bijna net zo oud als jij bent geworden trouwens.

Of ik veel ouder word dan jij, dat weten we natuurlijk niet. Wel dat ik meer geleefd heb, dat ik meer kansen heb gekregen, dat ik heb geleerd van wat jij niet kon, kreeg en mocht. Dankzij jou. Mag ik u daarvoor danken? Dag pa,

Uw zoon Tim

'Als ik de brief teruglees, zie ik allerlei taalkundige omwegen. Noem het een linguïstisch masker dat ik in mijn huiskamer nog niet meteen heb afgezet. Het maakt geen bal uit. De vragen zijn oprecht. De drie mannen willen echt weten waarom ik ben zoals ik ben, zonder dat ik het gevoel heb bij een therapeut op de divan te liggen.

Het is ver na middernacht als we ietwat uitgelaten afscheid van elkaar nemen. We zien allemaal uit naar een tweede bijeenkomst. Dan gaan we iets doen, is de afspraak. Ik heb mijn mannengroep. *Mission accomplished*!'

Time-out: ben je geïnspireerd? Hier zijn wat tips voor activiteiten en gespreksonderwerpen in jouw mannengroep:

Tip 1. Schrijf een korte brief aan je vader. Laat het niet een uitgebreid epistel zijn waarin je nog eens jaren aan oude koeien uit de sloot haalt. In zijn boek *De terugkeer van de koning* doet Ton van der Kroon diverse suggesties. Schrijf je vader in simpele taal wat je van hem vindt en wat hij voor jou heeft betekend. Vertel hem wat je in hem waardeert (ook als hij niet meer leeft) en wat je in hem afkeurt. Vertel hem hoe het is om zijn zoon te zijn, waar het schuurde en lastig werd. Vertel je vader over de manier waarop jij naar zijn relatie met je moeder keek of hoe hij in jouw ogen met seksualiteit omging.

Voelde jij je gezien door je vader, of niet genoeg? Schrijf het maar eens op, je zult merken dat die herinneringen de nodige gevoelens zullen oproepen. Mochten er gevoelens zijn van je vader of moest je je vermannen? Werd je geprezen om je talenten of werd je alleen aangemoedigd om beter te presteren? Kies uit deze suggesties een of twee vragen en probeer twee treffende voorbeelden uit je jeugd zo gedetailleerd mogelijk te beschrijven. Vergeet daarbij niet, je schrijft je vader met de liefde van zijn zoon.

Binnen je mannengroep lees je je brief voor aan de andere mannen. De ervaring leert dat een of twee brieven per bijeenkomst beter werkt dan ze allemaal vanwege de tijdsdruk afraffelen. Dat is zonde. Tijd nemen en waar nodig vertragen helpen je om een heuse verdiepingsslag te maken. Want een vraag levert nieuwe vragen op. Herinneringen borrelen omhoog en zo krijg je niet alleen een beter beeld van je vader, maar nog meer van jezelf. Je bent en blijft immers de zoon van die ouwe.

Tip 2. Laat aan elkaar zien of horen wat je passie is. Neem daar uitgebreid de tijd voor. Ben je liefhebber van Amerikaanse blues of country? Laat je favoriete artiesten horen en vertel over je reis naar Nashville. Houd je van lange wandeltochten? Vertel over een bijzondere tocht en wat die met je deed. Kun je geweldig koken? Bereid een smakelijk diner en vertel ze over de ingrediënten en de wijze waarop je dat hebt geleerd.

Het is hoe dan ook genieten geblazen, want niet alleen krijgt de man zijn podium om ongehinderd over zijn passie te vertellen, maar ook weet hij zich gesteund door geïnteresseerde mannen. Die komen met vragen waar je zelf niet eens aan gedacht hebt. Het is dankbaar om iets te mogen laten zien, terwijl je publiek getuige mag zijn van die passie. Vergeet niet, menig man heeft juist die aandacht van zijn vader gemist.

Tip 3. Waar ben je geboren? In die vraag ligt al zoveel verborgen. Neem de mannen mee naar de plek waar je het levenslicht hebt gezien of waar je bent opgegroeid. Het geeft een completer beeld van elkaar als je verhalen kunt delen aan de hand van tastbare herinneringen uit je jeugd.

Reken maar dat er ook veel gelachen wordt als je op het schoolplein staat waar je je eerste verliefdheid voelde, het fietsenhok waar je je eerste meisje zoende of de straat waar je je eerste klap uitdeelde. Je ouderlijk huis is een veelbelovend startpunt. Hier begon het allemaal. Het jongetje en zijn gezin van herkomst, welke warme herinneringen of moeizame strubbelingen komen dan bovendrijven?

O ja, sluit af met een goeie borrel in je ouwe dorpskroeg.

Als je niet zelf een mannengroep wil starten, zijn er voldoende mogelijkheden om je onder begeleiding van een ervaren mannencoach incidenteel of zelfs een paar dagen onder te dompelen in het warme bad van mannelijke energie. Kijk maar eens op internet wat voor mogelijkheden er zijn. Of stuur ons een mail, we helpen je graag op weg.

Maar vooral, kijk om je heen. Met wie van jouw vrienden zou jij weleens meer de diepte in willen gaan? Of is het tijd voor nieuwe vrienden? Het zou best kunnen dat jij aan het eind van dit hoofdstuk afhaakt omdat een mannengroep een stap te ver is. Fysieke weerstand is een menselijke reactie als je je op te zweverig terrein begeeft, ondervond Tim aan den lijve. Wie van een echte uitdaging houdt en ‘de Alpe d’Huez van de mannengroepen’ wil beklimmen, zou eens moeten denken aan… de zweethut.

‘Waarom moest ik nou zo nodig naar een workshop Mannen en Energie? Na de eerste dag had ik behoorlijk de pest in,’ vertelt Tim. ‘Dat kwam omdat we op de tweede dag met vijftien halfnaakte mannen in een zweethut zouden zitten. Een eeuwenoud sjamanistisch reinigingsritueel. Daarvoor moesten we eerst houthakken, van takken het dak van de hut bouwen en nog wat dingen om het groepsgevoel aan te wakkeren.

Daar ben ik niet altijd meteen voor te porren. Ik erger me aan de types die altijd meteen met elkaar aan de slag gaan en proberen anderen enthousiast te maken. Liever kijk ik even de kat uit de boom. We sjouwden met stenen die met vuur werden verhit, we spraken wat persoonlijke wensen uit, we trokken onze kleding uit en slechts gehuld in een handdoekje keken we elkaar in een kring nog eens goed in de ogen.

Ik wilde hier helemaal niet zijn. Alles in mijn lijf verzette zich. Pure weerstand.

Precies dat had ik te leren, realiseerde ik me plotseling. Ik gaf me over en verdween met de mannen in de zweethut. Gloeiende stenen werden binnengeschept. Dikke dekens gingen over het deurgat, het was pikkedonker en binnen de kortste keren werd het bloedheet. De begeleider vertelde over het ritueel en goot vervolgens water over de stenen. Er was stoom, ondraaglijke hitte, de adem werd me benomen. Ik had het niet meer. En met mij veertien mannen.

We kreunden, we schreeuwden, we zwegen, we hielden elkaar vast, we leden en we ondergingen. Ieder op zijn eigen manier en toch verbonden met elkaar. Zo ging het urenlang, met enkele tussenpozen. Het ritueel bracht me in contact met de diepste krochten van mijn ziel en op enig moment ontmoette ik mijn vader zelfs. Hij en ik liepen een paar honderd meter met elkaar door een straat in mijn geboortedorp. Was het een hallucinatie? Ongetwijfeld, maar dat doet er niet toe. We waren echt weer even samen, wat bizar was omdat hij een jonge man was en ik een volwassen vent. We keken elkaar aan, het voelde heel vertrouwd en net zo snel verloren we elkaar ook weer uit het oog. Wat een dierbare ontmoeting daar in het donker van die zweethut.

Alsof we onoverwinnelijk waren geworden, zo kropen we met elkaar na afloop uit de zweethut. Er was iets veranderd, in mezelf en in de groep. Iedereen had zijn eigen innerlijke strijd geleverd, het was helend om dat met elkaar te kunnen delen. Met respect vooral, niemand werd uitgelachen. Een dag later zouden we afscheid nemen, een diepe ervaring als man rijker. We waren drie dagen broeders geweest en gingen nu weer onze eigen weg. Met vrouwen erbij had het nooit gewerkt. Als ik weleens een vrouw vertel over die bijzondere ontmoeting, zie ik ze meewarig kijken. Prima.'

‘Iemand vroeg hoe ik me voelde. Dat zette me aan het denken’

Ahmed Marcouch (1969, burgemeester van Arnhem)
Over de dood van zijn moeder en het afscheid van Marokko

‘We wisten nooit precies wanneer hij zou arriveren. Dan zaten we in de wacht, luisterend naar elk geluidje dat ons niet bekend voorkwam in het dorp. Want misschien was dat wel de auto die mijn vader uit Nederland thuisbracht. Dat kon soms nachten duren. Als hij dan het erf opreed, dan was er die bijzondere blijdschap. Zijn terugkeer, voor drie weken in de zomer, was mooi en vreugdevol. Hij bracht zoetigheid mee. De emoties en nostalgie zitten ook in die snoepjes. Dat proef ik nog steeds als ik op een Wilhelmina-pepermuntje zuig.

Onze vader was weer in huis, dat gaf een gevoel van geborgenheid. Het was veilig, er was weer stabiliteit. Zo voelde het voor alle kinderen. We waren weer compleet, dat is de zoete herinnering van mijn vroegste jeugd. Die blijdschap duurde maar heel even. Al heel snel kwam weer het verdriet. Mijn vader ging terug naar Amsterdam. Dan stond iedereen op het erf te huilen tot zo'n dorpssnorder hem kwam ophalen. Koffer in de achterbak en dan vertrok hij. De enige momenten dat we nog van hem hoorden, was via cassettebandjes die hij af en toe opstuurde.

Ontmoeting, vreugde, afscheid en tranen, zo ging het iedere zomer. Het moet voor die man ook ingewikkeld zijn geweest. We noemen het vakantie, maar dat begrip kenden zij toen helemaal niet. En nog steeds. Tot op de dag van vandaag vragen Marokkanen niet of je op vakantie gaat naar Marokko. Nee, ga je naar huis? De laatste tijd stel ik ook een kritische tegenvraag. Hoezo naar huis? Mijn huis is hier, in Nederland. Ja, mijn wortels liggen in Beni-Boughafer. Maar hier woon ik. Misschien verdring ik mijn emoties hierover wel. Ik zie mezelf als rationalist.'

'Een keer bleef mijn vader langer. Mijn moeder stierf toen ik tweeënhalf jaar oud was. Hij zou een week blijven, maar dat werden zes maanden. Ruimte om te rouwen bestond eruit dat dingen geregeld moesten worden. Dat is niet iets Marokkaans, maar wel typerend voor gemeenschappen waar gevoel geen thema is. Rationeel handelen telt veel meer, dus bevreemdde het niemand dat mijn vader meteen hertrouwde.

Wat natuurlijk meespeelde, was dat er kleine kinderen waren waar iemand voor moest zorgen. Mijn vader moest wel, want wist dat-ie weer terug naar Nederland moest voor zijn baan. Dus kreeg hij advies van de mensen om hem heen. Die zeggen dat je weer snel moet trouwen, ze koppelen je min of meer aan een vrouw uit het dorp, het huwelijk vindt plaats en dan ga je weer terug. Hij verloor zijn baan overigens toch, omdat hij zo lang wegbleef.

Van jongs af aan voelde ik me een wees. Vanuit mijn kinderhart redeneerde ik: geen moeder, want die is dood. En geen vader, want die is weg en onbereikbaar. Met die nieuwe vrouw had ik totaal geen band. Het was nogal wat voor haar, ineens ben je de stiefmoeder van een stel kinderen. Ik woonde in een huis waar iedereen zich bewust was van de afwezigheid van de moeder. Zo ben ik opgegroeid. Ik heb me nooit kunnen binden of hechten op moederniveau. En met mijn vader heb ik dat ook niet gehad.

Hier op mijn werkkamer in het stadhuis heb ik een foto van mijn oma, de moeder van mijn moeder. Een uitvergroting van een pasfoto die ze ooit liet maken omdat ze één keer in haar leven een reis maakte: op pelgrimage naar Mekka. Dan ga je kijken, wat heb ik van mijn moeder? De herinneringen aan mijn oma zijn heel warm. Zij was een rechtvaardige, vrome vrouw. Het was fijn om bij mijn grootmoeder te zijn. Ze was een veilige boezem, een baken in het duister.

Ik kwam in 1979 naar Nederland en ging in 1987 voor het eerst terug naar Marokko, een jaar of vier nadat oma was overleden. Dan verwacht je hetzelfde beeld aan te treffen als toen ik vertrok. De werkelijkheid was als een fata morgana in elkaar gestort. Ze was er niet meer. Ik kwam ons oude huis binnen en voelde de leegte en het werkelijke gemis. Ik heb geprobeerd om met mijn tantes een beeld te krijgen van wie mijn moeder werkelijk was. Dat is niet gelukt. Je krijgt korte reacties, ze waren geneigd iets moois te zeggen. Ik wilde zo graag weten hoe mijn moeder was als kind. Hoe speelde ze? Wat vond ze belangrijk? Waar droomde ze van?

Pas na de dood van mijn vader kon ik iets met al die vragen. Op de begraafplaats heb ik het graf van mijn moeder getraceerd, door een aantal getuigen uit het dorp te mobiliseren. Je ziet er namelijk niet meer dan een hoop zand met aarde eroverheen. Er ligt nu een grafsteen op haar graf, met haar naam, geboorte- en sterfjaar zodat mijn kinderen het ook kunnen zien. Toen ik bij haar graf stond, drong het plotseling tot me door. Mijn god, mijn moeder was 36 toen ze overleed. Toen had ze al tien kinderen.'

'Je zou kunnen zeggen, mijn moeder had negen kinderen, omdat mijn oudere broertje Ahmed als peuter is gestorven. Zijn grafje is met de tijd door het zand en de wind verdwenen. Ik heb bij mijn geboorte drie jaar later zijn papieren gekregen en daarmee dus zijn identiteit. Zo ging dat in die tijd in het Rifgebergte, waar de administratie niet op orde was. Van de generatie van mijn vader wisten weinigen hun exacte geboortedatum. Toen iedereen zich na de oorlog moest registreren, kregen ze een familienaam en waren ze allemaal op 1 januari geboren met het jaar bij benadering.

Ik ben op 2 mei 1969 geboren, maar in het paspoort van mijn vader was ik drie jaar ouder toen ik op mijn tiende naar Nederland emigreerde. In mijn tienerjaren heb ik er veel last van gehad. Ik moest door mijn formele leeftijd veel eerder van school en door naar het voortgezet onderwijs. Ik wilde een krantenwijk op mijn vijftiende, maar ze geloofden niet dat ik oud genoeg was. Logisch, ik zag eruit als twaalf. Ik moest me conformeren aan een leeftijd die niet klopte, waardoor ik altijd sneller moest lopen. Dat heeft als opgroeiende man veel met me gedaan.

Bij mijn eerste sollicitatie bij de politie heeft me dat opgebroken. Ik was mentaal nog veel te jong en werd om die reden afgewezen. Dat raakte me. Ik realiseerde me dat ik eigenlijk helemaal niet wist wie ik was. Daar heb ik in mijn vroege twintiger jaren tot mijn dertigste best mee geworsteld. Totdat ik op een gegeven moment dacht, wat gek eigenlijk. Toen begon ik het te relativeren, begreep ik de context waarin ik was vernoemd.

Ahmed, mijn broer, heeft geleefd. Mijn moeder heeft mij naar hem vernoemd. Omdat ik feitelijk zijn identiteit had overgenomen, was het ingewikkeld voor de buitenwereld. In een kring met politieagenten moesten we elkaar ooit vertellen wat het verhaal achter je naam is. Dan zei bijvoorbeeld iemand: "Ik heet Johan, gedoopt Johannes Jacobus en vernoemd naar mijn grootvader." Als het mijn beurt was en ik over mijn broer begon, was het eerst hard lachen. Maar vertelde ik vervolgens het verhaal en luisterde iedereen oprecht, dan kwam het begrip.

Zeker nu ik ouder ben, is Ahmed geen schaduw die met me meereist. Hij is gewoon mijn broer, mijn oudere broer. In de orde van ons gezin heeft hij zijn eigen plek. In de telling klopt het.'

'Wat heb ik me eenzaam gevoeld toen ik net in Nederland woonde. Een groot gezin op een bovenwoning in Amsterdam-Oost, met gedeelde slaapkamers. Mijn vader moest plotseling van alles regelen voor zijn overgekomen gezin, maar hij kon van alles vooral niet. Belastingpapieren invullen, scholen regelen, brieven vertalen, dat was er allemaal niet bij. Hij leefde jarenlang in zijn eigen, kleine wereld waarin Nederlands leren niet noodzakelijk was. Dat heeft mij gevormd.

Tegenwoordig zouden we zeggen: Ahmed, je was depressief. Ik zat regelmatig in mijn eentje te huilen in een soort berghok. In die periode heb ik mijn moeder veel vaker stiekem gemist. Dat speelt zich vanbinnen af. De ergste eenzaamheid, terwijl je onder de mensen bent. Ik had het idee dat het allemaal duister was, dat het leven niet ging zoals ik wilde. De verklaring kan van alles zijn. Dat je je op dat moment miskend voelt. Of dat je denkt, als ik mijn moeder nou had gehad... Je voelt je alleen, worstelt met je puberteit. Als ik een andere, meer empathische persoon om me heen had gehad, dan was ik meer gezien. Denk ik.

Natuurlijk wilde ik het als vader anders doen dan mijn eigen vader. Op mijn negentiende kreeg ik mijn eerste kind, een zoon. Heel jong natuurlijk, daar was ik me bewust van. Ik nam me voor om veel meer een vriendschappelijke vader-zoonrelatie aan te gaan, om veel meer te faciliteren en op tijd de juiste dingen met mijn kind te doen. Gaandeweg merk je dat je dezelfde fouten maakt als je vader. Ik was streng, gaf bevelen, wat ik eigenlijk niet wilde. Het is kennelijk moeilijk daarvan af te komen.

Marokkaanse kinderen die hier geboren zijn, denken dat ze door te integreren hun eigen pad kunnen kiezen. Maar ze gaan voorbij aan hoe het werkt. Veel van de oude patronen gaan over van ouder op kind. Ook al zijn ze hier geboren, veel van het traditionele denken zit er gewoon in. Ik vond dat als jonge vader en als echtgenoot frustrerend. Ik trapte toch in die valkuil omdat ik het anders wilde doen. Ik schoot tekort, ik vond dat ik het niet goed had gedaan.

Die strijd heb ik jarenlang gevoerd, tot ik me verder ontwikkelde. Ik kan heel kritisch op mezelf zijn. Dan neem ik afstand, kijk en praat met mezelf. Zo ben ik jarenlang bij de

Amsterdamse politie in mijn werk gevlucht, ook omdat ik er zoveel plezier in had en er goed in was. Een collega confronteerde me op een dag en zei: "Ahmed, jij bent wel heel erg rationeel." Hoezo, dacht ik, waar heb je het over? Jij vraagt me wat en ik geef antwoord. "Ik wil gewoon weten hoe jij je voelt," zei mijn collega. Hoe ik me voel? Dat heeft me aan het denken gezet. Daarmee begon het voelen.'

'Ik ben een week naar de woestijn gegaan. Het was voor het eerst in mijn leven dat ik fysiek helemaal alleen was, heel anders dan de eenzaamheid als kind in die bergkast. Door een aantal dagen in mijn eentje te reizen, kreeg ik mentale ruimte om werkelijk te voelen wat er in mijn leven aan de hand was. Ik kwam tot de conclusie dat ik het voor mezelf goed moest doen. Niet voor anderen.

Dat voelde heel egoïstisch, maar het was nodig. Ik kom uit een cultuur waar je heel veel rekening houdt met wat de familie ervan vindt. Dat zijn de aangeleerde patronen. Zo is het geloof gedefinieerd, zo hoort een goed familielid het te doen. Voor wie doe ik het goed, was de vraag die ik in de woestijn beantwoordde. Blijf ik rationeel in een relatie die niet goed gaat? Doe ik dat voor de kinderen? Is dat goed voor ze? Is dat goed voor hun moeder en voor mezelf?

Zo begon ik mijn eigen gevoelens te herkennen. Dat was nieuw voor mij. De scheiding die daarop volgde, had impact. Het aangaan van een nieuwe relatie had impact. Dat zijn allemaal littekens. Je doet je best om het zo min mogelijk impact te laten hebben. Daar zorgt die kritische noot naar jezelf wel voor. Mijn rationele houding blijft opspelen. Maar ik doe in ieder geval mijn best om me kwetsbaar op te stellen. Ik laat mijn gevoelens zien naar mijn kinderen. Daar hoort een aarzeling bij, dat klopt, want zo heb ik het vroeger niet geleerd.

Mijn vader was van een generatie die niet gevoelloos was, maar die emoties wel als een zwakte zag. Mannen huilen niet. Jongens ook niet, zo zijn we opgevoed. Ben je gevallen? Pijn ja, hup staan, je huilt niet. Vrouwen huilen. Jongens moesten leren om zich te vermannen. Wees verantwoordelijk, was van oudsher de boodschap. Zorg ervoor dat je over voldoende kracht beschikt zodat je het leven aankan.

Als je naar het leven van mijn vader kijkt, heeft hij het ook niet makkelijk gehad. Eerst was er de bezetting en de oorlog tegen het Spaanse leger van Franco. Eind jaren vijftig werd de Rif door het Marokkaanse leger gewelddadig onderdrukt. Zijn generatie is diep vernederd. Hij is als oorlogsslachtoffer in de jaren zestig naar Nederland gekomen. Samen met veel andere gastarbeiders. Dat heeft hem gevormd.

Mijn vader was een zwijgende man wiens drama je niet mocht aanraken. Het leven draaide bij hem om overleven. In die geest heeft hij zestien kinderen grootgebracht. Daar kun je van alles van vinden, maar alle zestien zijn goed terechtgekomen. We zijn harde werkers. We zijn trots op eerlijk verdiend geld. Zonder uitzondering zijn we behulpzaam en kijken we om naar een ander. Dat komt voor een deel door zijn levensstijl en zijn inzet. Ik kan veel minpunten bedenken over mijn vader. Maar wat had ik in die omstandigheden gedaan? Had ik het beter gedaan?

Ik heb mijn vader nooit zien huilen. Geen enkele traan, ook al werd hij zachter naarmate hij ouder werd. Mijn drie kinderen hebben mij weleens zien huilen. Wanneer dat was? Dat is wel een heel intieme vraag.'

7
Onze moeders

We zouden ze bijna vergeten, maar niet heus

‘Hé Wim, zijn we niet iets vergeten?’

‘Ik denk dat ik weet wat je bedoelt.’

‘Onze moeders, wat doen we met de moeders?’

‘Die verdienen een plek in ons boek. We moeten ze eren. Simpelweg eren, omdat ze ons op de wereld hebben gezet, ons hebben opgevoed en daarmee een van de belangrijkste mensen in ons leven zijn.’

‘Jennifer grapte altijd tegen onze kinderen: *I borned ya*. Ik heb je gebaard, vergeet dat nooit.’

‘Ja, moeders zijn onze hechtingsfiguren. Vrouwen ook met wie we strijd hebben gehad, en die ontzettend van ons gehouden hebben en wij van hen. Die verdienen een plek in dit boek. We moeten alle moeders, alle vrouwen insluiten.’

Tim: ‘Mijn moeder leeft nog en de moeder van mijn kinderen is dood. Die laatste, Jennifer, komt uitgebreid aan bod, maar toch ook weer niet. In dit boek is ze een bijfiguur voor de manier waarop ik als man met mijn verlies ben omgegaan.’

‘Hoe was eigenlijk de relatie tussen jouw moeder en Jennifer?’

‘Zoals je die kent als dochter en schoonmoeder, haha.’

‘Met alles wat erbij hoort.’

‘Zoals elke schoondochter haar gedachten heeft over de moeder van haar geliefde. Op de vingers gekeken, maar ook de verbindende vrouw tussen oma en kleinkinderen. Jennifer kon mij geweldig op de kast jagen als ik weer eens iets deed wat haar irriteerde. Dan zei ze: “Je bent net je moeder.” Vreselijk, als ze me ergens mee kon pakken, dan was dat het wel. Terwijl ze vaak wel gelijk had, want in veel dingen lijk ik op mijn moeder. Tegelijkertijd wilde ik dat helemaal niet zijn.’

‘Wat was dat dan precies?’

‘O, de manier waarop ik dingen wel of niet deed. Passief-agressief ergens op reageren. Ook omdat mijn vader al zo vroeg overleed, pik je door de jaren heen allerlei dingen op van je moeder.’

‘Op welke eigenschappen ben jij trots?’

‘Zorgzaamheid. Er zijn voor andere mensen, dat ook.’

‘En wat vind je minder?’

‘Als ik dat zeg, val ik voor mijn gevoel meteen mijn moeder af. Als we moeders willen eren op deze plek, dan heb ik de neiging om mezelf te censureren als het gaat over hoe de relatie met mijn moeder is.’

‘Als we alleen maar eren, doen we onszelf tekort en daarmee onze moeders.’

'Ja, maar misschien is dat dan wel een van die mindere eigenschappen. Te snel iets met de mantel der liefde willen bedekken, zoals mijn moeder heel goed kan. Dat is niet altijd voor haar eigen bestwil. Zoals het dat ook niet voor mij is. Ik heb wel geleerd de afgelopen jaren om daarin voor mezelf te kiezen en niet altijd alles en iedereen te willen *pleasen*.'

'Leuk.'

'Leuk?'

'Nou ja, het is herkenbaar. Ik ken die mantel der liefde ook zo goed. Dan hadden we ook nog eens een middenstandsgezin, dus we waren dubbelgehandicapt, zoals ik het altijd noem. Aardig zijn voor klanten, tot in het extreme toe.'

Tim: 'Jouw moeders eerste kindje heette ook Wim. Vertel daar eens wat over.'

'De relatie met mijn moeder is gekenmerkt geweest door het feit dat haar oudste zoon Wimke is gestorven na zijn geboorte. Ik heb zijn naam gekregen. Jarenlang heb ik in zijn schaduw geleefd, zo heb ik dat ervaren. Tot ik het uiteindelijk bespreekbaar ben gaan maken met haar. Dat ging in stappen. Iedere keer als ik haar zag, werd het verlangen sterker om het erover te hebben. Iedere keer weer voelde ik me even verdrietig. Zij ook. Ze vertelde wat over Wimke en dan kon ik weer een jaar vooruit.'

'Een jaarlijkse dosis verbinding en troost.'

'Tot het steeds lastiger werd om een jaar vooruit te kunnen. Er moest iets gebeuren. Uiteindelijk heb ik een plek gekocht op het kerkhof. Uit de boom die mijn vader ooit heeft geplant, heb ik een beeld gemaakt. Ik heb Wimke zijn naam gegeven. Ik heb mijn broers, zussen en mijn moeder uitgenodigd. Mijn vader was inmiddels overleden. Wimke eren op die plek is het beste wat ik ooit heb kunnen doen.'

'Hoe veranderde de relatie met je moeder na dat moment?'

'Op het kerkhof viel er een last van me af. Ik was niet langer mijn moeders troostzoon en stapte uit zijn schaduw in mijn eigen licht. Daarmee eerde ik Wimke, mijn vader en mijn moeder. De relatie met mijn moeder werd lichter. Het was geen thema meer.'

'Mooi.'

'Mooi zonder woorden. Het was prettiger met haar. Ergens had ik ook een soort boosheid naar haar toe, omdat het er vanuit haar niet over ging. Ik moest zelf telkens het initiatief nemen. Zo ging ik voor haar zorgen. Ik was een soort vader van mijn moeder geworden.'

Tim: 'Die verantwoordelijkheid herken ik wel. Ik ben mijn moeders oudste zoon, nummer vier in een gezin met vijf jongens. Mijn drie halfbroers hebben dezelfde vader, maar hun moeder is jong overleden. Mijn moeder heeft er alles aan gedaan om een hecht gezin te smeden, een bijna onmogelijke klus.'

'Door alle verlies wat er is geweest?'

'Ja.'

'Vertel eens wat meer.'

'Nee, heb ik geen zin in. Komt die mantel der liefde weer om de hoek kijken. Mijn moeder is nu in de winter van haar leven. Ze is heel gelovig en wil graag naar God, vooral ook om haar moeder weer terug te zien. Niet dat ze dood wil, maar het leven is voor haar voltooid.'

‘Wat is je grootste zorg om haar nu?’

‘Dat ze niets tekortkomt. Dat ze nog veel contact houdt met alle kinderen en kleinkinderen. Daar heb ik mijn broers ook op aangesproken. Wij moeten dit doen. En dan is mijn bereidheid vanuit die verantwoordelijkheid als oudste zoon veel groter. Ik wil zorgen.’

‘Ben jij de kartrekker?’

‘Ja. De afgelopen jaren heb ik mooie gesprekken met haar gevoerd, over haar jeugd, over het leven en de dood. Dat heeft mooie verhalen opgeleverd.’

‘Als jouw moeder komt te overlijden, is het dan oké voor je? Is het dan rond of heb je haar nog iets te zeggen? Of nog iets te doen?’

‘Nee, ik heb niets meer te doen. Zeg, Wim, genoeg over onze moeders?’

‘Ja, genoeg over onze moeders. We kunnen er een boek over schrijven.’

‘Da’s waar. Maar niet hier. En niet nu.’

‘Liefde geven is moeilijk. Ik wil het in ieder geval anders doen dan mijn vader’

Douwe Bob Posthuma (1992, singer-songwriter)
Over het verlies van zijn grote liefde

‘En toen was ze weg. Totaal mijn eigen schuld, ik had het volledig verkloot. Ik ben waanzinnig vreemdgegaan en was tegelijkertijd heel verstikkend in mijn gedrag naar haar. Daar had ze genoeg van. Maar ja, zij was voor mij wel degelijk de liefde van mijn leven. En die heb ik laten lopen. Ze verdween en ik werd wakker. Ah oké, dacht ik, dus dit is die pijn. Zo erg had ik het nog nooit gevoeld. Het einde van deze relatie was voor mij het grootste verlies dat ik ooit heb meegemaakt. *I fucked up.*

Ze was pleite. Ik kon er niet mee dealen. Van alles heb ik geprobeerd om het goed te maken, maar dat hoefde van haar allemaal niet meer. Kansloos was het. Als ik nu echt weer zo diep in die pijn zou duiken, dan rollen meteen de tranen over mijn wangen. Wat kunnen vrouwen stellig zijn. Verbazingwekkend. Er was geen speld tussen te krijgen, ze wilde me niet meer. Het was gewoon klaar. Niks meer op deze aarde kon ik doen om haar terug te krijgen.

Ik ben haar gaan haten, uit pure onzekerheid over mezelf. Ik beeldde mezelf in dat ze nooit van me had gehouden. Je maakt jezelf helemaal gek in je hoofd. Ik was er echt helemaal klaar mee. Ja, ook klaar met het leven. Die momenten waren er wel, met vlagen soms. Ik ben toen heel veel gaan drinken en dan denk je weleens: mooi gebouwtje daar. Ik heb ook op plekken gestaan, ja. Maar er blijft, gelukkig voor mij, een wereld van verschil tussen daadwerkelijk daar gaan staan en die stap maken.

Het was ook zoveel meer dan liefdesverdriet. Mijn hele leven, mijn hele jeugd, alles kwam weer naar boven. Het ging om alle beslissingen die ik anders had willen nemen. Het was me niet gelukt. *I failed.* Ik had gewoon voor mezelf gefaald, in de liefde gefaald, buiten het feit dat ik iemand in de liefde niet gelukkig had gemaakt. Iemand van wie ik werkelijk hield. Ik had gefaald als man.'

This rain is not the cleansing kind
It drags you down and clouds your mind
And oh, you know, it chills me to the bone
Hold your tongue and hold my hand
I can only pray you'll understand
Without you I can only be alone
But I cannot repair this on my own
– uit 'I Do' van het album *The Shape I'm In.*

'Het dierbaarste moment met mijn vader Simon brengt me als jongetje terug in zijn atelier. Hij geeft me een vel papier en mijn eigen bakje verf. Terwijl hij serieus aan het schilderen is, speel ik ernaast en klieder me helemaal onder. En heel soms mag ik zelfs een paar strepen op zijn schilderijen zetten. Zo mooi, de totale omarming van vader en kind. Hij neemt me mee in zijn kunst, wil me insluiten in zijn leven. Dat voelde heel speciaal.

Mijn vader had twee gezichten. Ik zeg "had", want hij zit in het bejaardentehuis met de ziekte van Korsakov. Eigenlijk ben ik met twee vaders opgegroeid. Een die dronk en een die niet dronk. Zonder alcohol was hij een geweldige gast. Superlief, met een waanzinnig gevoel voor humor. Hij las me voor het slapengaan uit heel grappige boekjes voor, die misschien helemaal niet voor kinderen waren bedoeld. Het ging wat dieper dan *Sesamstraat*. Mijn vader heeft me al op jonge leeftijd geleerd wat humor is. We keken samen naar *The Simpsons*, schaterlachend op de bank. Ja, hij was een intelligente man. Zijn verhalen gingen over vrijheid, zo werd ik opgevoed. Onwijze vrijheid. Mijn moeder Ellen voedde me ook zo op, maar anders.

Op zijn manier had mijn vader ook een bepaalde bekrompenheid. Hij was een oorlogskind en daar heeft hij zijn hele leven nooit over gesproken. Hij groeide op in Zaandam met twee Friese ouders. De bezetting in die streek was best ruig. De Duitsers hebben weleens een pistool op de borst van mijn opa Douwe gezet. Die ging in de hongerwinter van 1944 tot '45 vaak op de fiets over de Afsluitdijk om zelfgemaakte kaarsen te ruilen voor brood en ander eten. Hij fietste door heel Nederland om zijn kinderen, mijn vader had nog een zusje, een tarwepannenkoekje te kunnen laten eten.

Mijn vader heeft altijd zielsveel respect voor zijn vader gehad. Daardoor kwam het verraad van zijn vreemdgaande moeder misschien nog zoveel harder aan. Zij was lid van de Pinkstergemeente en ging er op een dag vandoor met iemand uit die kerk. Mijn vader was een jaar of tien en heeft gezien hoe zijn vader huilend voor het raam stond, wachtend op zijn vrouw. Op een dag kwam ze weer terug en sindsdien is er nooit meer over gesproken. Het heeft mijn vader als kind diep geraakt. Elke keer als hij me hierover vertelde, moest hij huilen.

Vrouwen waren in de ogen van mijn vader slangen. En als hij genoeg had gezopen, dan waren het kankerwijven. Begrijp me goed, hij was wel degelijk waanzinnig verliefd op mijn moeder. Vrouwen vond hij prachtig, maar ze waren zijn muzen. Niet meer dan dat. Hij leed in dat opzicht wel een beetje aan het Picasso-syndroom. Ze moesten niet te dicht bij hem komen, dat heeft volgens mij wel met het overspel van zijn moeder te maken.

Mijn vader komt niet uit een gezin en zeker ook niet uit een tijd waar over gevoelens werd gesproken. Het zit niet in hem. Hij had twee grote liefdes, kunst en drank. Hij kon niet praten. Ja, intellectuele gesprekken voerde hij als geen ander, urenlang filosoferen over kunst. Maar nooit over zichzelf, hij had totaal geen zelfreflectie. Kunstenaars eigen, schijnt. Ik denk dat de grote schrijvers dat ook hebben. Luister maar eens naar Bob Dylan, een heel scherpzinnige singer-songwriter zonder de fijnzinnige zelfreflectie die Leonard Cohen wel heeft. Dylan vanuit zijn hoofd, Cohen vanuit het hart.'

'Ik merk dat mijn vaders kijk op vrouwen me niet onberoerd heeft gelaten. Zijn kijk deel ik niet, absoluut niet, maar ik moet echt waken voor het egocentrische. Mijn vader had alleen maar respect voor de kunst. Ik moet er bewust op letten om respect voor vrouwen, voor mensen in het algemeen te hebben. Net als elke man kijk je op een dag in de spiegel en zie je je vader. Dat is niet altijd even leuk. Ik heb heus wel liefde leren ontvangen. Zeker van mijn moeder, dat is een engel. Maar liefde geven, dat is moeilijk.

Laten we die pijnlijke grote liefde voor dit verhaal maar geen naam geven. Ze stond bij de ingang van de supermarkt, met een klein kind. Ik keek naar dat kindje met een vragende blik. Is die van jou, nu al? Nee dus, van haar zusje. Oké, zei ik toen tegen haar, wat doe je later vandaag?

Het was liefde op het eerste gezicht. Dat is niet echt een heel positieve emotie. Het beperkt onmiddellijk je vrijheid, althans zo voelde ik het. Het is beklemmend, voor jezelf en voor de ander. Het voelt alsof ze meteen macht over je heeft. Zo gedroeg ik me ook. Uit angst om haar kwijt te raken, uit angst voor de liefde misschien ook, begon ik rare sprongen te maken. Hoe meer zij ging loslaten, hoe meer ik wilde vasthouden. Ik voelde me in het nauw gedreven door wat ik voelde en niet begreep.

Weet je, de dood is vele malen erger dan liefdesverdriet. Wat de dood wel heeft, is duidelijkheid. Heel naar, maar het is helder. Ik houd van duidelijkheid, maar daar kon ik niks mee toen de grote liefde van mijn leven me had verlaten. Totale verwarring. Ik wist het niet meer. Ik was altijd die *cool dude*, degene die in de liefde de touwtjes in handen had. Dat was ik in één keer kwijt. Ik was een soort verkeersregelaar. Hé meisje, jij bent leuk, kom eens even hier. En jij, ander mooi meisje, kunt nu beter gaan. En tegen weer een ander meisje, wacht jij maar even. Die macht was ineens weg en dat vond ik doodeng.

Seksualiteit ontvangen is geen enkel probleem. Seks geven ook niet. Tja, intimiteit... Wat is dat? Ik weet het niet. Weet je, ik ben ook gewoon maar een geile hond. Er moet ook gewoon geneukt worden. Is neuken dan een slecht ding? Het is toch ook iets dierlijks? Seks hebben met iemand van wie je houdt is een heel ander spel. Ja, dat is het. Intimiteit voor mij is dat als ik seks met iemand heb, dat ik die ander ook wil laten genieten. Dat je in elkaar versmelt, dat je iemand wil *pleasen*, dat je iemand ontbijt op bed wil brengen.

Ik ben 26 jaar. Ik wil het liefst iemand anders nu eens niet zo'n pijn doen. Pas dan heb ik niet gefaald als *lover*, als partner, als man. Zo hoog als ik op de sociale ladder sta met mijn muziek, zo laag sta ik op de ladder van de liefde. Ik maak er een potje van en dat wil ik niet meer. Al vanaf mijn tiende wil ik vader zijn. Het beeld zit al jaren in mijn hoofd. Dan loop ik met mijn kindje ingezwachteld tegen mijn borst over de markt of door de tuin. Lekker koken, huisvader zijn. Luisteren naar de vragen van je kinderen. Ik kan niet wachten om die eindeloze vragen van mijn kids te beantwoorden. Zonder boos te worden.'

'Mijn vader had zijn eigen manier om mij stil te krijgen als ik huilde of moeilijk deed. Dan schreeuwde hij er gewoon overheen. Ging keihard tegen mij tekeer. Schreeuwen, en dan verstijfde ik helemaal. Ik kan nog steeds niet tegen harde geluiden of als mensen hard tegen elkaar schreeuwen.

Hij hield er rare trekjes op na. Dan zei hij bijvoorbeeld, en dit heb ik nog nooit iemand verteld: "Je moet nu gaan lopen, die kant op. En als je gaat lopen, dan mag je niet omkijken. Lopen, niet omkijken, en je gaat me nooit meer zien." En ik dan jankend op weg, doorlopen en niet omkijken. Kwam-ie een tijdje later lachend langsfietsen. Het was puur een test. Of hij me wel kon vertrouwen. Dat soort *fucking shit* heeft me wel getekend. Ik ben ook gaan stotteren door dit soort dingen. Van de schrik. Het was totale emotionele mishandeling.

Tegelijkertijd hunker ik ook naar de verhalen over mijn vader. Als ik in de stad iemand tegenkom die hem van vroeger kent, dan hang ik aan zijn lippen. Vertel, vertel! Want mijn vader was een boef. Hij heeft de buurt hier wel onveilig gemaakt. Toch voel ik trots als ik verhalen hoor over hoe hij in de kroeg stennis schopte. Op een of andere manier is dat een stoer, romantisch idee. Terwijl hij ook slachtoffers heeft gemaakt. Dat kan niet anders met zo'n leven. Je gaat Jesse James ook niet vragen waarom hij schoot. Hij was wie hij was, een legendarische gek. Mijn vader was op een bepaalde manier ook een soort Jesse James.

In het kunnen liefhebben ben ik wel een beetje het slachtoffer van hem. Jarenlang heb ik gezegd: ach ja, dat is nou eenmaal mijn vader, het is cool. Ik leefde en leef nog steeds op een bepaalde manier naar de blauwdruk van mijn vader. Ik probeer me daarvan los te rukken. Dat is kennelijk een levenslang ding, als iemand zo'n greep op je heeft. Zoals ik nu over hem praat, voelt ook bijna als een vorm van verraad. Loyaliteit gaat diep, terwijl je je best mag afvragen of je loyaal moet zijn naar iemand die je zoveel pijn heeft gedaan. Misschien kan ik me pas echt van hem losmaken als-ie dood is.

Al lang geleden heb ik afscheid genomen van mijn oude

vader. Op een gegeven moment was hij superbezopen van de trap gedonderd. Werd ik gebeld dat hij in een plas bloed lag. Hij is toen een tijdje in een kunstmatig coma gehouden. Doordat hij geen alcohol mocht drinken, raakte hij in een delier. Toen ze hem weer wakker wilden maken in het ziekenhuis, moest ik hem vasthouden. Hij was totaal aan het flippen. Beetje bij beetje kwam hij weer bij, maar het was wel het begin van het einde. Ik heb hem nog een tijdje thuis verzorgd, maar dat ging niet. Hij kon niet meer alleen naar de wc. Toen keken we elkaar aan en zei ik: "Dit gaat niet meer, hè pa?" "Nee," zei hij toen.

Dat was achteraf het moment dat ik hem definitief kwijt was. In het Sarphatihuis zorgen ze nu geweldig voor hem. Korsakov is een progressieve ziekte, dus het gaat snel. Ik ben al een tijdje niet meer geweest, ik vind het moeilijk om hem te zien, terwijl we binnen tien minuten zitten te schaterlachen als we bij elkaar zijn. In mijn eerste hitje "Multicoloured Angels" bezing ik hoe mijn vader me alles heeft geleerd wat ik moet weten. Ik houd superveel van hem en hij zielsveel van mij. Dat gaat nooit kapot. Hij is zo'n lieve man, dat maakt het soms ook zo moeilijk. Ik ben hem eeuwig dankbaar. Dus pa, ik houd van je en het is oké.'

8

Seksualiteit en intimiteit

Wees nooit een slappe lul / Goeie vraag, wat is intimiteit? / Seks na verlies is soms makkelijk, soms onmogelijk / Als seks een verslaving wordt / De man in tijden van #MeToo / Slachtoffer van misbruik

'Seks in tijden van gemis was voor mij een lichamelijke vlucht,' vertelt Tim. 'Na de dood van Jennifer kwam al snel weer fysieke behoefte. Ik miste een vrouwenlichaam in bed, voor het slapengaan, bij het wakker worden. Pure huidhonger. Ook verlangde ik naar een knuffel als ik thuiskwam van mijn werk, of die extra warme kus bij het weggaan 's morgens. Dat is een vorm van intimiteit die voor mij dicht tegen seks aanleunt.

In die kleine dingen miste ik Jennifer enorm. Onverdraaglijk was het bij vlagen. Je hebt je lichamelijke verlangens. Masturberen is niet toereikend. Kennelijk hebben mannen daar sneller en vaker last van, hoewel ik vaak genoeg van weduwen heb gehoord dat ook hun lichaam om seks schreeuwde. Ik kan het niet wetenschappelijk onderbouwen, maar het verschil is volgens mij dat vrouwen het vaker denken, maar dat mannen het makkelijker doen.

De eerste keer dat ik als weduwnaar met een vrouw naar bed ging, was een bijna surrealistische ervaring. Ik was me zo bewust van mezelf en van dat vreemde lichaam dat ik zomaar mocht beminnen. Er schoot van alles door me heen. Ik probeerde niet aan Jennifer te denken en daardoor doe je dat automatisch. Ik probeerde een knop om te zetten en me te focussen op de daad, waardoor het alleen maar lastiger werd. Ik zat enorm in mijn hoofd, terwijl je eigenlijk elkaars lichaam het werk moet laten doen.

Of ik me schuldig voelde, was de volgende ochtend de vraag van die lieve vrouw. Dat was niet het geval. Integendeel, ik kon het makkelijk splitsen. Nooit heb ik het gevoel gehad dat ik mijn vrouw verraadde. Ze was dood. Dan kon je ook niet spreken van postuum overspel, zoals je soms hoort. Die eerste keer was vooral een triomfantelijke opluchting. Het mag weer, het kan weer en alles werkt nog. Yes!

Een paar jaar later maakte ik een lastige periode door. Er was een eind gekomen aan een serieuze relatie en ik werd overweldigd door een combinatie van gemis en eenzaamheid. Alsof ik opnieuw de rouw in schoot. Ik bleek nog steeds niet echt in staat om mijn hart te openen en een intieme verbinding met een vrouw aan te gaan. Ik was vergeten wat werkelijke intimiteit inhield. Met Jennifer was het allemaal zo vanzelfsprekend geweest, je wist gewoon dat het goed zat.

In die periode ging ik jagen. Echt jagen op vrouwenlichamen. Op een gegeven moment was ik met drie vrouwen in één week tijd aan de gang. Nergens betrapte ik me op een gevoel van oprechte interesse, laat staan het verlangen om echte verbinding aan te gaan. Hoe krijg ik je zo snel mogelijk uit de kleren? En hoe vlug ben ik weer uit je leven verdwenen? Neuken om te vergeten wellicht? Het duurde driekwart jaar, toen keek ik mezelf aan in de spiegel en wist, dit is niet wat ik wil.'

Om bij de klassieke kern van de zaak te beginnen: mannen willen seks en vrouwen willen intimiteit. Gevalletje Mars en Venus. Zo simpel kan het zijn. Daarmee doen we beide seksen natuurlijk fiks tekort.

En toch...

We kennen de uitdrukkingen. Mannen lopen steevast hun pik achterna. Echte mannen hebben kloten, zeggen ze. De meeste mannen denken met hun eikel. Niet zo slap, pak jezelf eens even bij de ballen. Rolbevestigende clichés. Het tegenovergestelde is ook waar. Wees namelijk vooral geen slappe lul. Dan ben je namelijk een zakkenwasser. Aan een gecastreerde vent heb je niets. Rijdt hij loeihard en asociaal in een dikke, Duitse auto? Dan heeft hij vast een kleine plasser.

Hoe lang is die van jou? Heb jij die vraag als puber weleens gesteld aan je vriendjes? Vast wel. Heb jij je stijve stiekem langs de geodriehoek van wiskunde gelegd? Smokkelde je dan een of twee centimeter om jezelf wijs te maken dat die van jou wel degelijk meetelde?

Genoeg geluld over dat ding. Op naar de mannelijke seksualiteit die veel verder gaat dan louter het daadkrachtige lichaamsdeel. Want ook wij mannen verlangen naar de intimiteit die vrouwen zoveel beter schijnen te kennen. Alleen is de weg ernaartoe vaak net ietsje anders. Vrouwen beginnen met intimiteit voordat seks om de hoek komt kijken. Mannen maken meestal een andere beweging. Zij gaan korter door de bocht. Via seks komen zij bij intimiteit.

Time-out: heb jij seks puur voor het fysieke plezier of vrij jij om werkelijke verbinding te maken met je partner? Met andere woorden, wat levert seks jou op? (En voor een bonuspunt: als je een echte vent bent, durf dit soort vragen met je geliefde te bespreken.)

Wat is intimiteit voor de man nou eigenlijk? Een rondvraag langs een stel kameraden leverde het volgende op:

'Lekker in elkaars armen liggen.'

'Diner met kaarslicht. En daarna dampende seks.'

'Als we elkaar op een onbewaakt ogenblik in de ogen kijken en dat kan heel even tussendoor zijn. Zonder woorden.'

'Dat ze bij me kan huilen en schuilen. En ja, ook ik bij haar.'

'Hand in hand over straat, en dan glimlachen naar elkaar als iemand vreemd naar ons kijkt, twee mannen die van elkaar houden. Die lach is onbetaalbaar. Er komt niemand tussen.'

'Samen genieten van een fles goeie wijn.'

'Een omhelzing zonder woorden.'

'Uh, ik begrijp je vraag niet.'

Volop verschil dus onder mannen. De antwoorden maken duidelijk dat je de betekenis van mannelijke intimiteit kunt vinden in een veelheid aan activiteiten en gedachten. De vrouwelijke intimiteit vind je primair in het landschap van emoties en gevoelens.

Intimiteit is in ieder geval het moment dat twee partners elkaar vinden in een emotionele en fysieke bedding van veiligheid met ruimte voor raakbaarheid zonder oordeel. Of je daar nou voor moet voelen of iets voor moet doen – dat maakt ons geen bal uit. Als je er maar arriveert (en kunt blijven). In tijden van verlies is dat de grootste klus. Het is heel goed mogelijk dat je na ingrijpend verlies (van partner, kind, gezondheid, werk, onvruchtbaarheid, etc.) juist niets wilt weten van de lijfelijke liefde. Seks blijkt onmogelijk, intimiteit raakt zoek.

Het gaat al een tijdje niet lekker tussen Edmar en zijn vrouw. Zij ziet al anderhalf jaar een therapeut en nu moet hij maar eens 'aan de slag'. 'Het probleem ligt bij mij,' begint Edmar. 'Ik heb prostaatkanker gehad en bij de operatie zijn bepaalde zenuwen geraakt die impotentie hebben veroorzaakt. Eerst leek het allemaal nog verholpen te kunnen worden, maar in de praktijk valt het tegen.'

Ik reageer even niet op deze zakelijke mededeling. In de stilte die erop volgt, lijkt hij zich eerst boos te maken, maar dan volgt zichtbaar verdriet. Tussen de tranen door vertelt Edmar hoe geweldig het vroeger altijd was geweest. Voor allebei. 'Mijn vrouw is heel lief en begripvol, maar dat werkt averechts voor mij. Dan trek ik me liever terug. Knuffelen is ook fijn, maar het is niet genoeg. Het is niet wat ik wil.'

Voor Edmar is het belangrijk dat hij zijn gevoelens kan delen met een andere man. 'Zijn verlies verdient erkenning,' vertelt Wim. 'Wij mannen kennen de betekenis die we hechten aan onze potentie en aan de rol van seks om intiem te kunnen zijn. Zonder seks kunnen we ons onthand of zelfs ontmand voelen. Erover vertellen en gehoord worden helpt om de warboel aan gevoelens te normaliseren. Sterker, ze horen bij de ramp die hem is overkomen.'

Mijn vraag aan Edmar is simpel. Wat betekent het voor jou als man? 'Ik voel schaamte,' zegt hij. 'Het is net of ik gecastreerd ben. Een belangrijk onderdeel van mijn lijf doet het niet meer. Het liefst probeer ik het te vergeten. Dan heb ik de neiging om 's avonds meer te drinken. Dat helpt al helemaal niet, spanningen lopen verder op. Mijn vrouw zegt dat ik het allemaal te groot maak en dat ze toch wel van me blijft houden.'

Als ik hem voorhoud dat hij aan het rouwen is, kijkt hij me ongelovig aan. Het is de opening naar een vervolgsessie waarin we onderzoeken hoe Edmar afscheid kan nemen van zijn oude lichaam. Maar pas nadat hij ruimte heeft kunnen en durven geven aan de pijn, boosheid, schaamte en alle andere gevoelens die bij dit verlies horen.

Wat als je partner is weggevallen? Het leven gaat door en de liefde hopelijk ook. Een natuurlijke reactie is dat je lichaam zo dichtklapt dat je er niet aan moet denken om weer met een nieuwe vrouw of man in bed te stappen. Het blijkt voor sommigen een onmogelijke klus te zijn om je opnieuw te hechten en soms is dat al merkbaar aan de voordeur. Aan jouw lijf geen nieuwe polonaise, je ontwijkt liever een mogelijk nieuwe partner. Dat is op zich een natuurlijke reactie in het rouwwerk, maar het wordt ongezond als die blokkade aanhoudt en leidt tot sociaal isolement.

De tegenovergestelde reactie, waar Tim over vertelt, is dat je je verliest in seksuele uitspattingen. Neuken om de intimiteit buiten de deur te houden, ook al is het verlangen er wel degelijk. Dit is een manier om maar vooral geen verbinding aan te gaan, uit vrees voor of onmacht over het risico op nieuwe hechting. Je kunt iemand opnieuw verliezen, dus bind je je fysiek, maar houd je je hart zo veel mogelijk gesloten. Een fraai staaltje almachtgedrag, waarover we in hoofdstuk 2 hebben geschreven.

Er is veel gedoe in zijn huwelijk en Noah heeft de afgelopen tijd twee keer op het punt gestaan om de relatie met zijn vrouw te verbreken. Ze hebben drie kinderen en zijn tien jaar bij elkaar. 'Mijn probleem is dat ik telkens verliefd word op andere vrouwen,' vertelt Noah, die overkomt als een relaxed persoon die alles onder controle heeft. Op dit moment heeft hij een affaire met een collega.

Zijn vrouw weet ervan en heeft hem om die reden naar mijn praktijk gestuurd. 'Ik moet maar eens volwassen worden,' zegt Noah. 'Mijn vrouw wil dat ik voor haar kies. Ik wil haar niet kwijt, maar bij mijn vriendin voel ik een vrijheid die ik ook nodig heb.' De intimiteit thuis is behoorlijk zoek en vrijen doen ze al een poos niet meer. Waar te beginnen?

Noah vertelt dat zijn moeder het gezin op jonge leeftijd heeft verlaten. Zijn ouders hadden veel ruzie met elkaar. Moeder kreeg een buitenechtelijke relatie en vertrok met haar nieuwe vriend naar de andere kant van het land. Een keer per maand kwam ze op bezoek bij Noah, zijn broer en zus. Ogenschijnlijk onaangedaan vertelt hij over deze gebeurtenissen. Als ik hem voorhoud dat deze beslissing van zijn moeder enorme gevolgen heeft gehad voor zijn eigen gevoel van veiligheid en intimiteit, is hij een tijdje stil.

Die stilte is het besef dat er een relatie ligt tussen zijn hulpvraag (hoe blijf ik trouw aan mijn partner?) en het vertrek van zijn moeder toen hij jong was (verlies door verlating). 'In mijn begeleiding heb ik Noah uitgenodigd om meer te vertellen over zijn jeugd en het gemis om zijn moeder,' vertelt Wim. 'Ik legde hem uit dat het om gestolde rouw ging. Dat hij zijn verlies van toen niet heeft genomen. Met dat inzicht kon hij langzaam in contact komen met het diepere verdriet waar hij zich niet van bewust was geweest.'

Om bij dat verborgen verdriet te komen, nam Noah in een volgende sessie foto's mee van vroeger. Op het eerste gezicht lijken de traditionele familieportretjes vaak momenten van ontspanning, van harmonie of gelukkig samenzijn. Soms bedriegt de schone schijn. Noah had de ogen en vragen van Wim nodig om zich te realiseren dat zijn gedrag mede was gevormd door het vertrek van zijn moeder. Daaruit ontstond een angst om zich te binden aan één persoon. Die kan immers zomaar weer weggaan.

Aan zijn vader had hij in zijn jeugd niet veel. Zeker niet in emotioneel opzicht. Die had als alleenstaande vader zijn handen vol aan de scheiding en het gezin thuis. Niet alleen verloor Noah daarmee zijn moeder, ook zijn vader was in dat opzicht afwezig. En dat werd merkbaar toen hij op latere leeftijd intieme verbindingen aanging. Dat ging maar tot op zekere hoogte. Dat was het verhaal achter die onschuldige kiekjes.

Time-out: kijk zelf eens naar foto's uit je jeugd. Als baby op schoot bij je vader, hand in hand met je oudere broer of een klassenfoto van de basisschool. Wat is het verhaal achter de ogen op de foto, achter de manier waarop je je vastklampt aan je ouders? Hoe kijken zij en wat weet je inmiddels van het verleden dat anders blijkt te zijn dan je toen dacht?

'Heb jij achterdeurtjes nodig?' vraag ik hem. Het woord overspel klinkt als een oordeel, dus omschrijf ik de seksuele vluchtweg die mannen (en vrouwen) gebruiken binnen hun relatie. 'Ja,' zegt Noah kortaf over zijn escapades, als hij zijn verlies van toen heeft doorleefd en de pijn eindelijk verbindt aan de problemen in zijn eigen huwelijk. 'Via andere relaties ben ik in staat om bij mijn vrouw te kunnen blijven.'

Dat leidt tot de essentiële vraag. Hoe zou het zijn om de achterdeur op slot te doen en helemaal voor zijn vrouw te kiezen? Dat is een welhaast onmogelijke opgave en toch gaat Noah het aan. Stapje voor stapje. Niet door meteen die achterdeur dicht te timmeren, maar wel door de rouw om zijn 'verloren' moeder aan te gaan en de afwezigheid van zijn vader onder ogen te zien. Daarna wordt het mogelijk om de intimiteit met zijn vrouw opnieuw vorm te geven. Met vallen en opstaan, maar de weg terug blijkt wel degelijk begaanbaar.

Even een kleine ontboezeming. Het is best lastig om als mannen onder elkaar over de diepere betekenis van seks te praten, vinden wij. Natuurlijk, je kunt in de kroeg in een diepzinnig gesprek verwikkeld zijn over voetbal en moeiteloos overschakelen naar een wazige blik als dat leuke meisje van de bediening weer eens langsloopt. De biologie doet haar werk en een knipoog naar elkaar is voldoende. Codetaal tussen mannen onderling van de meest oppervlakkige soort, en daar is gelukkig niets mis mee.

Maar een open en eerlijk gesprek over seks? Wij weten hoe verduveld ingewikkeld het kan zijn. Bij het schrijven van dit boek kwam dit hoofdstuk niet voor niets pas als laatste aan de beurt. Veel onhandig voorspel, veel eromheen lullen en toen het eenmaal gebeuren moest: huppakee, geen woorden maar daden. Een hoop gepruts onderweg door pure onervarenheid.

Hallo, schaamte!

Wim: 'Bij ons vroeger ging de televisie meteen uit zodra er een tiet in beeld kwam.'

Tim: 'Haha, bij mij ook. Op de bank durfde ik niet naar mijn ouders te kijken als er bloot in beeld was. Zolang zij niets zeiden, bleef ik even stiekem genieten natuurlijk. Maar dat duurde nooit lang.'

Nou zijn wij van de generatie die handvaardig met de Wehkamp-gids aan de slag ging. Voor de jongere lezer, vraag maar aan je ouweheer.

Praten over seks was in onze jeugd soms omfloerst, merken we. Gelukkig is er de lichaamstaal. Preutsheid leidt tot verkramping. En als je echt niet om het onderwerp heen kon, dan was er het indirecte woordgebruik.

Tim: 'Pa en ik staan te knutselen in de schuur. Iets elektrisch, ik weet niet meer precies wat. Hij toont me de stekker en de stekkerdoos. "Dit is het mannetje en dit het vrouwtje. Je begrijpt vast wel waarom," zegt pa met een glimlach. Nou, ik weet het niet precies en toch ook weer wel, op een of andere manier. Ik voel me plots een grote jongen, ook al bloos ik van jewelste.'

Wim: 'Mijn vader is niet zo expliciet geweest, maar ik herinner me wel een moment dat hij met een ondeugende en ook bewonderende blik naar een mooie vrouw keek. Hij glimlachte naar me met een schuin oog. Wat was ik daar blij mee. Het was maar een fractie van een seconde, maar het voelde als een soort magische inwijding. Een onderonsje van vader en zoon, een mannenmoment. Het was ook meteen weer voorbij. Ik heb altijd gevoeld en geweten dat hij een gepassioneerde man was.'

Time-out: hoe praat jij, of heb je gepraat, over seks met je vader of moeder? Is dat voelbaar in de manier waarop jij met je partner of je kinderen over seks spreekt? Welke stap wil jij hierin maken? Wat houdt je tegen?

Wat als seks je leven is gaan beheersen? Wat als je dag in dag uit bezig bent met je vleselijke driften, als porno een voortdurende toevlucht wordt of als je manisch op zoek gaat naar seksuele bevrediging. Wat als je relatie eronder lijdt, als je je werk niet meer fatsoenlijk kunt uitvoeren en als je het zelf ook niet meer weet, maar je er niets aan kunt veranderen? Als je het gevoel hebt gevangen te zitten in seksueel gedrag dat je zelfrespect en alle energie uit je wegzuigt?

In zijn boek *Seksverslaving begrijpen en veranderen* komt psycholoog en seksuoloog Gertjan van Zessen tot de volgende definitie: 'Een zich herhalend gedragspatroon waarin de omgang met seks tot overwegend negatieve consequenties leidt, zonder dat betrokkene dit effectief kan bijsturen terwijl hij dat wel graag wil.'

Van Zessen voegt daar meteen aan toe dat we 'niet te veel academische gedachten aan de definitiekwestie moeten wijden'. Het is raadzaam om praktisch te blijven. Want seks op zichzelf is niet verslavend, schrijft hij. 'Verlangen, opwinding en orgasme kunnen een sterk belonende werking hebben, maar dat maakt seks niet verslavend op de manier van nicotine, alcohol of drugs. [...] Het hongerige verlangen naar seks kan het denken, handelen en voelen zo sterk bepalen, dat men letterlijk en figuurlijk niet uit het ingesleten spoor kan komen.'

Toch spreken we voor 'het praktisch gemak' over seksverslaving in dit boek. Wie zich herkent in bovenstaande beschrijving, mag zich troosten met de gedachte dat hij verre van alleen is. Verslaving aan seks is al jaren een groeiend probleem. Meer dan ooit worden we blootgesteld aan seksuele prikkels. Porno is thuis op de bank een muisklik van je verwijderd, waar je vroeger schichtig om je heen kijkend een seksshop moest binnenwandelen (of toch maar schielijk voorbijlopen).

Na een symposium over mannen en verlies komt Jordy (34) naar me toe. Mijn lezing heeft hem aan het denken gezet. Hij wil graag een afspraak en voegt er fluisterend aan toe dat hij met een verslaving kampt.

'Porno,' zegt hij, als we een tijdje later tegenover elkaar zitten. 'Ik kom er maar niet vanaf.' Het is een van de breekpunten geweest in de relatie met zijn (inmiddels ex-)vriendin. Zijn genogram laat zien dat zijn vader alcoholverslaafde was. Hij sloeg Jordy regelmatig als hij te veel had gedronken. Zijn ouders maakten voortdurend ruzie, maar bleven omwille van de kinderen bij elkaar.

Twee jaar eerder overleed zijn vader plotseling. Sinds dat moment is Jordy's behoefte aan porno sterker geworden. Zijn vriendin vond het maar niets en ze hadden er regelmatig onenigheid over. 'Ze kreeg het gevoel niet meer aantrekkelijk te zijn,' vertelt Jordy met spijt in zijn stem. 'Uiteindelijk was dit een van de redenen voor haar vertrek.' We stellen samen vast dat er een taboe rust op het praten over porno. Dat is het begin van zijn herstel.

Jordy is verre van alleen. Porno kijken is iets wat mannen (71 procent volgens het Rutgers-onderzoek uit 2017) veel vaker doen dan vrouwen (29 procent). Het hoort dus bij de mannen. Verslaafd zijn aan porno is een ander verhaal en harde cijfers zijn er niet. In de verslavingszorg is merkbaar dat een toenemend aantal mannen ermee kampt. Steeds meer klinieken ontwikkelen specifieke behandelprogramma's.

Seks is natuurlijk hartstikke lekker, laat daar geen misverstand over bestaan. Het vrijende lijf maakt de hormonen endorfine en oxytocine aan. Endorfine is een zogeheten gelukshormoon en een natuurlijke pijnstiller. Oxytocine kennen we als het knuffelhormoon en versterkt het wederzijdse bindingsgevoel. Bij het kijken naar porno zorgen de beelden voor seksuele stimulatie, waardoor het stofje dopamine in de hersenen vrijkomt. Daarmee ervaar je genot en blijdschap. Doe je het te vaak en dan bedoelen we dus echt heel vaak (dagelijks), dan treedt er overstimulatie op en moet je steeds vaker kijken voor hetzelfde effect.

Bij seksverslaving gaat het helemaal niet over seks. Het gaat om de behoefte om geliefd te zijn. Je kiest onmachtig voor de intensiteit in plaats van voor intimiteit. Omdat veelvuldig internetporno het brein kan veranderen, raak je beetje bij beetje verslaafd aan de stofjes die dat fijne maar o zo vluchtige gevoel geven. Jordy is zich ervan bewust, maar ontkomt niet langer aan de aantrekkingskracht van het verleidelijke scherm.

‘Als ik naar porno kijk, dan word ik rustig en tegelijkertijd onrustig,’ zegt Jordy als hij zich voldoende op zijn gemak voelt om openhartig over zijn verslaving te vertellen. Er is opwinding waar hij wel degelijk van geniet. ‘Maar als ik stop, komt steeds weer teleurstelling in mezelf naar boven.’

Het weerhoudt hem er niet van om zijn laptop toch telkens weer open te klappen. Tja, waarom? In de veiligheid van ons gesprek, waarin niets raar of fout is, komt Jordy tot de ontdekking dat hij zich vaak niet fijn voelt. We onderzoeken dat gevoel. Jordy blijkt last te hebben van angsten, die hem regelmatig overvallen. ‘Porno werkt voor mij als een verdoving van dat nare gevoel.’

Het is een vorm van overlevingsgedrag, houd ik hem voor. In de daaropvolgende sessies werken we samen aan het ophelderen van die angsten. Waar komen ze vandaan? Zijn stapel van verlies biedt inzicht. Zowel zijn vader als moeder was niet altijd even voorspelbaar in hun reactie. Die onveiligheid in het gezin zorgde voor onveilige hechting en een negatief zelfbeeld, oorzaak voor zijn latere angsten. Jordy erotiseerde die gevoelens waardoor er een dwangmatig patroon van porno kijken kon ontstaan.

‘Het was sowieso al helend om hier zo open over te kunnen spreken,’ zegt Wim. ‘Stapje voor stapje zijn we langs de verschillende verliesmomenten gegaan. De plotselinge dood van zijn vader had nauwelijks aandacht gehad in zijn leven. Ook hier ontstond nu meer ruimte voor. Uiteindelijk was Jordy in staat om zijn beide ouders te zien in het licht van hun eigen verlieshistorie. Twee mensen die met al hun tekortkomingen het beste hebben gedaan waartoe ze in staat waren.’

Wacht even, kwam Jordy niet voor zijn pornoverslaving? Jawel, maar zoals zo vaak begon het bij niet genomen verlies, dat in zijn geval ook door zijn ouders niet was genomen. Het gaat om rouw die nooit als zodanig is herkend én erkend. Door zo ver terug te gaan, kon Jordy tot op zekere hoogte ook zijn eigen verdriet ervaren. Dat inzicht leidde ertoe dat de dwangmatigheid van zijn pornoverslaving langzaam minder werd.

Time-out: vraag jij je weleens af of je seksverslaafd bent? (Of denk je dat jouw partner dat is?) Check dan de volgende patronen: vertoon je onbeheersbaar seksueel gedrag? Kun je niet stoppen ondanks negatieve gevolgen? Beland je weleens in risicovolle situaties? Heb je seks als uitvlucht voor andere problemen? Zie je het niet als een probleem? Verwaarloos je je dagelijks leven, zoals je relatie of je werk? Wordt het beetje bij beetje erger?

Geef je op meerdere vragen een bevestigend antwoord, dan moet je eens bij jezelf te rade gaan. Van een verslaving is nog niet per se sprake, maar wellicht is het verstandig om je gedrag te onderzoeken en bespreekbaar te maken. De keus is aan jou.

Tijd om een stapje verder te gaan. Met de billen bloot, in figuurlijke zin. Want man, wees eens eerlijk: hoort jouw naam op deze lijst?

Harvey Weinstein, Bill Cosby, Daniele Gatti, Ruut Weissman, Louis CK, Bill O'Reilly, Donald Trump, Bill Clinton, Job Gosschalk, Bart de Pauw, Kevin Spacey, Jan Fabre, Al Franken, Charlie Rose, Matt Lauer…

We gooien deze mannen voor het gemak op één hoop.

Sommigen zijn veroordeeld, anderen ontslagen of disciplinair gestraft, weer enkelen zijn hooguit beticht, een handjevol ontkent ten stelligste. Allemaal zijn ze genoemd als (vermeende) dader door #MeToo-slachtoffers. De lijst 'foute mannen' groeit. Vrouwen voelen zich, vaak na jaren van schaamtevol stilzwijgen, eindelijk gesteund in de noodzaak om mannelijk wangedrag aan de kaak te stellen.

Maar wat ligt er vanuit ons mannelijke perspectief aan ten grondslag? Macht, onmacht en almacht komen om de hoek kijken, maar op een heel andere manier dan we eerder in dit boek bespraken. Ongewenst seksueel gedrag heeft twee kanten: misbruik van macht door de dader en het machteloos ondergaan door het slachtoffer. Sinds het begin van de #MeToo-beweging is er voor de man geen ontkomen aan. Wij hebben onszelf in de spiegel aan te kijken. Dus eerst even dit:

> **Time-out:** hoe staat het met jouw gedrag? Op welke momenten ben je tegen een grens van toelaatbaarheid aangelopen of ben je eroverheen gegaan? Heb je het laten gebeuren? Werd je ertoe uitgedaagd, door vrienden of door onduidelijke signalen van de ander?

'De meeste mannen zijn in het proces van opgroeien in het hart gekwetst,' schrijft therapeut en opleider Piet Weisfelt in zijn boek *Hoe heb ik je lief.* 'Als opgroeiend kind misten ze vaak de sociale vaardigheden om zich te handhaven in de wereld die niet altijd vriendelijk gezind was. [...] Om de pijn in het hart te voorkomen hebben mannen vaak het hart afgeschermd. Ze schakelen hun hart uit en halen de hartenergie uit de stroom van de liefde. Dit blijkt uit intimiteit vermijdend gedrag, gecompenseerd met de neiging om intimiteit door seksualiteit te vervangen. We drukken dit uit met het begrip hartsverkrachting.'

Deze analytische constatering van jeugdig gemis is natuurlijk geen enkele vergoelijking van misdragingen in het latere leven. Het is deels wel een verklaring van het onvermogen bij mannen om bij de intimiteit te komen en daar te blijven. Het is onbekend terrein. Uit lijfsbehoud, soms is dat letterlijk, schieten mannen vanuit hun onmacht naar de almacht en nemen ze naar de vrouw toe een onderdrukkende positie in. Ze kunnen zich bedreigd voelen door de gelijkwaardige vrouw en hebben niet geleerd hoe daarmee om te gaan. Dat kan tot uiting komen in een giftige mannelijkheid, *toxic masculinity*, zoals deze term vaak wordt gebruikt door de #MeToo-beweging.

'Laten we 2019 uitroepen tot het jaar van de man,' zei de relatietherapeut Esther Perel in 2018. 'Het feminisme heeft de vrouw een nieuw levensverhaal gegeven, maar heeft de man niet geholpen om zich binnen die ontwikkeling te identificeren. Omdat vrouwen zichzelf hebben heruitgevonden zijn mannen gedwongen geweest om hetzelfde te doen. Mannen moeten aansluiting vinden en dat is onvoldoende gebeurd, met #MeToo tot gevolg. Nu is het moment aangebroken voor de man om dat alsnog te doen. Maar wel met elkaar.'

Niet alleen stonden wij te juichen bij de oproep van Esther Perel, wij gaan zelfs een onbescheiden stap verder. Wij reserveren het komend decennium voor de man die met zijn seksuele identiteit in het reine wenst te komen.

Zoiets fiks je namelijk niet in een jaartje. Het vereist een bloedeerlijke introspectie over je eigen gedrag, herijking van je eigen mannelijkheid én een innige samenwerking tussen mannen en vrouwen.

We kunnen het niet zonder elkaar. Of je nou in een hetero-, homo- of biseksuele relatie zit, mannen en vrouwen moeten samen proberen om nieuwe, gezonde en respectvolle afspraken te maken. Doel is niet alleen om het met ingang van nu beter te gaan doen, maar ook en vooral om onze zonen van nu en de vaders van straks te leren hoe seks en intimiteit daadwerkelijk samengaan.

Time-out: ga bij jezelf na wat intimiteit voor je betekent. Maak een lijstje van tien ervaringen, momenten of verlangens die staan voor intimiteit. Vraag een vrouw of man in je omgeving hetzelfde te doen en vergelijk ze met elkaar.

Schrijvend aan dit boek borrelen allerlei herinneringen naar boven, mogelijk ook bij jou. Meestal diep weggestoken en soms is het helemaal niet fijn dat ze zich bij de voordeur van ons geheugen melden. Het brengt Wim in dit geval terug naar zijn jeugd, begin jaren zeventig. Hij is twaalf jaar en woont een tijdje op het jongensinternaat in Oss. Zoals elke vrijdagmiddag pakt frater Norbater een leesboek en loopt langzaam door het klaslokaal.

'Zou hij bij mij komen staan, vraag ik me verlangend af. Ik maak de bovenste knoopjes van mijn blouse al vast los. Hopelijk heeft hij het gezien. Zou hij mij kiezen? Of gaat hij naar Johnny, mijn grote concurrent. We weten dat frater Norbater ons allebei erg lief vindt, want steevast gaat hij tijdens het voorlezen naast een van ons staan. Dat doet hij op een speciale manier. Terwijl hij voorleest, vindt hij het fijn om ons dan te strelen.

Gelukkig, dit keer komt hij mijn kant op. Mijn klasgenootjes gaan volledig in het verhaal op. Ik niet. Ik geniet van elke liefdevolle aanraking van de frater. Heel zacht en met ongelofelijk gevoelige handen streelt hij mijn nek, daarna mijn schouders. Ik vind het heerlijk en hoop dat het verhaal nog lang gaat duren. Ik maak een extra knoopje los en laat hem het bovenste deel van mijn rug en de voorkant van mijn borst betasten. Niemand in de klas zet er vraagtekens bij, alsof het de normaalste zaak van de wereld is.

Bij een andere frater gebeurt iets soortgelijks. Zodra school uit is rennen we door de tuin naar de recreatieruimte waar hij bij een groot, eikenhouten bureau zit te wachten. Het is de uitdaging om zo snel mogelijk de beste plek te bemachtigen. En dat is bij hem op schoot, met je gezicht naar hem gericht en de benen schrijlings over de zijne. Beter kun je het niet hebben.

Als me dat lukt, dan voel ik me zielsgelukkig. Zo dicht bij deze man die ik vereer. De plek naast hem op het bureau is een goeie troostprijs. Ik herinner me zijn humor, zijn liefde voor de natuur. Hij stimuleert me om de bossen in te trekken en vertelt me over de vogels. Meer dan dat is het niet en toch is het heel bizar om dit soort lijfelijk contact met die twee fraters te hebben. Diep in mij leeft wel degelijk het gevoel dat het een beetje gek is, maar hun voelbare liefde voor mij als kind zorgt ervoor dat ik het prima vind en zelfs aanmoedig.'

Een halve eeuw later durft Wim dit verhaal voor het

eerst op papier te zetten. Dit is mijn #MeToo, beseft hij, na het bekijken van de documentaire *Leaving Neverland*, over het vermeende misbruik van kinderen door popzanger Michael Jackson. 'Ik realiseer me gelukkig dat mij niet hetzelfde is overkomen. Natuurlijk waren de strelingen grensoverschrijdend, deden de fraters dit voor hun eigen opwinding. Later is de naam van een van hen ook opgedoken in het onderzoek naar seksueel misbruik in de katholieke kerk.

Het heeft me lange tijd verward. Ik voelde echte liefde. Ik verlangde naar de aanraking. Ik was speciaal, hij zag mij werkelijk. Ik heb de knoopjes zelf losgemaakt. Hoe onschuldig ben je dan? Hij had zijn handen thuis te houden. Mijn ouders stuurden me naar het internaat met de beste bedoelingen. Ik had het moeilijk op de lagere school. Door het drukke leven van mijn ouders was er niet altijd de aandacht en intimiteit waar ik behoefte aan had. Ik heb me er soms alleen gevoeld. De aandacht van de fraters voelde daarom weldadig, maar het maakte me ook kwetsbaar. Grensoverschrijdend gedrag en het verlangen om gezien te worden liggen soms dicht bij elkaar. Hoe tegenstrijdig het ook klinkt, mijn periode op het internaat was er ook een van opbloeien en herstel van mijn zelfvertrouwen.'

Time-out: zijn er momenten geweest in jouw leven dat iemand over jouw grens is gegaan? Misschien zonder dat je het zelf in de gaten hebt gehad. Of erger, dat je aangerand of verkracht bent. Is het een geheim dat je al jaren met je meedraagt? Het is tijd, zoek iemand op en praat erover.

'Hoe meer wij onze ongeheelde wonden verborgen houden, hoe groter de kans dat ze in ons seksleven opduiken,' schrijft Robert Augustus Masters in *To Be a Man*. Misbruik (als dader en slachtoffer), langdurige pornoverslaving, verlies dat niet volledig is verwerkt, het kan ertoe leiden dat die kwetsuren seksueel worden uitgeleefd. Masters: 'Seks krijgt zo een dubbele functie. Aan de ene kant dramatiseren we wat in ons niet is geheeld. Aan de andere kant halen we daar op deze manier voor korte tijd de scherpe kantjes af.'

Als man zijn we het aan onszelf en onze zonen verplicht om de herkomst van de seksuele beschadiging te onderzoeken. Daar heb je soms professionele hulp bij nodig. Het is niet anders. Waarom zou je de kans mislopen om seks te beleven waar seks voor is bedoeld: een extatische fysieke uitwisseling, waarin de liefde stroomt, een versmelting van hartstocht, dankbaarheid en emotionele puurheid. Seks die begint met liefdevolle nabijheid omdat de intimiteit met je partner de basis vormt voor een gezond seksleven.

'Gek, maar ik voel nog steeds een laatste restje schaamte als ik met mijn jongens over seks praat,' vertelt Tim. 'Ik zet me er heel bewust overheen en moet lachen als ik bij mijn zonen lichte gêne bespeur. Juist dan voel ik me aangespoord om door te zetten. Niet om allerlei details op tafel te leggen, maar wel om te benadrukken hoe seks, intimiteit en ons mannelijk gedrag naar liefdespartners de normaalste zaak van de wereld is.

Jennifer groeide net als ik op met vier broers, dus toen onze oudste zoon de leeftijd bereikte waarop hij "bijgepraat" moest worden, was zij onverbiddelijk. "Dat moet jij doen." Ik dacht weer terug aan mijn eigen jeugd, waarin seks geen onderwerp was. Op de basisschool kregen we op een donderdagnamiddag, met de gordijnen dicht, seksuele voorlichting. Mijn ouders waren er faliekant op tegen. Ik mocht alleen meedoen als ik na afloop thuis zou vertellen wat er was besproken. Dat was voor mij onmogelijk. Na de eerste bijeenkomst blokkeerde ik bij thuiskomst volledig. "Was je een beetje overstuur?" vroeg mijn moeder. Ik snikte dat dat zo was, waarna ik niet meer hoefde. Verdomme, wat was ik een watje. Ik baal er nog steeds van.

Het maakte "het gesprek" met mijn toen tienjarige zoon er om die reden niet eenvoudiger op. Ongemakkelijk en ik voelde me ook niet gesteund door Jennifer. Vijf jaar later was het simpeler omdat mijn toenmalige vriendin er geen doekjes om wond. Ook zij was in de jaren zeventig opgegroeid, maar anders dan bij ons was praten over seks bij haar thuis heel gewoon geweest. Geïnspireerd door haar openhartige ervaringen nam ik 's avonds op de bank plaats naast mijn zoon. Met een komkommer en een pakje condooms. We lagen allebei in een deuk. Ik wikkelde het condoom om een helft van de komkommer en gaf die daarna aan hem. "Nu jij," zei ik.

Tegelijkertijd voerden we een prachtig, open gesprek over verwachtingen en al dan niet voelbare druk als je voor het eerste seksuele ervaringen opdoet. Ongetwijfeld schoot ik nog op vele fronten tekort. Weet ik veel hoe meisjes denken, wat ze tegenwoordig wel en niet willen. In dat opzicht heeft de #MeToo-beweging ook mij de ogen geopend. Ik heb kritisch naar mezelf gekeken en schaam me met terugwerkende kracht voor gedrag en opvattingen die nu als seksistisch worden gezien. En terecht.

Ik onderwijs en ik leer van de wijze waarop ik het mijn kinderen leer. En zij onderwijzen mij. Het is tweerichtingsverkeer, net als op dat moment op de bank met mijn oudste zoon. Het was belangrijk voor mij als vader op dat moment om over seks en respect, over verlangen en afwijzing, over genot en veiligheid te spreken. Een simpel gesprek, in alle openheid. Ik schutterde ongetwijfeld op alle mogelijke manieren. Trots op mezelf was ik wel. De komkommer hebben we weggegooid.'

‘Je kunt er niet omheen, ga de rouw aan en ga niets uit de weg’

Roek Lips (1961, strategisch adviseur, coach en auteur)
Over de verdrinkingsdood van zijn zoon Job

‘Job was al een paar dagen zoek. Ik stond daar ’s nachts aan de rand van het water. Ik wist, hij drijft hier ergens. Voor mijn gevoel hadden hij en ik op dat moment een heel directe verbinding met elkaar. Job was heel dichtbij. Zo dichtbij dat ik zelfs met hem kon praten. Het was geen waanvoorstelling, ik was volledig helder.

En ja, er was een verlangen op dat moment om het water in te gaan en naar hem toe te gaan. Dat was heel makkelijk geweest en het meest opvallende is dat ik op dat moment niet bang meer was om mezelf te verliezen. Niet om zelfmoord te plegen, maar het verlangen om bij hem te zijn was zo groot geworden dat het mij niets meer had uitgemaakt. Je doet het niet omdat er nog veel mensen zijn die dierbaar voor me zijn.

Aan het strand in Spanje beloofde ik Job dat ik hem terug zou brengen. Dat je die belofte niet kunt waarmaken, en op een gegeven moment weer naar huis gaat, was een van de moeilijkste momenten. We klampten ons zo vast aan de gedachte dat hij een keer gevonden zou worden. Ik had daar een kinderlijke voorstelling van, veel te romantisch. Ik zag mezelf echt het water in lopen en hem er in mijn armen weer uitdragen.

Dat ik die belofte niet heb ingelost, speelt niet meer. Dat heb ik achter me gelaten. Je gaat op andere manieren afscheid van hem nemen. Dat doe je in stukjes. Alles krijgt een symbolische waarde. Dat realiseerde ik me toen ik hem dood moest laten verklaren. Niemand anders dan ik kon dat doen. Justitie deed het niet, want er was geen bewijs. Mijn ex-partner wilde dat zelf op dat moment niet doen en vond het wel goed dat ik het deed. Het ging zo in tegen alles wat ik wilde. En toch, hoe raar dat misschien voor andere mensen ook klinkt, vond ik het in mijn rol als vader mooi om te kunnen doen.

Op het stadhuis in Utrecht heb ik hem laten uitschrijven. Het werd daarmee een ritueel. Je ziet jezelf als jonge vader weer naar het stadhuis gaan om hem in te schrijven. Je voelt ook, dit klopt niet in de levenslijn, en toch was het goed om het zo te doen. Als vader naar zoon was het eervol en ik gaf hem daarmee ook rust. De dood van Job op achttienjarige leeftijd is volledig onderdeel van zijn leven. Door hem ook in dat stuk te erkennen, erken ik hem volledig in zijn eigen leven. Zo ervaar ik dat nu.

Dat was de tweede belofte. Erkenning in de volle pijn en het verdriet, om te aanvaarden dat het zo is. Je mag gaan.'

‘Mijn vader Jan verloor op zijn achttiende zijn vader Klaas. Een fataal ongeluk rond duikwerkzaamheden in het IJ in Amsterdam. Er is nooit over gesproken, maar dan ook echt nooit. Het hangt altijd in de lucht, maar je stelt er nooit een vraag over. Het is een familiegeheim dat altijd ergens op de achtergrond aanwezig was.

Ik kon daar na de dood van Job niets van begrijpen. Toen Job verdronken was, wilde ik er alles over weten. Over de laatste momenten, over Jobs leven, over zijn vrienden. Tot in het kleinste detail, zodat ik gevoelsmatig kon begrijpen wat mijn zoon was overkomen. Daardoor kon ik helemaal niet begrijpen waarom mijn vader dat nooit met zijn eigen vader had gedaan. Het werd mijn missie om naast de rouw om Job ook een zoektocht naar het leven en de dood van mijn opa te ondernemen.

Het familiepatroon wilde ik doorbreken. Ik kon pas verder in mijn leven als ik dit had afgerond. Het zwijgen over opa Klaas moest een keertje ophouden, omdat in onze familiegeschiedenis zo’n bizarre lijn loopt. Het ongeluk van Klaas, van mijn vader die ooit bijna is verdronken. Ik ben zelf bijna verdronken en nu mijn zoon. Ik voelde een diepere oproep van mijn opa naar mijn vader, en van mijn vader naar mezelf en mijn kinderen.

Ik heb allerlei dingen boven water gehaald die mijn vader niet wist. In het gemeentearchief in Amsterdam ben ik op zoek gegaan naar informatie en daarna heb ik mooie gesprekken met mijn twee tantes gevoerd, mijn vaders zussen. Beetje bij beetje werd het verhaal van opa Klaas duidelijker en in de laatste fase van zijn leven kon mijn vader er eindelijk over praten. Ook al ging dat door zijn dementie zo moeizaam. Het dierbaarste moment was dat we elkaar op een manier omarmd hebben die ik tot dan toe nooit had ervaren in de relatie met mijn vader. Er waren geen woorden bij. Het gebeurde.

Door alles uit te zoeken kwam er voor mij ook meer rust op deze rouw in ons leven. Je zou dat kunnen zien als de voltooiing van niet genomen of gedeelde rouw van mijn vader naar zijn vader. Ik werd er zelf steviger en autonomer door. Het is misschien niet makkelijk te begrijpen als je het zelf niet hebt ervaren, maar het maakte de rouw wel completer.'

'Als ik terugdenk aan mijn jonge jaren, kan ik me heel weinig intimiteit tussen mannen herinneren. Ik heb een hele lieve vader, maar volgens mij heb ik hem nooit gekust. En hij mij ook niet. Dat kwam pas aan het eind van zijn leven, omdat er bij hem door de dementie een laagje af ging. Er kwam een soort zachtheid waardoor hij toegankelijker werd.

Die afstand is verklaarbaar als je kijkt hoe zijn leven is verlopen. Het is vanaf het overlijden van zijn vader overleven voor hem geweest, en dat heeft hij op een heel krachtige manier gedaan. Het is wel ten koste gegaan van een aantal dingen, nog even los van het feit dat hij deel uitmaakte van een generatie waarin intimiteit sowieso moeilijk was. Maar ik ken genoeg voorbeelden van mannen van mijn leeftijd die dat anders hebben beleefd.

Toen ik ging studeren, kreeg ik de keuze van mijn ouders tussen een auto of op kamers gaan. Ik vond een auto wel stoer, dus ik kreeg een tweedehands "lelijk eendje". Ik zat nog geen blauwe maandag op die opleiding, of ik leerde een leuk meisje kennen bij wie in het studentenhuis een kamer vrijkwam. Shit, dat wil ik. Dus ging ik terug naar mijn ouders om te zeggen dat ik niet thuis bleef wonen.

Mijn vader heeft me toen apart genomen. Een dierbare herinnering is dat hij daar helemaal geen punt van heeft gemaakt. Wel is er heel zakelijk een regeling getroffen, want de afspraak was helder. Hij maakte in een gesprek van zo'n anderhalf uur echt een statement als vader. Over verantwoordelijkheid nemen in je leven, over dingen zelf gaan doen. Dat heb ik als zo'n mooi gesprek beleefd en ervaren, daar ben ik hem altijd dankbaar voor gebleven en ik denk er nog regelmatig aan terug.

Wat heb ik dat soort momenten eerder gemist. Wat er in dat gesprek gebeurde, was een bijzondere verbinding tussen vader en zoon. We voerden altijd pittige gesprekken met elkaar, over politiek en zo. Hij probeerde me altijd tegengas te geven en dat ging in debatvorm. Dit was een heel andere conversatie. Misschien is het wel mijn ritueel naar volwassenheid geweest en was het voor hem nodig om het op die manier te symboliseren. Zo'n moment heeft hij zelf met zijn eigen vader nooit beleefd.

Op mijn veertiende ben ik bijna verdronken. Ik had een vakantiebaantje op een binnenvaartschip dat in de haven van Rotterdam lag. Met een bezem was ik de zijkant van het ruim aan het schoonmaken. De wind duwde het schip tegen de kant waardoor ik mijn evenwicht verloor en in het water viel. Het was rond Pasen, het water was ijskoud. Op zich was dat niet rampzalig, maar ik had laarzen aan. Als je dan probeert te zwemmen, zuig je jezelf door de vollopende laarzen naar beneden.

Dan gaat het heel snel. Er was een kort moment van paniek en toen ben ik weggegaan. Ik maakte mee dat ik boven mezelf uitsteeg en naar mijn eigen drijvende lichaam keek. Ik zie nog steeds mijn witte hand fel afsteken tegen dat donkere water, met de bezem die ik vasthield. Daarna kwam het witte licht dat, naar ik later begreep, een bijna-doodervaring wordt genoemd. Met een haak werd ik boven water gehaald en aan boord van het schip ben ik weer bijgekomen.

Mijn vader is me toen komen ophalen. Ik weet dat het een stille terugrit is geweest. Daar heb ik me later zo over verbaasd. Hij was zelf ooit bijna verdronken als kind, het ongeluk met zijn eigen vader natuurlijk. En dan die stilte in de auto. Het er niet over kunnen praten. We hebben er toen en ook later nooit over gesproken.

Ergens rond 2000 was ik bezig met het samenstellen van een stamboom door foto's van familieleden op de muur te plakken. Ik bedacht een soort smoes om mijn vader tot praten over zijn vader te verleiden. Ik belde hem op en zei dat ik alle foto's had behalve die van zijn vader Klaas. Heb jij een foto van hem, vroeg ik, beducht voor zijn antwoord. Ik betrad een terrein waar iedereen zich ongemakkelijk bij voelde. Toen gebeurde iets bijzonders. De volgende dag stapte hij in de auto en kwam de foto persoonlijk brengen. We hebben er toen niet echt over gesproken. Ik heb wel gezegd hoe fijn ik het vond.

Die dag veranderde er iets in ons contact. En in mijn contact naar zijn vader, die voor mij nooit echt had mogen bestaan. Vanaf die dag ben ik hem spontaan en onbewust opa gaan noemen. Toen had ook hij een plek in het hele verhaal gekregen. Op deze manier klopte het.'

'Mensen vragen vaak of ik door de dood van mijn zoon veranderd ben. Ik heb daar lang over moeten nadenken. In wezen ben ik dezelfde gebleven, maar voor mij zijn alledaagse dingen op een andere manier belangrijk geworden. Je hebt allemaal een basisversie van jezelf en die verandert niet zo snel. Dat is tamelijk stabiel. Alleen komt nu de kern veel meer naar buiten.

De een kan door zo'n verlies juist een enorme muur opbouwen. Begrijpelijk, omdat het te groot is en je je enorm kwetsbaar voelt. Omdat het te veel pijn doet. Of omdat je niet meer weet hoe je je tot je omgeving moet verhouden. Mijn muur heb ik juist afgebroken. Die muur was een behoorlijk ego, wat een beetje hoorde bij de functie die ik toen had. Als televisiebaas bij de raad van bestuur van de publieke omroep vertelde ik graag over mijn werk, liet ik veel buitenkant van mezelf zien. Daar voelde ik me goed bij, niks mis mee.

Door de ervaring met Job is mijn buitenkant, de muur rondom mijn ego, voor een deel afgebroken. Het voelde alsof mijn huid volledig transparant was geworden. Dat maakte de ervaring daar op het Spaanse strand ook zo overweldigend en rustgevend. Dat waren zulke intensieve momenten, omdat je ook gevoelens van wanhoop hebt. Wat kan een mens in zo'n periode toch ongelofelijk veel veerkracht hebben. Zou ik het nog een keer over kunnen doen? Dan zeg ik: absoluut niet. Die hel overleef ik geen tweede keer. Tegelijkertijd weet ik, als ik er opnieuw voor zou staan, dan doe ik het nog een keer.

Ongelofelijk hoe sterk mensen kunnen zijn, zeker als het over rouw gaat. Maar terwijl ik het zo zeg, denk ik meteen: pas op, het is een dubbeltje op zijn kant. Het is verleidelijk dat dubbeltje de andere kant op te laten vallen. Door het niet te redden. Ik heb hard gewerkt, maar ik heb ook mazzel gehad. Het was ook makkelijk geweest om wel dat water in te lopen. Of je helemaal klem te zuipen. Of weet ik wat voor ander destructief gedrag te ontwikkelen om het verdriet, de wanhoop, de leegte maar niet te hoeven voelen. Bij ons in die eerste periode kwamen er voortdurend mensen langs om over Job te praten. Dan kwamen om vier uur de eerste biertjes op tafel. Op een dag realiseerde ik me, als ik hiermee doorga dan gaat het de verkeerde kant op. Daarna heb ik geen druppel meer gedronken, tot op de dag van vandaag. Heerlijk om zo puur te kunnen leven.

Mannen rouwen, denk ik, voor een deel anders dan vrouwen. Nadat ik *Het boek Job* had gepubliceerd, gaf ik lezingen waar vooral veel vrouwen in de zaal zaten. Als er mannen waren, dan keken die niet zelden stuurs voor zich uit met de armen over elkaar. Dan hoor je, ja, ik moest mee van haar. Veel mannen vinden het heel ingewikkeld om het gesprek over hun gevoel aan te gaan. Die gaan liever een stuk lopen met elkaar of sporten. Wat natuurlijk ook heel goed is. Maar een lezing of gesprekskring? Liever niet.

Ik vind van mezelf dat ik die kwetsbaarheid nu goed kan tonen en toch wijst mijn vrouw Mientje me op die typisch mannelijke beweging. Zij heeft veel geduld, maar op een gegeven moment is ze het zat. "Joh, spreek nou eens uit hoe het met je is," zegt ze dan. Terwijl ik dacht dat ik over mijn gevoelens wel degelijk open ben. Het is mannelijk om het eerst te willen beredeneren en je dan kwetsbaar op te stellen. Dan heb je het namelijk eerst allemaal bedacht en dan heb je het onder controle. Binnen die controle durft een man wel kwetsbaar te zijn. Ik denk dat het juist werkelijk kwetsbaar is om die controle helemaal los te laten. Dat je het echt niet meer weet en je dan toch open te stellen voor het onbekende.'

'Ik geloof niet zozeer in een mannenhart. Het hart is voor mij iets universeels, voor een man is dat hetzelfde als voor een vrouw. Liefde is immers ook iets universeels en iets wat boven alles uitstijgt. Het heeft geen mannelijke of vrouwelijke kant. Het mannelijke is iets anders wat eraan toegevoegd wordt. Het heeft iets ridderlijks, denk ik. Je moet als man het zwaard oppakken en mannelijke energie laten stromen. Dat vraagt ook moed. Zachte moed. Dat was ook een van de werktitels van het boek dat ik geschreven heb.

Over de zoektocht naar de laatste momenten van Job, de verloren momenten van mijn opa. Dat is mijn manier van rouwen geweest en daarin ligt ook mijn boodschap aan de zonen van deze wereld en aan de vaders als er verlies op je pad komt. Ga het aan. Ga er volledig in, duik erin, onderzoek het aan alle kanten en ga het niet uit de weg. "Het" is het verdriet. Terwijl een aantal mannen de neiging heeft er ongelofelijk van weg te lopen. Ga het gesprek aan met je vrienden, zoek het op een manier die goed voor je voelt. Mannenvriendschap is in dat soort rauwe tijden van ontstellend groot belang. Zonder vriendschap zou ik het niet hebben gered.

Rouw is misschien wel de diepste overgave aan het leven. De essentie is om je hoofd te buigen. Niet alleen voor het leven, maar ook voor alles wat groter is dan jezelf. Het is voor mij buigen of barsten geworden, letterlijk zelfs. Dat je fysiek op de grond ligt te janken. Maar de buiging is ook een innerlijke beweging. Toen ik na de vermissing van Job weer thuis was, had ik een droom waarin een man opstond en keihard om genade smeekte. Dat raakte me enorm. Pas veel later begreep ik de betekenis. De boodschap was om te buigen, geef jezelf vanbinnen over aan dat lot. Dat is makkelijker gezegd dan gedaan en ook wat anders dan je er zomaar bij neerleggen. Maar het is wel nodig. Op een dag hoef je niet meer te vechten tegen woede. En als die woede toch weer naar boven komt, dan heb je weer te buigen. Iedere keer weer opnieuw.

De dood heeft, hoe onbegrijpelijk het misschien ook klinkt, ook iets moois. Het geeft een bepaald soort rust die het leven nooit zal vinden. Een bepaald soort licht dat je hier in het leven nooit zult zien. En een bepaald soort kennis die je hier in het leven nooit zult kennen.

"Welkom is dat je mag komen en ook weer mag gaan. Er ligt een nieuwe wereld voor je open," schreef ik in een lampion die we tijdens een afscheidsritueel voor Job oplieten. Dat diepe besef vormt een inspiratiebron voor mij. We hebben de neiging om "welkom" uit te leggen als iemand die naar je toe mag komen. De ander moet de beweging maken. Dat heeft iets zelfzuchtigs. Het echte "welkom" is als iemand ook weer mag gaan. Je mag komen en je mag ook weer gaan. Dat is pure, onzelfzuchtige liefde. Hoe graag ik ook had gewild dat Job hier nu binnenloopt en zegt: "Hé ouwe, het is allemaal een grap.""

9

De strijdbijl begraven

Begraaf de strijdbijl met je vader / Tel je verliezen / Toon je emoties / Zoek een man op / Ga eens bij een vrouw zitten / Deel je angst met je kind / Blik terug op je leven

'Heb nooit spijt van wat je ooit hebt gedaan of wat je hebt nagelaten,' vertelt Tim. 'Dat heeft Jennifer weleens tegen me gezegd op moeilijke momenten. Het klopt wat ze zei, want spijt is verspilde energie. Je kunt er hooguit van leren door iets in de toekomst anders te doen. Maar ja, toch is er zoveel wat ik anders had willen doen. Als partner, als vader, als zoon.

Ik ben jarenlang gevlucht in mijn werk. Als journalist vond ik een levensdoel. Altijd op pad, nooit nee willen zeggen en ook in mijn vrije tijd met het nieuws bezig. Ik had geen stopknop. Journalistiek beschouwde ik als een levenshouding, niet als een beroep dat je een bepaald aantal uren per week doet. Dat ging ten koste van mijn privéleven, dat altijd moest wijken als het nieuws riep.

Ja, daar heb ik oprecht spijt van. Ook al blijft Jennifer

mij postuum voorhouden dat spijt nutteloos is, het knaagt nog steeds.

Hoe vaak heb ik niet in het weekend sociale verplichtingen afgezegd omdat het werk voorrang eiste en kreeg? Zelfs vakanties werden deels door mijn laptop in beslag genomen omdat ik dan de tijd had om wat beleidsnotities te schrijven. Mijn hoofd stond nooit stil. Daardoor luisterde ik niet naar mijn hart.

Dat hart was gevuld met pijn om de dood van mijn vader. Die pijn heb ik als dertienjarige jongen nooit willen voelen. Die heb ik vakkundig in een kamertje weggestopt, de deur heb ik op slot gedaan en de sleutel weggegooid. Als de pijn begon te rammelen, draaide ik me om en ging nog harder werken. Ik was me er niet eens bewust van. Ik herkende de pijn niet eens meer. Pas toen ik zelf kinderen kreeg, realiseerde ik me dat de vroege dood van mijn vader op een of andere manier nog onverwerkt was. Hoe had die ouwe van mij het eigenlijk gedaan? Wat kon ik met terugwerkende kracht alsnog van hem leren?

Maar ja, op die vragen had ik geen antwoord. Dus verdween de pijn om het gemis even snel als het al die tijd vakkundig was weggestopt. En daar bleef het bij.

Er was een moment, ergens in 2003, dat ik dicht bij een persoonlijke doorbraak kwam. Ik raakte overwerkt en was een maand of drie uit de roulatie. In therapie kwam alles op tafel, maar de lijntjes met elkaar verbinden lukte me nog niet. Ik herinner me een sessie waar Jennifer bij was, waarbij ik het woord “zelfdestructie” in de mond nam. We keken elkaar aan en wisten waar de pijn zat. Niet dat ik er veel mee deed. Eenmaal hersteld, werkte ik harder dan ooit.

Pas na de dood van Jennifer opende ik de ogen voor het verleden. Om het heden aan te kunnen, als weduwnaar met twee jongetjes, moest ik mijn hart openen voor de pijn en het verdriet. Alle pijn en alle verdriet. Dus ook het hartenzeer om mijn vader. Nou, daar heb ik dus geen spijt van. En ook niet van mijn besluit om een jaar na Jennifers overlijden te stoppen met mijn drukke baan als adjunct-hoofdredacteur van NOS Nieuws. Ik kon het niet combineren met de kinderen. Werk of privé? De keus was dit keer makkelijk. Ook al kreeg ik alle ruimte op mijn werk, ik wilde het niet meer.

Pas jaren nadien voelde ik wat die stap werkelijk betekende. Als vader en als zoon stond ik op voor mezelf. Mijn mannenhart begon te stromen.'

Gefeliciteerd, man! Je bent niet gestopt met lezen, je hebt het boek niet weggesmeten, maar je bent in het laatste hoofdstuk aanbeland. Goed gedaan, maar wacht nog even met het opentrekken van een flesje bier. Er is de afgelopen hoofdstukken heel wat over je uitgestort. Hopelijk zijn er herkenbare momenten geweest voor jou en misschien waren ze niet allemaal even prettig. Mogelijk kwam je tot het inzicht dat er best nog wat dingen het uitzoeken waard zijn.

Aan de andere kant, je bent niet alleen. Neem ons nou. Bij het schrijven van dit boek zijn wij voortdurend op onze eigen thema's gestuit. We hebben weerstand gevoeld. We hebben keer op keer gemerkt dat ons 'mannelijk gepruts' blijft terugkeren. Dat we ook als man van middelbare leeftijd hebben stil te staan bij de gebeurtenissen uit onze jeugd. We willen zo graag dat het leven voor ons als ervaren therapeuten geen verrassingen meer heeft, en toch trappen we elke keer weer in onze eigen valkuilen. Je kunt je niet verschuilen achter je ego. Je hebt te dealen met wie je werkelijk bent en je hebt te accepteren dat je op die reis beter kwetsbaar kunt zijn dan dat je gepantserd naar het eind buffelt. Zonde van je tijd.

Dus hoe nu verder?

Doorlezen. In dit afsluitende hoofdstuk komen we met een aantal handzame manieren om als man op te staan en contact te maken met je kracht. Je ontwikkelt een mannelijke voedingsbron voor jezelf, je partner, je kinderen, je familie en je vrienden. Je leert om op jouw manier, in jouw tempo en binnen jouw situatie een man te zijn die weet wat zijn valkuilen zijn en hoe hij die in de toekomst kan ontwijken.

In tijden van verlies, tegenslag, verdriet en rouw wil je kunnen terugvallen op je ware mannenhart. Genoeg nagedacht. Het is tijd om uit je hoofd te gaan, dus vragen wij je om figuurlijk op te staan en in een en dezelfde beweging in je lijf af te dalen. Opstaan is het sleutelwoord in de zoektocht naar je mannenhart. Opstaan vanuit je kracht en dan te voelen hoe je werkelijk van betekenis kunt zijn voor jezelf en voor je omgeving.

Time-out: wat heeft jou het meest geraakt in dit boek? Was het een interview met een van de bekende mannen? Was het een man uit onze praktijk? Was het een van de thema's die zo specifiek voor mannen gelden? Op welk moment in jouw rouw om een verlies heb jij gedacht: hier heb ik het te zoeken? Pak zo'n 'aha-moment' met beide handen beet en lees verder.

Opstaan voor jezelf is geen daad van egoïsme. Het is kiezen voor jezelf omwille van je geliefden. Hoe makkelijk is het niet om je uit te sloven voor de anderen en jezelf daarbij te vergeten? Het is zo verleidelijk om je rot te rennen terwijl je er veel meer baat bij kan hebben om even stil te staan, soms letterlijk, en je af te vragen: en ik dan?

Zeven actiepunten voor het openen van je mannenhart, en die we puntsgewijs verder uitwerken. Het kan best zijn dat ze niet alle zeven voor jou gelden. Loop ze na en voel of ze jou raken:

1. Begraaf de strijdbijl met je vader
2. Tel je verliezen (en je zegeningen)
3. Toon je emoties
4. Zoek een man op
5. Ga eens bij een vrouw zitten
6. Deel je angst met je kind
7. Blik terug op je leven

1. *Begraaf de strijdbijl met je vader*

Het begint met de vraag: hoe was jouw relatie met hem? En de wedervraag: hoe was zijn relatie met jou? Het komt soms voor dat pa en zoon geweldig met elkaar overweg kunnen, maar dat ze elkaar tegelijkertijd helemaal niet zo goed kennen. Dezelfde humor, hobby's, interesses en overtuigingen, maar echt bekend met elkaar zielenroerselen? Nee.

Je kunt het een heel leven volhouden door met elkaar aan een half woord genoeg te hebben. Tussen mannen is dat ook een manier om niet het achterste van je tong te hoeven laten zien. We herkennen het allemaal. Die ouwe zonder emotie. Het knikken van zijn hoofd is voldoende. Een priemende blik spreekt boekdelen. De diepe zucht behoeft geen uitleg. Zijn hand op jouw schouder vertelt meer dan een avond praten met je moeder.

Maar toch.

Wat is er niet uitgesproken tussen jullie? Dit is je kans. Wim doet een voorzet.

‘Papa, van jou heb ik geleerd om te handelen en om af te dingen. Humor en lichtheid heb ik van je geërfd, net als de liefde voor de natuur.

Onze relatie was niet makkelijk. Regelmatig had ik flinke aanvaringen met je. In het familiebedrijf was veel werk en je verwachtte dat alle kinderen meehielpen, zonder mopperen. Je vroeg niet eens aan mij of ik iets wilde doen. Nee, het was een bevel. Dit moet je doen, dat moet je doen. Voor mij was jij autoritair, ik vond dat je me niet werkelijk zag. Dus zette ik me tegen je af, meer dan tegen mama.

Ik probeerde vaak mijn snor te drukken. Dan verdween ik ongezien en struinde rond in de natuur. Uren dolen langs de Maas, samen met vrienden. Mijn natuurbeleving was vast anders geweest als ik thuis niet zo vaak had moeten “vluchten”. Het knaagde aan me dat wij geen fijne relatie hadden. Pas toen ik jouw onvermogen om contact met mij te maken in de gaten kreeg, werd ook mijn eigen onmacht zichtbaar.

Er moest iets gebeuren, realiseerde ik me bij het ouder worden. We zaten allebei vast in ons patroon. Dit wilde ik niet langer. Ik verlangde naar een ontspannen relatie met jou, maar na een of twee pogingen was het al snel weer het oude liedje. Een beetje aanklooien en er maar het beste van maken. Tot ik het beu was. Niet langer.

Wat was dat spannend, ik voel het nu nog steeds in mijn lijf. Bang om de brug naar jou te slaan, bang om kwetsbaar te zijn, maar ik had geen keus. Ik moest de baas worden over de kwaliteit van mijn relatie met jou. In zekere zin moest ik daarvoor jouw vader worden. Was dit de prijs van jong verlies? Was het vroeg wegvallen van jouw vader, mijn opa, de oorzaak van ons onvermogen om elkaar te bereiken?

En toen was er het moment in de auto, op de parkeerplaats van het ziekenhuis in Den Bosch waar ons mam een afspraak had. Heel ongemakkelijk ook, omdat we eigenlijk nooit samen in een kleine, afgesloten ruimte zaten. Ik schraapte alle moed die ik in me had bij elkaar. Ik wilde zo graag zeggen dat ik van je hield. Terwijl dat natuurlijk helemaal niet ter discussie stond. Maar het zeggen…

Ik deed het.

Ik voelde me smelten en was tegelijkertijd doodsbang voor je reactie. “Ik ook van jou, jongen,” zei je, terwijl je door de voorruit bleef kijken. Ik heb je niet durven aankijken, maar mijn hart maakte een sprongetje. We hebben het zelfs over de dood gehad. Daar was je niet bang voor, zei je. De precieze woorden ben ik vergeten, maar de liefdevolle strekking van ons gesprek is tot op de dag van vandaag voelbaar.

Mijn leven is sinds dat moment veranderd. Ik voelde rust over me heen komen. Ik was trots op het wagen van de sprong. Onze relatie was rond, ik kon verder. Jij ook, denk ik. We hebben er niet veel woorden meer aan vuilgemaakt. Het was net of met de zin “ik ook van jou, jongen” alle kromme momenten uit ons leven werden rechtgemaakt. Onze strijdbijl was begraven.

Als vader van mijn bonuszoon Finn kom ik mijn onvermogen nog regelmatig tegen. De geschiedenis blijft zich herhalen, met één wezenlijk verschil: ik grijp eerder in wanneer het tussen ons te stil wordt. Hopelijk hoeft hij niet voor een ommekeer te zorgen, zoals ik ooit heb moeten doen, maar helemaal zeker ben ik daar niet van.'

Time-out: sluit je ogen en denk aan je vader. Wat is het eerste beeld dat in je naar boven komt? Is het een herinnering uit je jeugd? Hoe kijkt hij naar jou? Hoe kijk jij naar hem? Hadden of hebben jullie aan een half woord voldoende of voel je je (nog steeds) onbegrepen?

En als je zelf vader bent: wat herken je van jouw vader in de manier waarop jij aandacht hebt voor je zoon of dochter? Doe je het heel anders? Zijn er momenten dat je je betrapt op kopieergedrag in situaties als je het even niet meer weet? Wees je ervan bewust en als je de gelegenheid hebt, deel het met je vader.

2. *Tel je verliezen (en je zegeningen)*

In het hoofdstuk over verlies aan het begin van dit boek zijn we uitgebreid ingegaan op de verschillende vormen van verlies die je in je leven kunnen treffen. De consequenties kunnen jarenlang sporen achterlaten, zowel positief als negatief. Wat kun je ermee? We geven je wat

inzicht aan de hand van Karels vroege verlies dat in een nieuwe vorm terugkeert in zijn huidige leven.

Karel houdt van alomvattende harmonie en dat is precies zijn probleem. Hij is al een tijdje geleden gescheiden. Na jaren innerlijke strijd gaf hij toe op mannen te vallen. Met zijn ex-vrouw heeft hij nog steeds een warme band, zelfs haar nieuwe man kan op zijn vriendschap rekenen. Alles staat bij hem in het teken van vreedzaam samenleven. Hij wil per se de kinderen het gevoel geven dat papa en mama misschien niet meer van elkaar houden, maar dat verder alles hetzelfde blijft. Hij gaat regelmatig bij zijn ex-vrouw eten en soms gaan ze met z'n allen op vakantie.

Hij leeft inmiddels liefdevol samen met een andere man, die van zijn vorige leven weinig begrijpt. Het zet hun relatie behoorlijk onder druk en dat brengt hem bij mij in de praktijk. Karel wordt onrustig van die spanningen. Hij begint elke dag vol goede moed, spant zich in om zijn partner tevreden te stellen, maar voelt de stress toenemen. Het heeft ook zijn weerslag op het werk. De resultaten zijn beter dan ooit, aan nieuwe klanten geen gebrek, maar het doet hem niets. Waar hij juist grote vreugde zou moeten voelen, is Karel terneergeslagen. Het voelt alsof er niets goed gaat. Hij is diepongelukkig.

In een volgende sessie gaan we terug naar zijn jeugd. Zijn vader overleed na een kort en heftig ziekbed toen Karel tien jaar was. 'Mijn moeder heeft meteen een beroep op mij gedaan. Ik heb twee zusjes en was vanaf dat moment de man in huis. Ik werd betrokken bij alle grote beslissingen. Dat was heel normaal. Nu denk ik, waarom in hemelsnaam? Ik heb sinds de dood van mijn vader geen kind meer kunnen zijn.'

Het is ondoenlijk om op jonge leeftijd al zo'n grote verantwoordelijkheid op je schouders te voelen. Zijn moeder

was onmachtig om dat onderscheid te maken en haar kind nog een aantal jaren kind te laten zijn. Ze klampte zich vast aan haar zoontje, dat de lege plaats van haar overleden man moest opvullen. Die was op zijn beurt door zijn ziekte niet bij machte geweest om zijn zoon vaardigheden mee te geven om zijn mannenkracht op de juiste momenten en manieren te kunnen inzetten.

Daar kun je je hele leven last van blijven houden. Op weg naar je tienerjaren is het van belang om je los te maken van je moeder. Dit in tegenstelling tot de meisjes die zich juist weer opnieuw moeten verbinden met hun moeder om uiteindelijk bij de vrouwen te horen. Maar jongens moeten man kunnen worden. Dat betekent twee dingen. Afstand nemen van je moeder (geen zorgen, je komt heus wel weer bij haar terug), en met je vader de rituelen en gewoontes van de man in wording ontdekken.

De onmogelijke opdracht voor Karel is een 'goed' voorbeeld van wat we parentificatie noemen. Hij krijgt de ongewenste rol 'kind wordt ouder of partner van de ouder' opgedrongen. Het hoeft niet per se schadelijk te zijn. In het boek *Herbergen van verlies* van Riet Fiddelaers-Jaspers en Sabine Noten komen twee vormen van parentificatie aan bod: 'Bij constructieve parentificatie is er gepaste afstand tussen ouder en kind. Er is sprake van passend geven. Er is erkenning en het is tijdelijk.

Bij destructieve parentificatie geeft het kind te veel en ontvangt te weinig. Het kind gaat van de kind-plek af en kan geen kind meer zijn. Het kind pakt de taak van de ouder op. Er kan ook sprake zijn van te weinig afgrenzing tussen ouder en kind, waarmee het kind niet tot zelfafbakening komt.'

Dat laatste is bij Karel merkbaar in de voortdurende drang om harmonie te organiseren. In zijn uiteengevallen gezin, in de relatie met zijn huidige partner en op zijn werk. Door in te zien hoe hij van jongs af aan al zo volwassen werd behandeld en ingezet, krijgt Karel wat meer begrip voor zijn eigen harde werken. Heel concreet, hij gaat bewust wat minder hard werken om iedereen tevreden te houden.

Time-out: wat is jouw rol in je gezin van herkomst geweest? Is er in tijden van verlies weleens een beroep op je gedaan waar je eigenlijk veel te jong voor was? Was dat voor langere of kortere tijd? Heb jij weleens de plek van je vader ingenomen? Heeft of hebben je ouder(s) je later bedankt voor jouw bijdrage?

Kortom, heb jij kind kunnen zijn? Ga eens bij jezelf na waar dat kind is gebleven. Misschien mis je het enorm zonder dat je dat in de gaten hebt. In je huidige overleving kan het zijn dat het gekwetste kind in jou elke keer onbewust weer opspeelt. Het is de moeite waard om dit te onderzoeken. Inzicht is de stap naar een zelfbewuster leven als man.

3. *Toon je emoties*

Wanneer begin je eigenlijk aan je vaderschap? Misschien een rare vraag, omdat menig man vermoedelijk zal zeggen dat hij de status van vader heeft bereikt zodra het kind uit de baarmoeder is geperst. Of zodra hij zijn sperma heeft afgeleverd en de eicel succesvol is geïnfiltreerd. Mama in spe doet de rest wel.

Veel mensen, mannen en vrouwen, vinden dat papa's pas echt in beeld hoeven te komen als de kinderen wat ouder zijn. De eerste jaren zijn moeders veel belangrijker vanwege hun zorgende rol. Ja pa, je mag de luier verschonen, maar voor de voeding en de beschermende warmte moet het kind toch echt aan de moederborst. In Amerika wordt de eerste periode van een kind ook wel de *tender years doctrine* genoemd. Tijdens de 'zachte jaren,' van geboorte tot groep 3, zijn moeders belangrijker voor het welzijn van hun kroost.

Nou, nee dus. De Amerikaanse onderzoeker Richard Warshak vroeg in 2014 meer dan honderd Amerikaanse ouderschapsexperts naar het fenomeen 'zachte jaren'-doctrine. Gezamenlijke conclusie: die zachtheid van de vroegste jeugd vraagt om aandacht, tijd en liefde van beide ouders. Niet alleen of vooral van de moeder. Kortom, (aanstaande) papa komt in actie tijdens de zwangerschap en direct na de geboorte? Ja, en bij voorkeur al eerder. Nog voor de zaadlozing.

Gelukkig zetten nieuwe generaties papa's veelbelovende stappen. Er is grotere betrokkenheid. Woorden worden omgezet in daden. Jonge vaders werken minder om tijd met hun kind(eren) door te brengen, en de Nederlandse overheid heeft in 2019 de regeling rond geboorte- en kraamverlof uitgebreid. Vijf dagen kraamverlof in de eerste vier weken en vijf weken verlof gedurende het eerste halfjaar.

In zijn boek *The Boy Crisis* komt Warren Farrell met een paar extra praktische tips voor de aanstaande vader.

Zorg er bijvoorbeeld voor dat je gezond leeft voordat je aan kinderen begint. Een tekort aan vitamine B9 bijvoorbeeld kan je sperma aantasten en leiden tot een geboortedefect als afwijkende skeletvorming. Hoe vaker de vader onmiddellijk na de geboorte in het ziekenhuis bij de baby is, hoe sneller het kind naar huis kan. Hoe meer interactie tussen vader en kind in de eerste zes maanden, hoe hoger zijn of haar mentale competentie.

Cijfers in Amerika liegen er niet om. Jongens en meisjes in gezinnen met een aanwezige vader scoren in groep 3 hoger dan leeftijdgenootjes waar de vader niet bij betrokken was. Ook hun vermogen om anderen te vertrouwen is groter. In de eerste twee jaar betaalt dat positieve contact zich uit in minder ongecontroleerd en ongewenst gedrag. Vooral tussen vaders en zonen valt hier winst te behalen. Op de leeftijd van anderhalf tot twee jaar is het belangrijk dat de vader met zijn zoon of dochter stoeit. Lekker ravotten zorgt ervoor dat agressief gedrag wordt gereguleerd. Vooral bij jongetjes ontstaat er een gezonde imprint die van pas komt als op latere leeftijd hun testosteron gaat opspelen.

De moraal van dit verhaal is dat je misschien niet doorhebt hoe ontzettend belangrijk het is dat jonge kinderen in die 'zachte jaren' juist ook hun vader dicht in buurt weten. Vaderschap is niet iets wat pas later komt. Dan ben je al te laat. En dat geldt natuurlijk ook voor mannen die in een samengesteld gezin terechtkomen. Voor pleeg- en adoptievaders, voor kinderloze mannen die een speciale band hebben met neefjes en nichtjes. Ook als vaderfiguur kun je diepe betekenis hebben, voor kleine mensen en misschien nog wel meer voor jezelf.

‘Het is alweer jaren geleden, maar het staat me nog helder voor de geest,’ vertelt Wim. ‘Ik ben coach van het voetbalteam van mijn bonuszoon Finn. Die is dan zes jaar oud en speelt in een van de F-elftallen. Na afloop van de wedstrijd heb ik een aantal teamgenootjes in mijn auto en die beginnen een gesprek over hun vaders.

Volgens de een kan zijn vader nog beter voetballen dan Cruijff. De ander is ervan overtuigd dat zijn vader minstens zo goed is, misschien wel beter dan Wim Kieft. Zo ontstaat er een voetbalwedstrijd in de auto, waarbij de ene vader een nog grotere held is dan de andere. Ik geniet van dit luidruchtige hoorspel. Ongegeneerd opscheppen over je vader, ik voel me enorm verbonden.

Als we het laatste spelertje hebben afgezet en richting ons huis rijden, hoor ik het stemmetje van Finn op de achtergrond. “Wim, mag ik jou papa noemen?”

Onmiddellijk realiseer ik mij de grootte en de kwetsbaarheid van zijn vraag. Hij heeft zijn verongelukte vader nauwelijks tot niet gekend. Zijn vraagt ontroert me en mijn antwoord komt dan ook rechtstreeks uit mijn hart.

“Natuurlijk mag jij mij papa noemen.” Ik laat een korte stilte vallen en zeg dan: “Maar je weet ook dat ik jouw papa niet ben. Je hebt maar één papa. Dat moet je nooit vergeten. Maar ik vind het helemaal goed als jij mij papa wilt noemen.”

Finn noemt mij tot op de dag van vandaag Wim.’

Time-out: kijk eens om je heen. Voor wie van de kinderen in je gezin, in je familie, in je buurt open jij je hart? Als ze al wat ouder zijn, deel je gevoelens. Vertel ze over een ontroerende gebeurtenis in jouw leven. Je zult merken hoe je niet alleen anderen, maar ook jezelf in jouw unieke 'zachtheid' weet te raken.

4. *Zoek een man op*

Mannenbroeders, er valt veel meer winst te halen uit onze verwantschap. Kijk eens om je heen. We hoeven in het Nederland van nu al heel lang niet meer te vechten in een oorlog. Van de man wordt al lang niet meer vereist om zich letterlijk op te offeren voor een cultuur waarin eerst vrouwen en kinderen worden gered. We leven in een wereld waarin vrouwen dankzij afgedwongen gelijkwaardigheid dezelfde kansen en uitdagingen krijgen die ooit alleen ons toebehoorden.

Het is er dus makkelijker op geworden. De man mag rustig achteroverleunen. Nou, nee. Niet echt. Ze zeggen weleens:

Een man wordt driemaal geboren:
Eenmaal uit zijn moeder
Eenmaal uit zijn vader
Ten slotte uit zijn eigen diepste wezen.

We hebben het nu even over die derde geboorte. Het kan niet anders of je stelt jezelf op enig moment de wezenlijkste vragen over je eigen diepste wezen. Dat kan zijn als je het ouderlijk huis verlaat, als je gaat samenwonen met je geliefde, als je vader wordt, als je je realiseert dat je geen kinderen zult krijgen, als je je vader verliest of als je op een willekeurige dag van je leven in de spiegel kijkt.

Er gaat een belletje rinkelen. Niet te negeren. Haal ik het maximale uit mijn leven? Hoe verhoud ik me op mijn werk tot vrouwen of tot mannen? Ben ik wel in staat om een relatie met vrouwen of mannen aan te gaan? Hoe doe ik dat eigenlijk, man zijn? Mag ik wel huilen? Mag ik weleens zwak en kwetsbaar zijn? Mag ik het ook niet weten?

Je hebt geleerd je te vermannen. Ook als het tegenzit.

Je hebt geleerd je te vervrouwen – de zachte kant meer ruimte te geven.

Maar hoe behoud je je mannelijkheid, in tijden waarin gendergelijkheid dankzij feministische bewegingen terecht is gegroeid? Simpel antwoord: die (her)vind je bij andere mannen waar de bereidheid bestaat om die bovenstaande vragen in alle eerlijkheid te onderzoeken. Op je werk is er de competitie om macht. Bij je sportclub is er de fysieke krachtmeting. In de kroeg is er de biologische borstklopperij. Dat haantjesgedrag valt weg als je in een veilige omgeving met andere mannen over gevoelens kunt praten die binnen onze maatschappij niet altijd even welkom zijn.

Wim en Tim hebben allebei hun eigen mannengroepen. 'Als ik bij de mannen ben geweest, voel ik me opgeladen en keer ik in mijn volste zijn weer terug bij mijn vrouw,' zegt Wim in hoofdstuk 6. De kracht van een mannengroep is dat je niet op je hoede hoeft te zijn. Je wordt er niet veroordeeld omdat je je diepste emoties op tafel durft te leggen. Je wordt er niet uitgelachen om je tranen van onzekerheid. Integendeel, je vindt er steun, begrip en verbinding; je wordt bevestigd in je mannelijke identiteit.

Tim vertelde in datzelfde hoofdstuk hoe spannend het was om die eerste stap te zetten en een man uit te nodigen voor zijn allereerste mannengroep. Afwijzing als man lag immers op de loer. 'Wanneer moed, integriteit, kwetsbaarheid, compassie, bewustzijn en daadkracht samengaan,' schrijft Masters in *To Be a Man*, 'dan kan er echte mannelijke kracht ontstaan, een kracht die sterk is, maar niet agressief, uitdagend maar niet beschamend, geaard maar niet rigide, gespierd maar niet opdringerig.'

En dat, beste man, leer je van en aan een andere man.

Time-out: vind je dit actiepunt een beetje een slappe bedoening? Begrijpen we helemaal. Heb jij genoeg aan je mannenclub, mannenelftal, mannenpeloton, mannenvismaten? Oké. Weet je wat? Zoek het effe lekker zelf uit en googel maar: 'mannengroep'.

5. *Ga eens bij een vrouw zitten*

Weet jij wat er in het hoofd van je vrouw of vriendin speelt als je haar aankijkt? Weet zij wat jij werkelijk voelt als ze jou aankijkt? Is het antwoord twee keer nee? Maak je geen zorgen, het overkomt de besten.

Maar je gaat het vanaf nu wel anders doen. (Oké, af en toe.)

Steve belt. Mag hij met zijn vrouw Selma eens langskomen voor een gesprek? Ze hebben twee maanden geleden hun pasgeboren kindje verloren. Het meisje heeft kort geleefd, maar door complicaties tijdens de bevalling heeft ze het niet gered. Hoe verwerk ik dit als man, is Steves vraag, hoe doet Selma dat als vrouw? Misschien nog wel belangrijker, hoe doen we dit samen zonder elkaar kwijt te raken?

Samen met mijn partner ontvang ik het echtpaar. Selma begint te vertellen en wordt onmiddellijk overmand door haar verdriet. Ze huilt tranen met tuiten. Ook Steve raakt geëmotioneerd. Als hij aan de beurt is om zijn versie van het verlies te vertellen, gaat het niet alleen om het immense verdriet, maar ook om de zorgen die hij heeft om zijn vrouw. Hij wil haar graag ondersteunen, maar kan het niet oplossen.

Selma reageert dat ze er vooral graag veel over praat. Steve wil dat ook, maar wat hem betreft niet zo vaak en zo uitgebreid. Hij wil weer graag gaan werken, maar Selma heeft daar moeite mee. Daar vindt hij de afleiding die hij nodig heeft om het thuis aan te kunnen. Het echtpaar kijkt ons aan. Hoe doen we dit?

Eigenlijk doen ze het al hartstikke goed, weet Wim. Alleen hebben ze het niet in de gaten, dus geweldig dat Steve bij hem heeft aangeklopt. Vreemd gedrag? Helemaal niet. Dit zijn de typische bewegingen in rouw die vaak voorkomen tussen mannen en vrouwen. De vrouw wil erover praten, de man gaat liever iets doen. Hun gevoelens hierover zijn heel normaal. Het is logisch dat je in zo'n vroeg stadium gek denkt te worden van verdriet en soms geen zin hebt om op te staan. Ook gedachten dat je niet verder wilt leven, mogen er zijn.

'Steve en Selma waren opgelucht toen ik ze dit voorhield,' zegt Wim. Voor Steve was dit ene gesprek genoeg. Hij wilde vooral toetsen of hij op de juiste manier bezig was. En hij wilde ook aan Selma laten zien dat hij er voor haar was, maar ook op zijn eigen, mannelijke wijze. Hij kon verder, ondanks en met alle pijn die na de dood van hun dochtertje natuurlijk meereisde. Selma had meer begrip voor de openheid van haar man en bleef nog een aantal sessies terugkeren. Als vrouw had ze nu eenmaal meer behoefte om te praten en te delen.

Van de mannen die we voor dit boek hebben gesproken, voelt schrijver Adri van der Heijden donders goed aan op welke wijze hij zijn vrouw Mirjam kan steunen. En ook hoe niet. 'Als we samenzitten en over Tonio praten, is er regelmatig een moment dat het Mirjam te veel wordt, en ze begint te huilen: "Het is zo erg… zo erg." Ik bied haar dan aan van onderwerp te veranderen, maar dat hoeft nooit van haar: "Hoe pijnlijk ook, ik wil juist over hem praten. Ga door."'

Iets soortgelijks zegt Roek Lips, die zijn zoon Job verloor. 'Ik vind van mezelf dat ik mijn kwetsbaarheid nu goed kan tonen en toch wijst mijn vrouw Mientje me op die typisch mannelijke beweging. Zij heeft heel veel geduld, maar op een gegeven moment is ze het zat. "Joh, spreek nou eens uit hoe het met je is," zegt ze dan. Terwijl ik dacht dat ik over mijn gevoelens wel degelijk open ben. Het is mannelijk om het eerst te willen weten en je dan kwetsbaar op te stellen. Dan heb je het namelijk eerst allemaal bedacht en daarmee heb je het onder controle. Binnen die controle durft een man wel kwetsbaar te zijn. Ik denk dat het juist werkelijk kwetsbaar is om die controle helemaal los te laten. Dat je het echt niet meer weet en je dan toch open te stellen voor het onbekende.'

Time-out: wees je ervan bewust dat jij af en toe een 'onbegrijpelijk raadsel' kunt zijn in de ogen van je vrouw of vriendin. Prik een momentje (en pak er desnoods de agenda bij) om je 'beschikbaar' te stellen voor een goed gesprek. Alles is bespreekbaar, wat wil je van me weten of heb je nooit durven vragen?

6. *Deel je angst met je kind*

Voor de man die het na al deze hoofdstukken nog niet helemaal heeft begrepen en gewoon van zijn mannelijkheid en vaderschap een wedstrijd wil maken (want je bent niet voor niets een man): laten we op zoek gaan naar een gemeenschappelijke vijand. Iets wat of iemand die we bij de strot kunnen grijpen en subtiel doch ernstig kunnen aanpakken.

Nou, wij hebben er wel eentje.

Onze collectieve vijand is 'een tekort aan vaderschap'. Niet genoeg papa in de buurt, onvoldoende vaderlijke omhelzingen, te weinig tijd tussen vader en kids. Dat is onze vijand. Hoe pakken we hem aan? We kunnen een busje huren en met zijn allen naar Afrika vertrekken om van de Aka-nomaden te leren hoe je 47 procent van je tijd binnen handbereik blijft van je pasgeboren kinderen. En niet alleen dat, de vaders van deze stam laten hun piepjonge kroost met regelmaat aan hun tepels sabbelen. Het verschil tussen vader en moeder is praktisch verwaarloosbaar, temeer omdat ook de Aka-vrouwen op jacht gaan naar eten. De Aka-mannen worden ook wel de beste vaders ter wereld genoemd.

Antropoloog Barry Hewlett heeft de stam een tijdje bestudeerd. 'In onze westerse samenleving denken we dat het vaak te ingewikkeld is om tijd vrij te maken voor onze kinderen. Als alternatief denken we dat kwaliteitsmomenten dat gemis compenseren. Maar de Aka-vaders weerleggen die overtuiging. Wat zij vooral doen is meer tijd doorbrengen met hun kinderen en ook hun zoontjes en dochtertjes fysiek dichter bij zich houden dan wij in het Westen zijn gewend. Onderschat nooit het belang van aanrakingen en knuffels.'

Het punt dat Hewlett over de Aka-stam maakt, is simpel. Ga de strijd aan met je eigen tekort aan vaderschap. Doe iets. Hak die knoop eens door en ga minder werken. Wees er voor je kind, in het volle besef dat de wereld voor kinderen zoveel anders is dan vroeger. In tijden van oorlog meldden jonge mannen zich aan als soldaat, bereid om hun leven te geven. Toen was het adagium 'ik besta, dus ik dien'. Tegenwoordig zegt een knul 'ik besta, dus ik verdien'. Hij meent recht te hebben op wat hem toekomt. Wat dat is?

Een doel in zijn leven. Een doel als man in wording. En laat dat nou juist steeds vaker ontbreken. In *The Boy Crisis* noemt Warren Farrell dat doel de heilige missie die vaders van nu voor hun zonen moeten bedenken. Anders dan vroeger hoeven vaders hun zonen niet langer te leren om gevoelens te onderdrukken. Onze overleving is niet langer afhankelijk van de opvoedkundige voorbereiding van de man op het nemen van levensgevaarlijke risico's. Integendeel, om je als jonge man staande te houden in de huidige samenleving is het van levensbelang om verbinding te leren maken met je emoties.

Als man heb jij dat voor te leven. Hoe ongekend cruciaal het is dat de vader net zo betrokken is in het leven van zijn kinderen als de moeder. Enkele situaties waarin dat bijzonder veel effect heeft op de zonen:

- Schoolprestaties zijn beter als vaders meer betrokken zijn.
- Het vinden van een baan verloopt soepeler.
- Zelfdoding vindt minder vaak plaats.
- Drugsgebruik blijft binnen de perken.
- Pesten en gepest worden gebeuren minder.
- Vertrouwen in andere mensen neemt toe.
- Empathie is beter ontwikkeld.

'Ik heb van mijn emoties nooit een geheim gemaakt,' vertelt Tim. 'Mijn kinderen mochten weten hoe onuitputtelijk mijn verdriet was toen hun moeder overleed. Een maand na haar dood was er zo'n moment dat ik aan de eettafel zat en begon te huilen. Vreselijk te huilen. De jongens zaten in de woonkamer televisie te kijken. Het duurde even voordat ze in de gaten kregen wat hun vader aan het doen was. Eerst kwam Sander, toen Eamonn. Beiden gaven me een knuffel.

"Werd het je plotseling te veel?" vroeg een van hen.

"Ja," zei ik, "ik kon er niks aan doen."

"Dat heb ik soms ook, meestal in het klaslokaal," zei Eamonn. "Meestal tijdens rekenen."

"Ik heb dat ook tijdens de les," zei Sander.

Mijn tranen begonnen op te drogen. "Jij huilt eigenlijk best kort," vond Sander. "Ik ga meestal veel langer door."

"Het voelt best goed om te kunnen huilen," zei ik.

Eamonn schoof een bakje in mijn richting. "Hier zijn wat van mijn pinda's."

"Dank je, Eamonn."

Hij keek me aan. "De eerste keer dat ik jou zag huilen, was in het ziekenhuis, papa."

Sander veerde op. "Ja, jij was echt helemaal overstuur, nietwaar."

Absoluut. Wat wilde je? Net die jongens verteld dat hun moeder niet meer wakker zou worden.

"Toen jij huilde in het ziekenhuis en tegen ons sprak, klonk je stem heel erg hoog," zei Sander en hij begon te lachen. Ik lachte met hem mee. Eamonn ook, zij het voorzichtig. Sander ging door. "Eigenlijk wilde ik in het ziekenhuis gaan lachen toen ik jou zo raar hoorde praten, maar dat deed ik niet omdat ik wist dat dit de slechtste dag van mijn leven was."

Eamonn knikte. "Dat was de slechtste dag van ons leven."

"Met een piephoog stemmetje," zei ik met een piephoog stemmetje. Waarop we alle drie keihard begonnen te schateren. De absurditeit van lachen om de dood drong tot ons door, maar stopte ons niet met leven.'

Time-out: wanneer heb jij voor het laatst gehuild? Was dat in stilte, in een afgesloten ruimte waar niemand je kon zien? Hebben je kinderen, je geliefde, je weleens zien janken? Als je er niet aan moet denken om verdriet of somberheid te laten zien, probeer dan eens om erover te praten. Vertel je omgeving hoe lastig het is voor je om tranen te tonen, om te erkennen dat je treurig bent.

Tim: ‘Ik was een man die prutsend door de eerste helft van zijn leven banjerde en toen pas ontdekte waar het werkelijk om draait: er zijn voor anderen.’

Wim: ‘Ik was een man die door vallen en opstaan met zijn eigen waarheid heeft leren leven, met als hulpbronnen de natuur en mijn grote hart voor mannen.’

Dat valt nog niet mee, merkten we allebei. Je wikt en weegt een handjevol woorden die een heel leven samenvatten. De eerste neiging: je gaat je beter voordoen dan je werkelijk bent, of bent juist heel kritisch op jezelf. Het gaat om je werkelijke verlangen: herinnerd worden om je betekenis als man. Breng het terug tot de essentie. Wat springt eruit?

O, en één ding: aan spijt doen we niet. Daar heb je in het hiernamaals immers ook niets aan. Je mag je best bewust zijn van allerlei misstappen, onhandigheden, flagrante fouten en domme uitglijders, maar we leven in het nu. Deze oneliner als opmaat naar je levensverhaal mag je helemaal zelf schrijven, uitgeven, aanprijzen en (voor) lezen. Ook mogen er spelfouten in staan, kromme zinnen of plotwendingen die niet logisch zijn. Je hoeft er geen Pulitzer Prize mee te winnen. Als het maar wel een verhaal is dat jouw kinderen graag aan hun kinderen zullen vertellen.

Moraal van het verhaal: zorg ervoor dat er na de dood over je gepraat blijft worden.

Een tweede kans krijg je immers niet. Verpleegkundige Bronnie Ware werkte vele jaren in de palliatieve zorg en vroeg haar stervende patiënten steevast of ze ergens spijt van hadden en of ze bepaalde dingen liever anders hadden gedaan. Ze kwam tot de volgende top vijf:

1. *Had ik maar de moed gehad om trouw aan mezelf te blijven in plaats van te leven naar de verwachtingen van anderen.* Veel dromen zijn onvervuld gebleven, dus wacht niet te lang voordat je gezondheid je belet van je vrijheid te genieten.
2. *Had ik maar niet zo hard gewerkt.* Dat vertelde elke mannelijke patiënt aan Bronnie Ware. Veel mannen hadden te veel gemist uit de jeugd van hun kinderen en het gezelschap van hun partner omdat ze te veel aan het werk waren geweest.
3. *Had ik maar de durf gehad om mijn emoties te tonen.* Veel mensen onderdrukken hun gevoelens om vooral de lieve vrede te bewaren. Door je uit te spreken, kies je niet de makkelijkste weg, maar kun je wel veranderingen doorvoeren die beter bij jou passen.
4. *Had ik maar meer contact gehouden met mijn vrienden.* Hoe vaak komen die vrienden niet aan het sterfbed om dingen recht te breien, om ongezegde zaken alsnog te zeggen? Natuurlijk, vriendschappen verwateren. Des te meer reden om tijdig oude vrienden op te zoeken en niet in het zicht van de dood.
5. *Was ik maar vaker gelukkiger geweest.* Angst voor verandering zorgt voor het wegdrukken van de diepe emoties. Het voelt veiliger om in de vertrouwde comfortzone te blijven in plaats van je ware verlangen na te jagen en kind te zijn in een volwassen lichaam.

Omdat we al hebben gezegd dat we in dit boek (en in ons leven) niet aan spijt doen, gaan we nu niet zeggen: zie je wel, zie je wel, je had het anders moeten doen. Nee, deze vijf ontboezemingen op het sterfbed zien we als een aansporing om het gevoel van spijt ruimschoots voor te blijven.

Trouw blijven aan jezelf, niet zo hard werken, emoties durven tonen, contact houden met je vrienden en kinderlijk gelukkig zijn. Het zijn vijf voor de hand liggende gedragingen die kennelijk minder eenvoudig zijn na te leven als je ouder wordt en je je staande moet houden in een samenleving die er andere opvattingen op nahoudt. En toch pleiten we met ons mannenhart vol voor zo'n bevrijdende levensstijl. Want daar wil je niet alleen om herinnerd worden, maar ook wil je zo'n leven hebben geleid.

Blijf die kleine jongen, ook als man.

Time-out: pak pen en papier en schrijf op: wat is de titel van het boek over mijn leven? Wat is de ondertitel? Welke hoofdstukken? Een samenvatting op de achterflap, waarom moet ik jouw boek lezen?

Vraag een belangrijk iemand uit jouw omgeving om een titel voor het boek over jouw leven te bedenken. Lees die titels aan elkaar voor en vraag of geef een toelichting. Op deze manier kom je snel tot de kern van je leven. Wat is werkelijk belangrijk en hoe wil je herinnerd worden? En wat kun je daar vandaag dus mee doen?

Helder? Goed zo, toepassen dan maar. Niet morgen, maar vandaag.

We zijn er. Het eind van ons verhaal is bereikt. Was het een beetje te doen? Ben je in dit hoofdstuk begonnen om met lange halen snel thuis te zijn? Allemaal prima. Wat resteert, is een stevige omhelzing. Die geven wij in onze praktijk aan elke man die het een uur met ons en zichzelf heeft uitgehouden.

In gedachten pakken we jou nu even vast. Van man tot man.

Klaar.

Biertje?

'Loslaten is een proces dat ik heel lang niet heb begrepen,' vertelt Tim. 'Als alleenstaande vader wilde ik het soms ook te goed doen. Niet dat ik vader en moeder tegelijk wilde zijn, dat heb ik nooit geprobeerd. Dat gaat gewoon niet. Maar wel de beste vader die ik kon zijn, en daarin tot het uiterste gaan. Mezelf nooit goed genoeg vinden. Negen keer gingen de dingen goed en die ene keer vloog ik uit de bocht en kon ik daar enorm over in de piepzak zitten.

Dan wilde ik de controle over de situatie behouden. Ja ja, ik weet het nu onderhand wel, dat is lekker mannelijk. Als alles onder controle is, kan er niks fout gaan. Nou, met kinderen gaat het dan onherroepelijk fout. Vasthouden aan hoe ik het wil, "omdat ik dat nu eenmaal zeg", was tot mislukken gedoemd. Die strijd verloor ik al vroeg, dus onderhandelde ik met mezelf over een ander ijkpunt om de controle los te laten. Voor mij was de leeftijd van achttien jaar een stip op de horizon. Dan zijn ze volwassen en mag ik rustig achteroverleunen, besloot ik. Klus geklaard.

In werkelijkheid houdt het dan natuurlijk nog niet op, maar ik had dat moment voor mezelf nodig om als man een nieuwe invulling te geven aan het vaderschap. Met de kennis en levenservaring die ik de afgelopen jaren heb opgedaan, heb ik vaak gedacht dat ik dingen anders had kunnen of moeten doen. Hoe graag had ik nog even aan de knoppen gedraaid, om Sander een beetje van dit of Eamonn een beetje van dat mee te geven voordat ze het ouderlijk nest zouden verlaten.

Noem het maar een laatste stuiptrekking van mannelijke controle, de puntjes op de opvoedkundige i. Ook zo'n onhaalbare beweging natuurlijk, want mijn zonen zijn wie ze zijn. Sander lijkt veel op mij, Eamonn op Jennifer, en tegelijkertijd ontwikkelden ze zich op hun eigen, unieke wijze tot sterke mannen met hun specifieke kwetsbaarheden. Nu ze al een tijdje hun eigen mannenlijn aan het uitstippelen zijn, word ik wat weemoedig. Op enig moment worden zij wellicht vader en hoop ik van ganser harte dat ik een actieve rol als grootvader mag vervullen. Niet om mijn stempel te drukken, maar om zowel heel intiem als op afstand te kunnen genieten van een volgende generatie.

De weemoed bestaat uit het gemis om mijn vader. Zijn dood veroorzaakte een stevige breuk in de mannenlijn. Jarenlang heb ik me onbewust verzet tegen de pijn van het verlies. Ik ben angstig geweest in mijn eigen rol als vader, omdat ik zo'n belabberd voorbeeld had. De dood van Jennifer heeft me met terugwerkende kracht verbonden met mijn vader. Sta me toe om nu even hartstikke onbescheiden te zijn: mijn jongens hebben er een beste papa voor teruggekregen. Mijn innerlijke strijdbijl is begraven.

Daarvoor ben ik ook op zoek gegaan naar mijn vader. Wat heeft hij het moeilijk gehad in zijn leven. Ik kan hem van alles verwijten, maar welbeschouwd is het hem simpelweg niet gelukt. Door de vroege dood van zijn eigen vader. Door een oorlogstrauma, opgelopen in een Duits dwangarbeiderskamp. Door het verlies van zijn eerste vrouw. Door zijn manisch-depressieve aandoening. Door de onredelijkheid die hem vermoedelijk behoorlijk in de weg zat. Ik kan hem van alles voor de voeten werpen, maar liever buig ik voor hem, voor zijn lot, voor zijn leven. Ook hierin is vergeving op zijn plaats.

Pa, ik vind het nog steeds ingewikkeld om hardop te zeggen dat ik van je houd. Ik kan je wel bedanken. Voor jouw leven en voor mijn leven. Dank je, pa.'

‘Als mijn tranen bleven stromen, verlangde ik weleens naar de stilte van de dood’

Wibe Veenbaas (1949, grondlegger van Phoenix Opleidingen)
Over het oorlogstrauma dat van vader op zoon is overgedragen

‘Ik stond naast mijn moeder bij de kist. Daar lag hij, met de handen gevouwen. “Zijn handen, zijn handen,” zei mijn moeder, “ik houd zo van zijn handen.” Op dat moment besefte ik hoe diep hun liefde was. Dat die liefde, met alles wat er stuk was gegaan, toch wederzijds was gebleven. Een diepe zielsbeweging, zo onomkeerbaar. Ik blijf je liefhebben, zei mijn moeder na de dood van mijn vader met die woorden. Wat dit beeld voor mij zo dierbaar maakt, is het simpele feit dat ik uit hen voortkom.

Mijn vader verloor zijn vader toen hij acht jaar was. Mijn moeder was dertien jaar toen haar vader uit het leven stapte. Mijn vader en moeder waren twee verloren mensenkinderen, die elkaar vonden tijdens de oorlog. Mijn vader zat in het verzet en is een aantal keren verraden. Hij heeft in de sloot gestaan toen ze hem zochten. Op het laatste moment is hij ontsnapt. De verrader was iemand die hem na stond. Hij is opgejaagd wild geweest. Onverschrokken in zijn gevoel voor rechtvaardigheid. Vlak na de bevrijding van Friesland is hij zelfs uit het verzet gestapt uit protest tegen het beschimpen en kaalscheren van NSB-verdachten zonder enige vorm van rechtspraak.

Mijn vader is een groot man geweest, maar ik heb hem alleen gebroken gekend. Hij belandde in de psychiatrie in de week dat ik geboren ben, en kwam terug toen ik bijna acht jaar was. De diagnose was paranoïde-schizofreen. Met zijn woede-uitbarstingen probeerde hij zijn angsten te reguleren. Hij sloeg van zich af omdat niemand bij zijn pijn mocht komen. Mijn moeder nam ons regelmatig mee om contact met hem te hebben. Ik weet van haar dat er alsmaar weer elektroshocks en insulinekuren waren en dat hij daar zo bang voor was. Het ging van kwaad tot erger.

Als kind droomde ik dat mijn vader vastgebonden lag, wat ik met eigen ogen heb gezien als ik hem aan de hand van mijn moeder opzocht. Tegelijkertijd droomde ik dat ik zelf ook vastgebonden lag. Ik weet nu dat ik veel meer in paniek was in die tijd dan ik zelf in de gaten had. Ook al wist ik dat ik altijd weer op mijn moeder kon rekenen, ik paste me aan en verborg mijn angst. Een instinctieve aanpassing, die mijn broers ook goed kennen. Soms vluchtte ik uit huis om de spanning te ontlopen. Bij een salamanderslootje kon ik weer even tot rust komen. Daar kon ik ademen en wist ik: alles is goed.'

'Mijn bijnaam in het dorp was "Wibe Hondje". Als jochie zocht ik een volwassen man op om achteraan te lopen. Op zoek naar een vaderfiguur. Bij mijn oom Ypke, de zwager van mijn moeder, vond ik ontspanning. Oom Ypke kende zo'n diepe aanvaarding van het leven. Hij werkte, had zijn melkritten, zijn boerderij en floot in de morgen en in de avond. Dat heb ik altijd fascinerend gevonden.

Wonderlijk genoeg ontspande mijn vader ook bij hem. Bij oom Ypke was het altijd goed. Ik ben vernoemd naar mijn vaders broer Wibe. Het betekent veel voor me om een echte Veenbaas te zijn. In een boek van Imke Klaver over de Friese arbeidersbeweging heb ik als twintiger ooit iets gelezen over mijn opa aan vaderskant; een boer die goed was voor zijn arbeiders in het veen, stond er geschreven. Dit ging over mijn pake. Ik las het en kon niet stoppen met huilen. Het voelde alsof ik een pake terugvond die afspraken nakwam en betrouwbaar was.

Ik vind dat ik veel heb gekregen van mijn moeder, die haar eigen vader ook altijd is blijven zoeken. Jabik heette hij, net als mijn jongste broer. Eigenlijk had ik zo moeten heten, maar bij mijn geboorte was het nog te pijnlijk om hem te vernoemen. Toen mijn moeder later dementeerde, zocht ze soms midden in de nacht in haar flatje naar haar vader. "Ik moet naar hem toe, hij wacht op mij," zei ze dan.

Diezelfde zoektocht heb ik ook gemaakt. Toen ik nog geen dertig jaar oud was, besefte ik, zittend op het graf van haar vader achter een zijbeuk van het hervormde kerkje: ik leef zijn leven. Ik was goed geaard en ergens diep vanbinnen wist ik dat ik ook gemakkelijk met mijn energie wegtrok naar de hemel. Zo bang was ik om in de gekte te verdwijnen. Niet dat ik dood wilde, maar ik heb weleens verlangd naar de rust en de stilte van de dood. Op de momenten dat ik dacht, mijn tranen houden nooit meer op.

Zo heb ik ook geleerd om te zorgen voor mijn moeder, al was dit het laatste wat zij wilde. Mijn moeder hield liever de verbinding met ons als kinderen vast, zoals ze dat had gedaan met mijn vader en met de familie om ons heen. Ook dat is heel belangrijk geweest in mijn begeleidingswerk. Ik leerde van haar dat ik in een traditie sta en dat deze traditie mij voedt. Dat is wat anders dan dat alles goed is geweest.

Ons werk gaat over de ouders zoals we die hebben gekregen. Het gaat niet over slechte of goede ouders. Hun geschiedenis is de bron van ons bestaan. Er zijn dingen die niet overgaan. We kunnen uitzoeken wat ze voor onze eigen levensweg betekenen. Het is van belang om eigen verantwoordelijkheid te leren aannemen, om instinctief aan te voelen hoe we hier antwoord op hebben gegeven.'

'Mijn vrouw Jannie heeft een soortgelijk levensverhaal. We waren verloren kinderen die elkaar vastpakten. Een van de eerste keren dat ik bij haar kon huilen, was na het zien van de film *One Flew over the Cuckoo's Nest*, over een man die in een psychiatrische inrichting wordt opgenomen en een lobotomie ondergaat. Ik wist niet waar ik moest kijken. Mijn vrienden waren erbij en moesten toen even niks zeggen, van me afblijven. Ik kon Jannie toen wel vertellen hoe bang ik werkelijk was.

Kleine momenten waarop ik mezelf kon laten zien, even vertellen hoe pijnlijk en hoe erg het was. Niet meer dan dat. Maar dat ik vaker tevoorschijn zou kunnen komen met hoe het vanbinnen met me was, daar droomde ik van. Het gaf me vruchtbare voeding om door te gaan met mijn werk. Als ik over rouw spreek, heb ik het over gestolde liefde. Dat proefde ik bij mezelf. Toen ik midden dertig was, begon het eindelijk te stromen. Langzamerhand opende ik mij in mijn rauwe verdriet. Terugkijkend voel ik nu pas dat ik met al die kleine en ook grotere stappen in het rouwproces mijn eigen existentiële angst heb toegelaten. Het leren omgaan met existentiële angst is een hoeksteen in mijn werk. Het is zo van belang dat we dit leren om een volgende stap te kunnen zetten in onze overlevingspatronen.

Als kind heb ik ook gerouwd, maar meer impliciet. Noem het verborgen. Ik huilde bij de salamanders in het slootje. Of als ik bij oom Ypke vandaan ging en naar Bijke de hond liep om in zijn oor te fluisteren: “Ik kom terug, hoor.” Dan stelde ik de hond gerust en huilde ik om de hond. Onwetende rouw, waarbij ik in paniek wegliep en dan niet kon stoppen met huilen. Alleen, heel veel alleen. De paniek schoof als het ware voor de rouw en het verdriet.

Naarmate ik ouder word, kan ik steeds explicieter rouwen. Neem onze eigen hond, die we ook Bijke hebben genoemd. Elf jaar was ze bij ons en ineens viel ze weg. Dan kan ik er goed bij blijven dat ik de onvoorwaardelijke liefde van zo’n beest mis. Wat hebben we het mooi gehad met haar, kan ik dan tegen Jannie zeggen, terwijl de tranen vrijelijk over mijn wangen rollen.’

‘Geld was vroeger nooit een issue bij ons, ook al hadden we niks. Al het geld ging op aan de psychiatrie. Later, als mijn vader en moeder bij ons op bezoek kwamen, waren ze zo gul voor de kinderen. Een tientje kregen ze elk, uit handen van hun opa. Weer die handen. Dat kon me zo ontroeren omdat zij kregen wat ik niet had gekregen. Op een bepaalde laag kreeg ik die vaderliefde via mijn kinderen. In het contact met mijn vader heb ik niet veel liefde kunnen ontvangen, terwijl ik ook ontzettend op hem lijk.

Mijn dochter Esther was achttien toen we samen in een restaurantje met zand op de vloer zaten te eten. Plotseling zei ze: "Papa, als jij zo doet, dan ben ik zo bang voor je." Een beweging van mij, waarbij ik het hoofd kort achterover werp. Precies zoals mijn eigen vader dat ook deed. Als hij dat deed, gingen bij mij alle alarmbellen af. Haar opmerking was glashelder. Ik deed hetzelfde en dan was zij net zo bang voor mij als ik destijds voor mijn vader.

Ik verdween onder het zand op het moment dat mijn dochter dat zei. Juist dat had ik willen voorkomen: dat ze bang voor me zou zijn. Ik wilde mijn kinderen niet laten meemaken wat ik als zoon van mijn vader had meegemaakt, en nu sprak mijn dochter precies die zin uit die ik nooit had willen horen. Ik had een paar weken nodig voordat ik dit met Jannie kon delen. "Wil je me waarschuwen als ik dat weer doe," vroeg ik mijn vrouw. Het gebeurde voortdurend. Wat was dat pijnlijk voor mij. Ik moest leren om van mijn controle naar mijn angst te gaan.

Natuurlijk hebben de kinderen via mij en via Jannie ook oorlogsgeschiedenis meegekregen. Met mijn kinderen heb ik vaak contact gehad over de pijn en het verdriet die dat met zich meebracht. Ze hebben van ons leren rouwen en ze hebben bij ons en bij mij kunnen huilen. En ook zij hebben moeten leren hoe om te gaan met de geschiedenis van ons als ouders. Voor mijn zoon betekende dit dat hij zich moest leren verhouden tot zijn vader en zijn grootvader met deze achtergrond.

Van mijn moeder heb ik meegekregen, en Jannie heeft

dat ook heel goed gedaan, dat we er voor onze kinderen zijn geweest. Tegelijk weet ik nu dat ik mijn kinderen verder van me af heb gehouden dan ik zelf ooit had gewild. Ook dat is pijnlijk geweest. Naarmate ik in de loop der jaren meer vrede kreeg met mezelf en leerde omgaan met mijn angst en verdriet, kwamen de kinderen als vanzelf weer dichterbij. Ik kan het voor hen niet oplossen, ik kan hun wel voorgaan in het omgaan met mijn eigen thema's in de tijd die er voor mij is.

Het kostbare wordt geboren in gemis. Om die reden stroomt mijn mannenhart voor zoveel mannen. Ik besef hoe belangrijk het is om contact te hebben met de mannen van wie ik houd. Omdat het ook zomaar weg kan zijn. Ik heb vrienden die me na aan het hart liggen. Ik ben broer tussen mijn broers en wat heb ik met ze gestreden. Maar als je weet hebt van de rafels in je aangeraakte hart, durf je lief te hebben van man tot man. Dat ik hier nu zo gezond mag zitten en kan zeggen dat ik van mijn vader houd. Dat is groot.

Mijn oproep aan de zonen van deze wereld is, verbind je met de wereld waaruit je voortkomt. Zodra je dat doet, wordt toekomst geboren. Zeg ik dat als zoon of als vader? Als zoon.'

Dankwoord

Mannen hebben mannen nodig. Dat hebben wij aan den lijve ondervonden tijdens het bedenken en schrijven van dit boek. Wim kwam in het voorjaar van 2017 met het idee om zijn dertig jaar ervaring als mannencoach in een boek te verwerken. Zijn vrouw Sabine tipte Tim als schrijver. De toen nog onbevangen therapeut Tim zette zijn dertig jaar ervaring als journalist in om de woorden op papier te krijgen.

Wat was het vaak een feest. Wat was het soms een hellegang. Vooral, wat was het een karwei. Keer op keer gingen we langs onze eigen thema's, die we zo uitvoerig hebben onderzocht in ons leven en waar we nog steeds niet onderuit kunnen. Samen schrijven, of liever in je eentje? Komt de een wel genoeg in het licht van de schijnwerpers, voelt de ander zich tekortgedaan? De diepgewortelde angst om niet compleet te zijn, de eigenzinnige keus om soms bewust incompleet te zijn.

De klus is geklaard en daar zijn wij op de eerste plaats onszelf dankbaar voor.

Wim: 'Tim, jij raakte mij door je kwetsbare, krachtige voorkomen, door je directe, eerlijke manier van vertellen. Ik ben je dankbaar voor je professionele bijdrage als therapeutisch coach en schrijver. Ik heb er een vriend bij.'

Tim: 'Wim, jij hebt jaren geleden al mijn ogen geopend om eens verder te kijken dan mijn meest recente verlies. Dankzij jouw advies heb ik mijn mannelijkheid echt vorm durven geven. Niet alleen op papier, maar ook in het echte leven.'

We zullen regelmatig dit boek raadplegen als wij er zelf in ons dagelijks leven weer eens niet uitkomen.

Natuurlijk konden we het niet alleen met zijn tweetjes. Ontroerend waren de ontmoetingen met Adri, Humberto, Mano, Ruard, Marc, Falko, Ahmed, Douwe, Roek en Wibe. Dank mannen, voor jullie dappere openhartigheid. Bedankt Peter, voor je hartverwarmende voorwoord.

Dank aan de tientallen mannen die bereid waren om onder hun eigen naam of anoniem hun verliesverhaal in dit boek te delen. Dank aan de honderden mannen die tegenover ons plaatsnamen in onze praktijk. Jullie waren en zijn onze leermeesters in de groei die wij als mannentherapeut én als man zullen blijven doormaken.

We zijn voor dit boek gerijpt in de schaduw van studenten aan Opleidingen Land van Rouw, van de medestudenten en trainers aan Phoenix Opleidingen. We noemen ook Jack van der Loo en Rob Geurts, leermeesters en inspiratoren van het eerste uur. Tijdens het schrijven en herschrijven kregen we liefdevolle en goudeerlijke feedback van Sabine Noten, Henk Roefs en Han Derckx. Uitgeverij Balans heeft ons manuscript omgevormd tot een dierbaar boek dat we in ons hart sluiten. We zijn diep onder de indruk van de zorgvuldigheid en toewijding waarmee we van begin tot eind zijn begeleid.

Waar zouden we zijn zonder ons thuisfront? Wim als man van Sabine, vader van Sterre, bonusvader van Joszi en Finn, schoonvader van Hylke en opa van Hazel. Tim als vader van Sander en Eamonn, in dierbare herinnering aan sprankelende partner en onovertroffen moeder Jennifer. Dank voor jullie onvoorwaardelijke liefde.

Tot slot, jij bedankt, man. Bedankt, broeders in onze mannengroepen, in onze vriendenkringen, in onze kantoortuinen, in onze gezinnen van herkomst, in onze omgeving. Wij zijn niet alleen. En jij ook niet.

Tim Overdiek en Wim van Lent
Amsterdam/Nijmegen, 1 oktober 2019

Bronvermelding en geraadpleegde literatuur

Inleiding

Overdiek, Tim, *Tranen van liefde. Dagboek van een weduwnaar,* Prometheus, 2010.

1. *Verlies*

Keijser, Jos de, Paul Boelen en Geert Smid, *Handboek traumatische rouw. Diagnostiek en behandeling,* Boom, 2018.

Keirse, Manu, *Helpen bij verlies en verdriet. Een gids voor het gezin en de hulpverlener*, Lannoo, 2017.

Noten, Sabine, *Stapeltjesverdriet. Stilstaan bij wat is. Een onderzoek naar de invloed van verlies op zeer jonge leeftijd,* In de Wolken, 2010.

Samuel, Julia, *Rouwwerk. Liefde, verlies en verder leven,* Balans, 2017.
Samuels, Tim, *Waar is mijn speer. De rol van de man in de 21e eeuw,* Luitingh-Sijthoff, 2016.
Spuij, Mariken, *Rouw bij kinderen en jongeren. Over het begeleiden van verliesverwerking*, Nieuwezijds, 2017.

De *verliescirkel* is binnen Opleidingen Land van Rouw ontwikkeld door Riet Fiddelaers-Jaspers en Sabine Noten, gebaseerd op de *hechtings-* of *contactcirkel* van Wibe Veenbaas en Piet Weisfelt, een bewerking van de *verbindingscirkel* van George Kohlrieser. Jakob van Wilink en Leo Wilhelm hebben de cirkel bewerkt tot de *transitiecirkel.*

2. *Onmacht en almacht*

Ruppert, Franz, *Bevrijding van trauma, angst en onmacht. Op weg naar gezonde autonomie en liefde*, Mens!, 2019.
Samuels, Tim, *Waar is mijn speer. De rol van de man in de 21e eeuw*, Luitingh-Sijthoff, 2016.

De illustratie van de *Machtsdriehoek* is gebaseerd op een illustratie uit *Mannen en intake* van Jack van der Loo. TransAct, 1997.
Ard Luijmes en Loek van der Lans zijn de oprichters van *Koningshart. Expertisecentrum voor vaders en zonen* (www.koningshart.nl)

3. *Isolement*

Delfos, Martine, *De schoonheid van het verschil. Waarom mannen en vrouwen verschillend én hetzelfde zijn,* SWP, 2018.

Lagro-Janssen, Toine en Petra Verdonk, *Seksespecifieke huisartsgeneeskunde,* Springer Media BV, 2007.

Rawie, Jean Pierre, 'Sterfbed' uit de bundel *Onmogelijk geluk,* Bert Bakker, 1992.

Stroebe, Margaret en Henk Schut, *The Dual Process Model of Coping with Bereavement: Rationale and Description, Death Studies,* 23 (3), 197-224, 1999.

Ykema, Freerk, *Rots & Water. Een psychofysieke training voor jongens én meisjes,* SWP, 2010.

4. *Suïcide, zelfmoord, zelfdoding*

Biddulph, Steve, *Manhood. A Guidebook for Men,* Ebury Publishing, 2015, herdruk.

Huigsloot, Nathalie, 'Drie broers in rouw: "Gewone lieve mannen moeten niet dood willen"', een gesprek met Nathan Vos, Marcel Langedijk en Justus Donker, HP/*De Tijd,* 1-5-2018.

Keirse, Manu, *Verschillen in rouw na zelfdoding en ander overlijden,* Lezing aan Opleidingen Land van Rouw, 2017.

Leeuwen, Lizzy van, *De hanenbalken. Zelfmoord op het platteland,* Atlas Contact, 2014.

Vos, Nathan, *Man o man. Je faalt niet. Je doet wat je kunt,* Nijgh & van Ditmar, 2017.

Stichting 113 Zelfmoordpreventie (www.113.nl).

Centraal Bureau Statistiek (CBS), *Minder zelfdodingen in 2018* (2019).

5. *Mannenlijn*

Bos, Stef, ‘Papa’, van het album *Is dit nu later,* CNR Records, 1990.
Gaal, Louis van, in *Zomergasten* gepresenteerd door Janine Abbring, VPRO, 8 augustus 2018.
Kouters, Steffie, ‘Ik speel nooit een rol’, een gesprek met Louis van Gaal, *de Volkskrant*, 26 augustus 2006.

Het genogram van Tim Overdiek is gebaseerd op *Herbergen van verlies. Thuiskomen in het Land van Rouw* van Riet Fiddelaers-Jaspers en Sabine Noten, In de Wolken, 2014.

6. *Mannenbroeders*

Kroon, Ton van der, *De terugkeer van de koning. Liefde, lust, leiderschap,* AnkhHermes, 2012.
Rosenstein, Donald en Justin Yopp, *The Group. Seven Widowed Fathers Reimagine Life,* Oxford University Press, 2018.
Schouten, Peter, ‘Michael van Praag: “Ik was wel uit de kast gekomen”’, *Gaykrant*, 17 mei 2019.
Vos, Nathan, *Man o man. Je faalt niet. Je doet wat je kunt,* Nijgh & van Ditmar, 2017.

8. *Seksualiteit en intimiteit*

Masters, Robert Augustus, *To Be a Man. Vind je ware mannelijke kracht,* AnkhHermes, 2015.

Perel, Esther, *The Masculinity Paradox,* Symposium New York, 10-11-2018.
Reed, Dan, *Leaving Neverland*, tweedelige documentaire over popzanger Michael Jackson, 2019.
Rutgers, kenniscentrum seksualiteit, *Onderzoek naar seksuele gezondheid in Nederland,* 2017.
Weisfelt, Piet, *Hoe heb ik je lief. Over liefde, intimiteit en seksualiteit,* Boom/Nelissen, 2002.
Zessen, Gertjan van, *Seksverslaving. Begrijpen en veranderen,* SWP, 2016.

9. *De strijdbijl begraven*

Fiddelaers-Jaspers, Riet en Sabine Noten, *Herbergen van verlies. Thuiskomen in het Land van Rouw,* In de Wolken, 2014.
Farrell, Warren en John Gray, *The Boy Crisis. Why Our Boys Are Struggling and What We Can Do About It*, Benbella Books, 2019.
Heijden, A.F.Th. van der, *Tonio. Een requiemroman,* De Bezige Bij, 2011.
Hewlett, Barry S., *Intimate Fathers. The Nature and Context of Aka Pygmy Paternal Infant Care,* University of Michigan Press, 1993.
Lips, Roek, *Het boek Job*, Prometheus, 2013.
Masters, Robert Augustus, *To Be a Man. Vind je ware mannelijke kracht,* AnkhHermes, 2015.
Ware, Bronnie, *The Top Five Regrets of the Dying. A Life Transformed by the Dearly Departing,* Hay House UK, 2012.